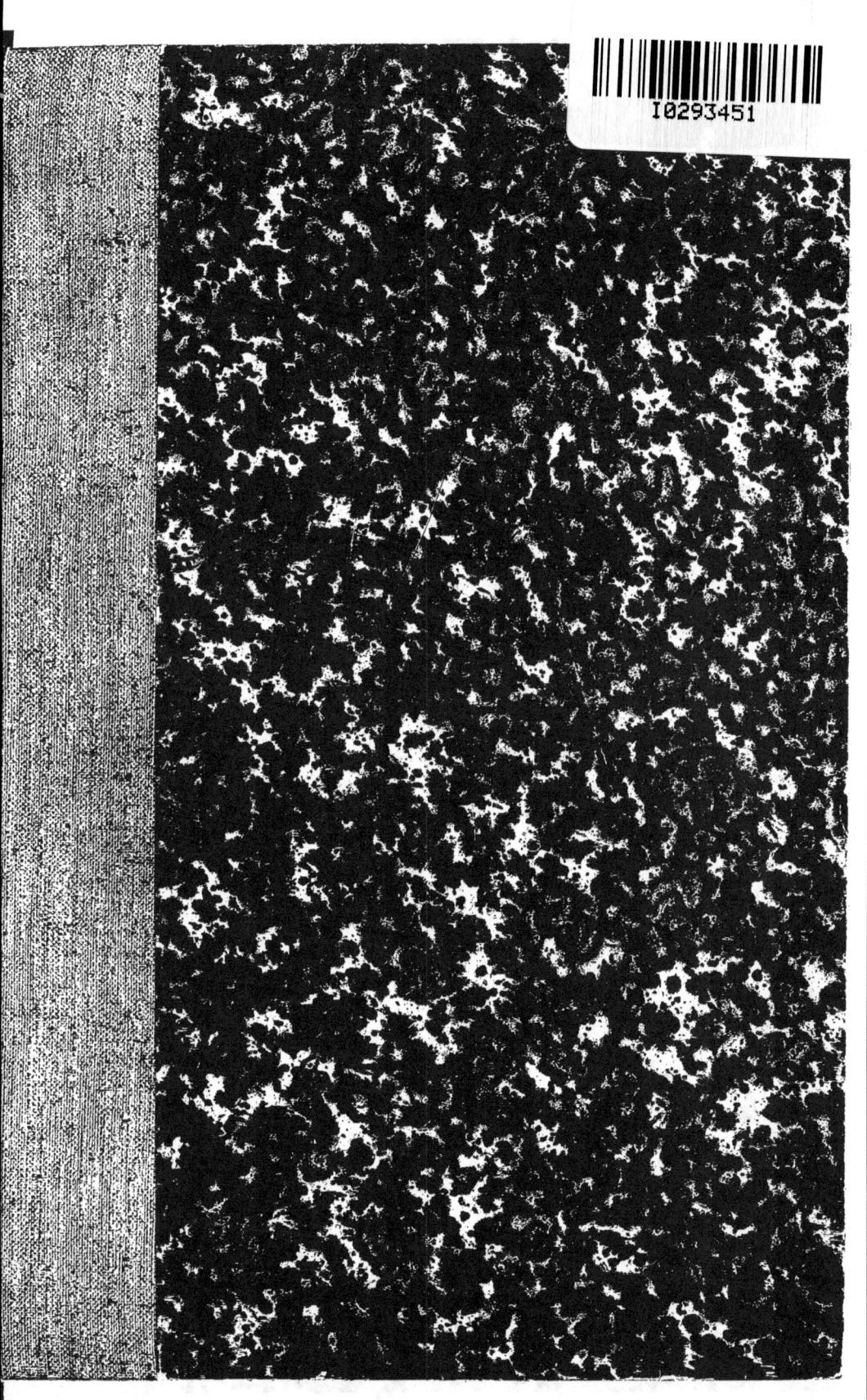

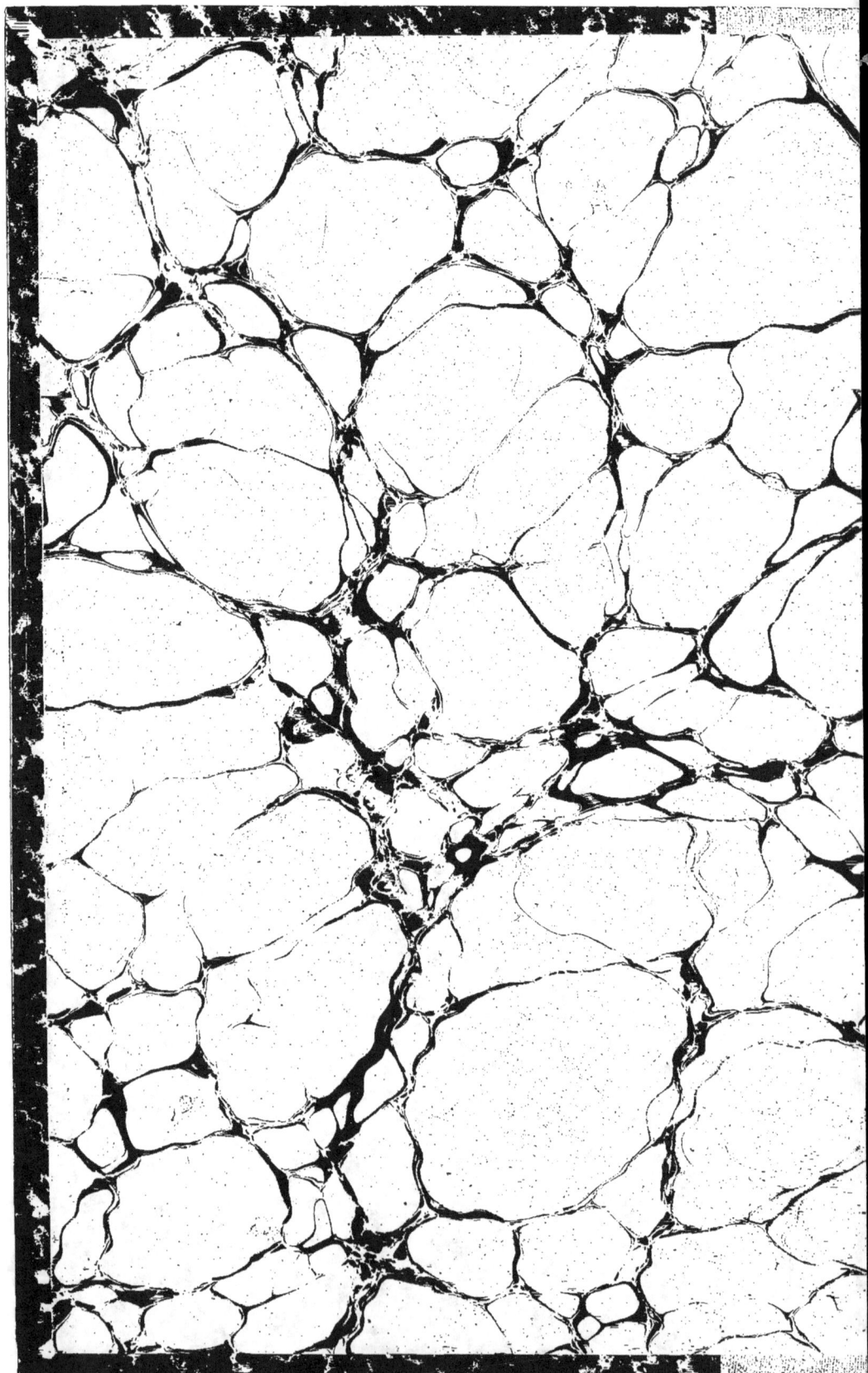

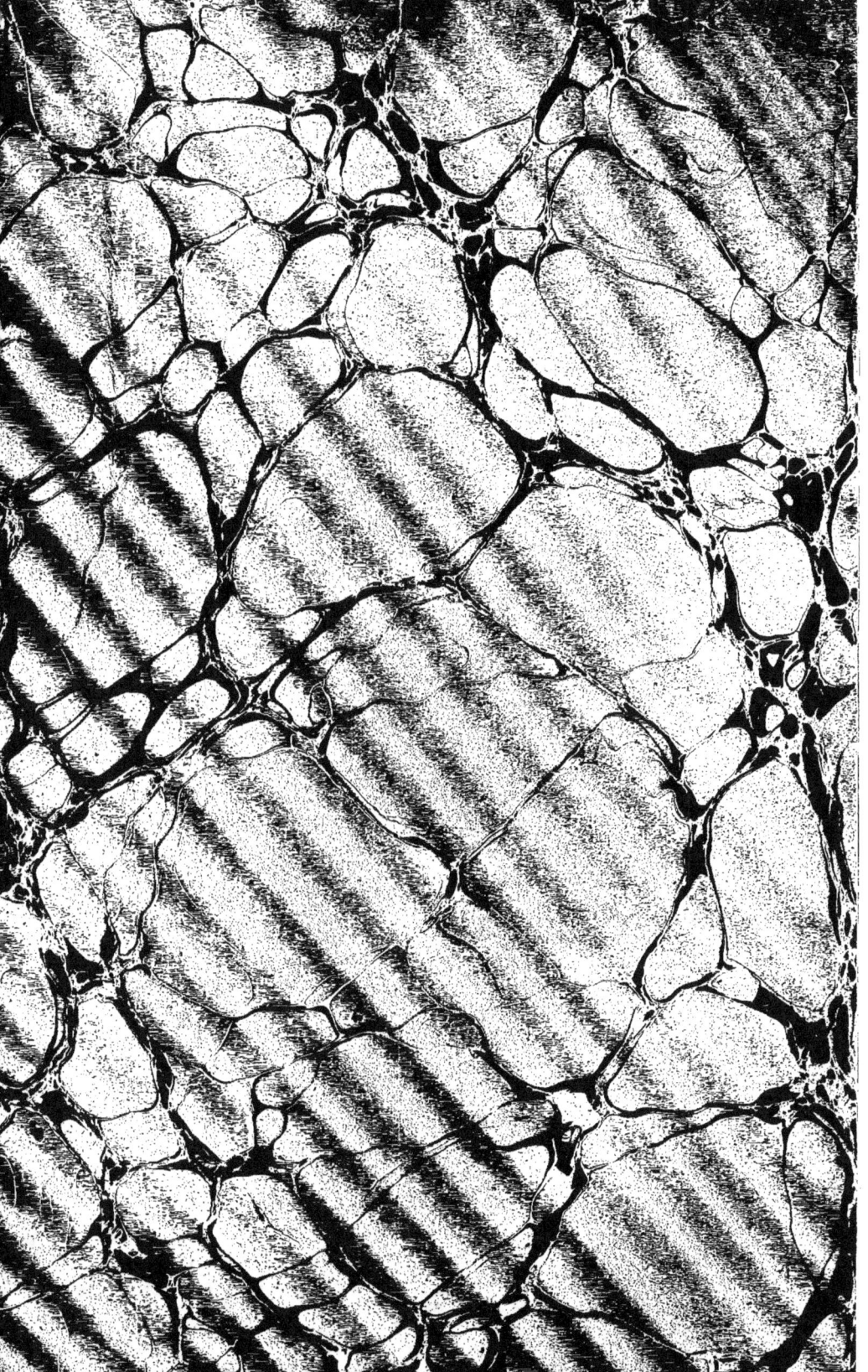

Méry
La Comédie des
Animaux

1886

2350

(Couverture — La Couverture)

SOCIÉTÉ ANONYME D'IMPRIMERIE DE VILLEFRANCHE-DE-ROUERGUE
Jules Bardoux, directeur.

MÉRY

Né à Marseille en 1802, mort à Paris en 1866.

LA COMÉDIE
DES
ANIMAUX

HISTOIRE NATURELLE EN ACTION

PAR

MÉRY

Illustrations par MORIN, SPEECHT, KIRSCHNER, BOMBLED, etc.

PARIS

LIBRAIRIE CH. DELAGRAVE

15, RUE SOUFFLOT 15,

1886

Le brillant écrivain dont nous rééditons aujourd'hui un des derniers et des meilleurs ouvrages est mort depuis une vingtaine d'années.

Or, si son livre est resté absolument jeune et en état de plaire aux lecteurs de toutes les époques, par la verve qui le dicta, par l'esprit qui étincelle à chaque page, par l'élégante fantaisie du style, forcément des passages s'y trouvent qui lui gardent la date du temps où il fut écrit. Tels personnages réels mis en scène, qui vivaient alors, sont allés là où l'auteur est allé lui-même; telles pittoresques situations existaient qui ne sont plus que des souvenirs; telles prévisions qui pouvaient encore sembler appartenir au domaine du rêve sont devenues de palpables réalités.

Devions-nous, pouvions-nous songer, sinon à supprimer, du moins à remanier ces passages pour les *actualiser* ? — Non, sans doute ; car, en eussions-nous eu le droit, c'eût été assurément nuire au charme général répandu sur l'ensemble de cette œuvre toute spontanée. Nous n'en avons donc rien fait ; et nous sommes convaincus que les lecteurs, — fort peu dépaysés d'ailleurs par quelques noms, quelques mentions d'événements, qui, après tout, ne sont que d'hier, — nous sauront gré d'avoir ainsi professé un juste respect pour la mémoire d'un des écrivains les plus personnels, les plus originaux de notre temps.

Janvier 1886.

LA COMÉDIE
DES ANIMAUX

PROLOGUE

Pourquoi une histoire naturelle complète est impossible. — Buffon et M. Flourens. — Prédilection de l'auteur pour l'éléphant. — Le lion coiffé à la Louis XIV. — Le tigre sur une pendule. — Virgile et les abeilles. — La chasse de M. Bègue. — Le lion de Guzman. — Le chien et le tour. — Moralité. — Une fable indienne. — La comédie des animaux.

Une histoire naturelle complète, c'est-à-dire embrassant tout le domaine zoologique de la création, depuis l'éléphant jusqu'au ciron, depuis l'aigle jusqu'au colibri, depuis la baleine jusqu'à l'éperlan, serait une de ces œuvres de bibliothèque dont l'importance est reconnue, dont la science est admirée et dont la lecture est impossible. Au reste, les savants officiels ont mis au jour, ou, pour mieux dire, à la nuit beaucoup d'œuvres de ce genre; elles sont sans doute fort estimables, elles ont fait la fortune de leurs auteurs, elles ont été couronnées par une commission; mais il leur manque le charme qui vulgarise les livres, et elles figurent, sous une reliure pompeuse, dans une prison d'acajou, entre le *Traité des hiéroglyphes*, de Warburton, et l'*Histoire philosophique des deux Indes*, par l'abbé Raynal.

Il ne faudrait pas moins de cinquante collaborateurs pour mener à bien une histoire naturelle; il n'est pas donné à un seul homme d'étudier, d'observer et de décrire les innombrables individus du règne animal; un naturaliste a sa spécialité; il se contente d'étudier ses animaux de prédilection et dédaigne les autres. On devrait donc réunir toutes les spécialités ; chaque écrivain choisirait sa catégorie favorite, et nous aurions ainsi la création complète, parfaitement étudiée dans son ensemble et ses détails. Cet immense travail a été rêvé, mais il a été reconnu impossible et même inutile. Certes, il y a, pour le penseur, un intérêt très grand dans tous les êtres de la nature, mais pour la masse du public lecteur c'est autre chose : elle restreint ses prédilections, et ne demande qu'à connaître un petit nombre d'animaux. Suivez les curieux dans les jardins zoologiques ; vous les verrez toujours réunis en foule devant les éléphants, les lions, les aigles, les singes, les ours blancs ; quant aux autres, ils sont à l'état d'abandon ; la foule passe devant eux, lit leur nom sur les étiquettes et leur donne à peine un coup d'œil. Voilà ce que font les lecteurs de l'histoire naturelle vivante ; que feront-ils quand ils auront devant eux cinquante volumes d'histoire empaillée ? Ils ne les ouvriront pas, et les entoureront d'un saint respect.

La science officielle n'écrit que pour les savants, lesquels, à leur tour, ne lisent que les livres qu'ils font, et encore !... Un fait particulier nous a révélé une chose inouïe, et dont le monde frivole s'est à peine occupé. Notre célèbre naturaliste M. Flourens, le spirituel inventeur des jeunes gens septuagénaires, a lancé un jour à la statue de Buffon le pavé de l'ours. Cette statue a tremblé sur son piédestal, et il a été question d'en effacer l'inscription en mauvais latin : *Majestati naturæ par ingenium,* ce qui essaye de dire : *Génie égal à la majesté de la nature,* une insulte à Dieu, soit dit en passant, et qui subsiste depuis quatre-vingt-dix ans à la bibliothèque du Jardin des Plantes. M. Flourens est un admirateur passionné de Buffon, ce génie qui n'a qu'un Dieu pour égal ; M. Flourens continue l'œuvre du grand naturaliste, à l'article *Poissons;* M. Flourens est l'éditeur et l'annotateur de toutes les éditions nouvelles de Buffon ; il y avait donc à parier que Buffon pouvait dormir tranquillement dans sa gloire, sous les ombrages de Montbard ; l'Europe honorait sa mémoire ; pas une voix discordante ne s'élevait autour de la statue et de l'inscription latine du Jardin des Plantes; on trouvait même son latin superbe; et il était admis que Dieu avait choisi Buffon pour collaborateur, en créant le monde. Un beau matin, M. Flourens se prosterne devant Buffon, son idole, et le décapite. Pourquoi? Mystère obscur, énigme sans mot. Un coup de tête de savant. Bernardin de Saint-Pierre est vengé de l'affront que lui fit subir M. de Buffon, en 1788, à la lecture de *Paul et Virginie*. Les mânes de Bernardin de Saint-Pierre ont tressailli de joie sous le chêne de Daubenton. Buffon n'existe plus, il n'a jamais existé; c'est son intime ami, M. Flourens, qui le dit et le prouve, pièces en main.

Puisque ce scandale scientifique n'a fait aucun bruit sérieux, je veux lui consacrer une mention, tout naturellement amenée, dans ce livre d'histoire naturelle.

Le livre de M. Flourens a paru sous ce titre : *des Manuscrits de Buffon, avec un fac-simile de ses collaborateurs.* — « *De ses collaborateurs!* » Premier pavé! Buffon avait des collaborateurs, lui l'égal de Dieu! Qui avait jamais entendu parler de ces collaborateurs? Personne; c'est M. Flourens qui les a découverts dans le cabinet des fossiles. On ouvre le livre, et on trouve des articles entiers de l'ouvrage de Buffon écrits par Daubenton, Bexon et Guéneau de Montbeillard. M. Flourens donne le *fac-simile* de leurs articles, et la part de collaboration de Buffon consiste dans le changement de quelques mots. Ainsi, l'histoire de l'oiseau-mouche, qui a valu tant d'éloges à Buffon, est tout entière écrite par Bexon; et M. Flourens le prouve : « On sait, dit par exemple M. Flourens, tout ce qu'a valu d'applaudissements, d'éloges et même de beaux cadeaux à Buffon l'histoire du cygne; eh bien! cette histoire du cygne n'est pas de Buffon! » Il en est de même de ce *Réveil du printemps* et de *la Fauvette*, tant célébrés en 1780; ce chef-d'œuvre est encore de ce pauvre Bexon, qui n'a pas de statue; seulement Buffon a changé deux ou trois mots, voilà sa part de collaborateur. M. Flourens cesse alors un instant d'encenser son idole; il dit de Buffon : C'est un *homme d'un ordre élevé*. Nous sommes loin du *Majestati naturæ par ingenium.* Il y a un autre pavé, mais terrible, et qu'un ami seul comme M. Flourens pouvait lancer à la tête de Buffon; il se cache pudiquement dans une note, que je copie : « Après avoir lu l'article du *Cygne*, le prince Henri de Prusse envoya à Buffon un service de porcelaine, où des cygnes sont représentés dans toutes leurs attitudes. » Et cet infortuné Bexon, le véritable auteur de cette histoire du cygne, n'a pas seulement reçu une tasse de porcelaine ! Buffon a tout gardé pour lui. Ah ! monsieur Flourens, vous êtes sans pitié pour vos idoles et vos amis !

Quand on a terminé la lecture du livre iconoclaste de M. Flourens, on regarde Buffon comme un gentilhomme riche, oisif, couvert de dentelles, observant les animaux avec les yeux de Daubenton, de Bexon et de Montbeillard, écrivant avec leurs plumes, décrivant avec leurs pinceaux, et gardant pour lui seul les bénéfices des cadeaux, de la gloire et de l'immortalité.

Dans tout cela je ne vois qu'une chose, la satisfaction donnée au vœu que je viens d'émettre, la nécessité de la collaboration dans une œuvre aussi importante qu'une histoire naturelle. Voilà quatre écrivains déjà qui s'associent dans ce but : Daubenton, Bexon, Montbeillard et M. Flourens; on peut même ajouter Buffon, et nous voilà au nombre de cinq, nombre insuffisant, mais préférable encore à l'unité. M. Flourens aura des successeurs dans les travaux supplémentaires, et un jour nos neveux posséderont une histoire zoologique complète, mais si longue qu'elle demandera aussi à être lue par association.

Le choix dans l'espèce m'a toujours paru le meilleur point de départ d'un livre d'histoire naturelle. Les animaux ont leurs destinées comme les hommes ; les uns sont condamnés à rester dans une obscurité profonde, et c'est le plus grand nombre ; les autres méritent de vivre au grand jour de l'illustration. Un naturaliste amateur, non classé officiellement, mais célèbre par son esprit et sa justesse d'observation, M. Toussenel, fait un choix parmi les espèces, ses favorites, et apporte un admirable volume au monument ; un autre, de la même école, un anonyme de la science zoologique, a fait son choix en dehors du domaine de M. Toussenel, et nous a donné un livre fort curieux sur les insectes et les reptiles ; il en viendra de nouveaux qui feront vivre, comme Toussenel, d'autres espèces que la science met sous vitres, par le procédé taxidermique, et c'est ainsi que la grande histoire se fera et se vulgarisera pour l'universalité des lecteurs.

Ma première vocation d'adolescence me portait aux études de la géologie et de l'histoire naturelle ; j'ai suivi, pendant plusieurs années, les cours de Cuvier au Jardin des Plantes, et l'illustre maître a daigné quelquefois me donner des encouragements. Les ricochets de la vie parisienne m'ont emporté ailleurs; mais j'ai toujours conservé le goût de ces belles études et mes prédilections pour certains animaux, dont j'ai fait ma société, aux jours de l'isolement et de l'indigence oisive. Beaucoup plus tard, lorsque les romans ont fait invasion en France, j'ai fait dans *Héva, la Floride* et *la Guerre du Nizam* quelques tentatives dans le domaine de la zoologie ; mon histoire naturelle en action, liée à mes histoires indiennes, a obtenu quelque faveur dans le public. Si *Héva* compte d'assez nombreuses éditions, l'intervention des éléphants et des tigres a, je crois, beaucoup contribué au succès de l'œuvre indienne. Alors, j'ai voulu, moi aussi, apporter mon livre à l'œuvre générale, et lui donner tous mes soins pour la rendre moins indigne de la collection future des cinquante collaborateurs. Mon choix devait tomber naturellement sur les animaux qui me plaisent et que j'ai étudiés par prédilection. Les six volumes de ma trilogie étaient donc, à mon insu, la préface du livre que je publie aujourd'hui.

Les animaux qui sont les héros de ce volume jouissent en général de la faveur publique. En première ligne, il faut placer l'éléphant, le seul être qu'on n'ose appeler animal; créature presque humaine, monstre charmant, ami dévoué, qui remplacerait le chien, depuis les premiers jours du monde, si sa taille lui permettait l'entrée de nos maisons. Il m'a semblé, sauf erreur, que l'éléphant était assez légèrement traité dans les histoires naturelles, et que la science officielle l'avait un peu trop empaillé, avec l'honorable intention de le faire vivre. L'éléphant demande à être traité par le procédé dramatique; on veut le voir agir et penser, j'allais dire parler; on veut le voir se mêler aux affaires de l'homme, avec son bon sens qui est pour nous une leçon perpétuelle, avec sa justice inexorable, sa raison exquise, son incomparable intelligence. L'éléphant retient l'observateur et le met en réserve; il épouvante et attire; il fait penser et désespère la pensée; ce grand corps contient une grande âme, et on ne sait trop dans quelle espèce clas-

Le lion, avec sa royauté incontestable...

ser ce colossal philosophe, qui nous humilie par sa force physique et morale, et, ne se donnant aucun orgueil, malgré ses qualités puissantes, veut bien se soumettre à la faiblesse humaine, comme s'il était notre inférieur, et nous servir comme un esclave, ou nous obliger comme un ami. L'éléphant devait donc occuper dans ce livre une large place, et j'ai voulu le traiter selon ses mérites et son importance. J'ai donné la part du lion à l'éléphant.

Le lion, avec sa royauté contestable, mais acquise par droit de prescription séculaire, méritait une biographie détaillée. Si l'éléphant est le plus noble de nos amis, le lion est le plus noble de nos ennemis. Les naturalistes anglais et plusieurs de leurs confrères français ont vingt fois décrit le lion en ces termes : « Le lion est le roi des animaux ; sa tête énorme ne paraît pas en proportion anatomique avec le reste du corps, mais elle est empreinte de tant de majesté, qu'on oublie de la mesurer. Sa crinière imposante a peut-être donné l'idée des pompeuses coiffures du siècle de Louis XIV : c'est un véritable ornement royal. Ses yeux, couleur

Sa crinière est un véritable ornement royal.

d'or, expriment à la fois le courage indomptable et la bonté. Sa gueule montre quarante dents, qui peuvent broyer les corps les plus durs ; ses quatre griffes d'acier sont des armes irrésistibles, attachées à des muscles vigoureux : il les enfonce dans la chair d'un taureau et emporte sa proie jusqu'à sa tanière. L'extrême faim peut le rendre féroce ; mais quand il est rassasié, il est accessible aux sentiments généreux, et n'attaque pas l'homme. Un lion jeune est susceptible d'éducation ; la reconnaissance même est une des vertus du roi des animaux. On connaît l'histoire d'Androclès, elle est dans toutes les mémoires. La lionne de Florence, qui rendit un enfant à sa mère, est encore citée par tous les historiens. »

Le dernier venu qui écrit sur le lion copie avec de légères variantes cette description, de même que le dernier historien des Romains ou des Grecs emprunte à son devancier un portrait d'Annibal ou d'Alcibiade. Le premier avait dit : *Annibal était doué d'une politique cauteleuse, qui le rendait aussi redoutable par la diplomatie que par les armes.* Le dernier venu arrive et écrit cette variante : *Annibal était d'autant plus redoutable comme général qu'il unissait la science des armes aux astuces de la foi punique.*

Perchés sur leurs tréteaux, une baguette à la main, et entourés de grossières images d'animaux, les aboyeurs des exhibitions foraines et des ménageries nomades font aux badauds un cours d'histoire naturelle fantaisiste.

Le tigre ne pouvait être oublié dans ce livre : le vrai tigre, nommé *royal,* pour le distinguer sans doute de la panthère, qui est un chat gigantesque. Cet animal n'est pas en faveur ; il y a même des bourgeois du quartier Saint-Victor qui le trouvent laid. On ne le voit pas figurer sur les pendules de bronze, comme le lion, le cheval et le chien du mont Saint-Bernard. On reproche au tigre sa férocité, on l'estimerait davantage s'il avait la douceur de la brebis ; mais alors il ne serait plus tigre, et ce serait dommage ; car la zoologie perdrait une des plus effrayantes fantaisies de la mystérieuse création. Les naturalistes aussi ont beaucoup maltraité le tigre, ils le regardent comme un vil scélérat, couvert de crimes et justiciable des cours d'assises. « A-t-il l'air méchant ! s'écrie-t-on devant sa cage, et une voix facétieuse ajoute : « Je ne voudrais pas me trouver seul avec lui dans la forêt de Bondy. » Quant à moi, j'ai pris le tigre tel que la nature nous l'a donné, comme contraste à l'agneau, et j'ai essayé de le faire vivre dans toute sa grâce sauvage et sa formidable beauté. Cet héritier direct des féroces animaux antédiluviens va bientôt disparaître comme eux de la surface du globe, et sa notice nécrologique, quoique précoce, mérite d'être détaillée.

Les grands ne m'ont pas fait oublier les petits ; l'aigle, roi des oiseaux, ne m'a pas fait dédaigner la perruche, ce bijou d'émeraude aimé des femmes. J'ai beaucoup étudié les perruches dans leurs espèces diverses, et je n'ai pas voulu perdre le fruit de mes observations, car j'ai passé autant d'heures de ma vie devant les cages des perruches que devant les cages des lions et des tigres : fidèle en cela aux traditions sages du grand naturaliste le roi Salomon, qui admirait autant le cèdre que l'hysope. Un long chapitre a été consacré aux abeilles, ces merveilleuses ouvrières dont l'intelligence bouleverse notre imagination. Les abeilles ont été un peu négligées par les naturalistes. On leur a consacré quelques lignes qui nous apprennent que ces insectes composent le miel avec le suc des fleurs, et obéissent à une reine absolue. Suit une épigramme contre les frelons paresseux, voleurs et parasites, vivant aux dépens des ruches laborieuses. Un seul naturaliste, le plus grand de tous, Virgile le divin, a chanté les abeilles dans des vers sublimes et dans la plus belle langue du monde. Si Virgile eût écrit une histoire naturelle complète avec ce style et ce merveilleux talent d'observateur, la science posséderait un monument littéraire et zoologique sans rival. En écrivant sur les abeilles, j'ai cherché mes inspirations dans l'atmosphère des *Géorgiques* et dans mes souvenirs de l'Anio et de Tibur.

Il ne fallait pas oublier non plus, comme contrastes, beaucoup d'animaux vulgaires qui vivent au milieu de nous, et dont l'étude semble appartenir à l'observation de tout le monde. Rien de neuf ne peut être dit sur les intimes compagnons de l'homme, mais la partie anecdotique peut nous offrir de l'intérêt dans des articles consacrés aux humbles locataires de nos caves ou de nos maisons. Au reste, c'est par l'anecdote que j'ai voulu essayer d'instruire ou d'amuser dans ce livre. L'anecdote intéresse toujours, soit qu'elle ait pour héros l'aigle ou la perruche, le lion ou le rat, l'éléphant ou le chien, le tigre ou le chat domestique. L'anecdote manquait à l'histoire naturelle, comme la chronique manque à l'histoire des empires. Si le lion avait, comme Louis XIV, un duc de Saint-Simon, les commérages de ce portier du désert seraient plus intéressants que l'histoire de Pline. Par malheur, le Versailles du roi des animaux est situé dans une zone interdite aux chroniqueurs et au duc de Saint-Simon. Quant à moi, je donnerais toutes les histoires des Grecs, des Macédoniens, et des Grecs de l'abbé Rollin pour un recueil de chroniques écrites au désert par Gérard ou Chassaing.

L'animal est mille fois plus amusant que l'homme. Je me souviendrai toujours du plaisir enfantin que me donna M. Bègue, en me racontant un anecdote de ses voyages dans l'intérieur de l'Afrique; il est possible qu'elle soit fausse comme une histoire de Provençal touriste, ou comme la fable de Voltaire sur *le Marseillais et le Lion;* mais qu'importe, si elle a un air de vérité frappante et si elle rentre bien dans les convenances du caractère que la renommée prête aux héros, suivant le précepte d'Horace : *Aut famam sequere, aut sibi convenientia finge?*

M. Bègue était attaché au consulat de France à Alger, en 1784; il avait la passion de la chasse, comme tout Marseillais, et les affaires de la légation l'occupaient fort peu; il consacrait tous ses jours à sa passion favorite, malgré les périls qui abondaient alors dans l'Atlas. Un matin, à l'aurore, comme il entrait dans un vallon où le gibier pullulait, il recula d'effroi et se recommanda à Notre-Dame de la Garde, malgré l'éloignement; quatre lions descendaient sur son chemin, en sortant tout à coup d'un massif de lauriers-roses, et ils n'étaient plus qu'à vingt pas du chasseur. La fuite était une impossibilité, la lutte une imprudence mortelle, le *statu quo* un suicide involontaire. « Je me vis perdu sans espoir aucun de salut, me dit-il, et aucune frayeur ressentie ne peut donner une idée de la terreur qui s'empara de moi. Le supplicié qui attend la chute du couteau n'éprouve pas les angoisses que j'ai subies. La pensée fonctionne vite dans les agonies de la santé virile ; une idée ou, pour mieux dire, un souvenir tomba dans mon esprit; j'avais entendu dire à Alger que les lions étaient fort sensibles à la politesse et aux témoignages de respect et de déférence. Ce n'était pas le moment de réfléchir pour discuter cette théorie, il fallait la mettre en action; je n'avais pas à choisir la qualité de ma planche de salut. Aussitôt, courbant mon torse dans la plus humble des attitudes, et me découvrant comme devant un cortège de roi, je saluai à plusieurs reprises le chemin sur lequel ils allaient passer, et à mesure qu'ils s'approchaient de moi, je redoublai de courbettes et de prostrations; le premier lion me lança un coup d'œil oblique et prit un air dédaigneux, comme ferait un roi devant la plate obséquiosité d'un courtisan; le second parut touché de ma politesse et s'éloigna en trottant; ce succès m'encouragea, et j'exagérai mes poses courtisanesques devant les deux derniers, qui n'avaient aucune raison de me dévorer, puisque les autres m'avaient fait grâce en voyant mon respect pour les lions. Même quand ils se furent éloignés, je gardai mon attitude de courtisan, et, par des chemins impraticables, je regagnai Alger, lorsque je les vis disparaître à l'horizon. »

M. Bègue était âgé de quatre-vingt-cinq ans lorsqu'il me raconta cette anecdote, et je ne voulus pas faire à ses cheveux blancs l'injure de douter. Mais mon sourire involontaire se chargea d'exprimer l'incrédulité qui n'était pas sur mes lèvres. M. Bègue comprit ma pensée et me dit : « Oui, je conviens que la chose doit paraître incroyable, et je ne force personne à la croire; aussi je ne la raconte pas au premier venu. »

J'écrirais un volume avec les anecdotes de ce genre qui m'ont été racontées à Marseille par les explorateurs des deux Indes. Les ports de mer abondent en chroniques, mais la véracité bien rarement est leur vertu. Je me serais bien gardé d'insérer l'anecdote de M. Bègue dans mon chapitre sur le lion, parce que, toute croyable qu'elle puisse être, elle pourrait nuire à d'autres anecdotes voisines qui portent avec elles le caractère de l'authenticité. Les histoires d'Androclès, de la lionne de Florence, du lion de Guzman le brave, de l'éléphant de Fabricius, du corbeau de Corvinus, de la louve de Numitor, du serpent de Régulus, du corbeau d'Auguste, des chiens du Capitole, sont d'amusantes fables que la grave Clio a insérées dans sa zoologie, et beaucoup de professeurs les regardent comme des articles de foi et les enseignent sérieusement aux élèves; mais aujourd'hui il ne serait plus permis d'écrire dans un livre que des chiens de garde dormaient d'un profond sommeil devant le Louvre, lorsque le peuple y entrait le 29 juillet 1830, et les lecteurs accueilleraient par un éclat de rire l'historien qui soutiendrait que l'armée française a été mise en fuite à Crécy par un troupeau de bœufs, comme l'armée romaine, à la seconde guerre Punique. Aujourd'hui, l'anecdote est discutée et soumise au contrôle, le siècle est friand de vérité. Chose digne de remarque! Voltaire, l'homme qui a le plus contribué au succès des doctrines du contrôle et de l'examen, l'homme qui a foudroyé les *légendaires* anecdotes du *chien* de saint Roch et du compagnon de saint Antoine, Voltaire s'est écrié un peu plus bas :

> Oh! l'heureux temps que celui de ces fables!
> . . . .
> Le raisonner tristement s'accrédite,
> On court, hélas! après la vérité,
> Ah! croyez-moi, l'erreur a son mérite.

Quand le philosophe se contredisait ainsi dans ces derniers vers, il était dans toute sa bonne foi de poète, il était pour le poème *les Rats et les Grenouilles* d'Homère contre Tite-Live, le charmant fabuliste historien.

Comme pendant à l'histoire contestable de M. Bègue, je dois rapporter ici une héroïque légende léonine qui date du quatorzième siècle, et dont jamais personne, en Espagne, n'a contesté l'authenticité. Il s'agit de Guzman, le Cid de Tarifa, qui tue un serpent, fléau de l'Afrique, et dont la tête est mise à prix. C'est le troisième serpent que l'histoire mentionne comme fléau d'un pays, en comptant celui de Régulus et celui des chevaliers de Rhodes. Le lion joue un rôle merveilleux dans l'exploit de Guzman, et vingt poètes castillans les ont chantés tous les deux; j'ai traduit le plus populaire, et je lui donne une place dans cette introduction, qui autorise l'anecdote suspecte.

LE LION DE GUZMAN

Aux environs de Fes... un pays qui dépend
Des Maugrabins... rôdait un énorme serpent,
La terreur de l'endroit. Il avait des écailles
Plus dures que le fer trempé pour les batailles ;
Et, quand il se levait debout, il ressemblait
Au mât d'un brigantin, et le passant tremblait.
Les jaloux de Guzman dirent au roi leur maître :
« Ce chrétien si hardi, que ne va-t-il lui mettre
Une flèche sur l'œil ! » Guzman entend cela :
Il prend un bon cheval, sa lance, et le voilà
Parti comme le dieu de la chevalerie.
Dans un massif charmant de bois et de prairie,
Il aperçoit le monstre en trois nœuds enlacé,
Aux pattes d'un lion, rugissant et blessé.
D'un seul bond de cheval notre Guzman s'élance ;
Il abat le serpent du premier coup de lance,
Et le pauvre lion, affranchi du danger,
Remercie en baisant les pieds de l'étranger.
Un More qui passait dit à Guzman : « Écoute,
Suis mon conseil : avant de te remettre en route,
Coupe au serpent sa langue. » Et mon Guzman le fit,
Au hasard, sans prévoir quel serait le profit.
On ne sait pas toujours ce qu'on fait... A l'aurore,
Le lendemain on vit venir un chasseur more ;
Il apportait au roi, joyeusement surpris,
La tête du serpent qu'on avait mise à prix.
Guzman dit : « Ouvrez donc la gueule du reptile. »
Le chasseur s'opposait, disant : « C'est inutile. »
On ouvrit : point de langue ! « Elle est là, la voici !
Dit Guzman ; le vainqueur du monstre est bien ici,
Mais c'est moi ! » Le passant, témoin de la victoire,
Le donneur de conseils, confirma cette histoire,
Et le lion aussi ; car il avait de loin
Accompagné Guzman, comme second témoin.

L'introduction de l'anecdote vraie ou probable, dans un livre d'histoire naturelle, m'a donc paru un nouvel élément de succès ;

ce n'est pas moi qui ai fait cette découverte, malheureusement ; d'autres ont excellé en ce genre ; j'ai trouvé, après eux, l'innovation utile et bonne, et j'ai apporté mon contingent, toujours avec le regret de n'avoir pu l'augmenter par une série d'anecdotes d'une véracité douteuse, comme celle qui m'a servi d'échantillon, sous la responsabilité de M. Bègue.

<blockquote>
Si Peau d'âne m'était conté,
J'y prendrais un plaisir extrême,
</blockquote>

disait La Fontaine. Aujourd'hui *Peau d'âne* resterait chez le libraire, s'il n'était pas illustré.

On m'a reproché quelquefois, à propos de mes romans indiens, de donner aux animaux plus d'intelligence qu'ils n'en ont reçu de la nature. Ce livre fournit l'occasion de répondre à cette critique, quoiqu'elle soit vieille de vingt ans.

Les animaux se divisent en deux espèces : les uns, et les plus nombreux, agissent toujours régulièrement, selon leurs instincts et leurs immuables traditions de famille ; ils n'inventent jamais rien, ils font aujourd'hui et ils feront éternellement ce que leurs ancêtres ont fait dans l'Eden ou dans l'arche. Les autres, en petit nombre, il est vrai, tout en restant fidèles aussi aux lois générales de leur espèce, ont montré une effrayante imagination, dans certains cas, lorsqu'une nécessité impérieuse ou le caprice du moment les a obligés d'inventer. Or, chez les animaux, le don de l'invention est un sujet d'épouvante pour l'homme ; déjà la nature de l'âme qui fait fonctionner ces êtres est un grave prétexte à discussion, et nous révolte, nous qui ne comprenons pas la nature de la nôtre ; quelle doit donc être notre stupéfaction lorsque l'instinct traditionnel semble abandonner la bête, et qu'une pensée humaine éclate soudainement dans son cerveau ! Si l'animal invente, il pense ; s'il pense, il jouit de la raison comme nous ; où allons-nous alors si nous suivons la logique des théories ? On ne sait pas, mais on peut aller trop loin. Citons quelques exemples dont l'authenticité ne paraît pas douteuse; car il est de ces choses qui portent avec elles leur certificat de véridique origine.

La scène se passe devant le tour d'un couvent; c'est l'heure où une religieuse, qui est de service au parloir, prend son repas. Elle sonne un coup brusquement à la cloche du tour. Un instant après, la machine fonctionne sur son pivot, et elle offre un plat de viande à la religieuse, qui le prend et passe dans une pièce voisine. Un chien, habitué du parloir, remarque cela pendant quelques jours, et il devient rêveur. Ce plat arrivant au coup de cloche excite sa convoitise; et un jour, un peu avant l'heure, et après avoir bien pris ses précautions pour ne pas être aperçu, il accroche avec ses dents le cordon de la cloche, et sonne sur le diapason normal, et de façon à tromper l'oreille de la tourière. C'était, par malheur, un jour maigre, et un plat de légumes se montre dans l'échancrure du tour, à la place du mets attendu. Une fois sur le chemin de l'invention, le chien continue à faire fonctionner son intelligence, il prend l'assiette avec délicatesse, du bout de ses dents antérieures, et va cacher le plat sous un banc du parloir; après quoi il prend une pose horizontale et fait semblant de dormir, pour ne pas attirer les soupçons sur lui, et se ménager l'occasion d'être plus heureux une autre fois. La religieuse de service arrive, un coup de cloche est donné, il y a refus de la tourière; une discussion s'engage des deux côtés du tour; bref, on soupçonne le chien et on le surveille. La ruse de l'animal fut découverte le lendemain même; c'était un jour gras, le chien fit un festin et reprit sa pose de sommeil hypocrite. La nouvelle de cette invention pénétra dans le couvent, et il fut décidé que, tous les jours, un plat gras, mais de qualité inférieure, serait ponctuellement servi par le tour, au premier coup de cloche, et le chien a continué ce métier avec la conviction qu'il était plus fin que tout le couvent. On voyait facilement dans son regard la double satisfaction du gourmand et de l'inventeur.

Incontestablement, ce chien a raisonné comme le plus adroit voleur aurait pu le faire; il a suivi une longue déduction de pensées; il a fait un plan de comédie; il a découvert un procédé.

L'oiseau qui, pressé par la soif, et trouvant un vase presque rempli d'eau et à goulot trop étroit, introduit avec son bec des pierres pour faire monter l'eau, découvre un procédé ; il raisonne, il invente. Le cheval qui, s'apercevant que son vieux voisin de crèche ne peut plus broyer le foin, faute de dents, lui mâche le morceau et le lui jette dans l'auge, fait un acte d'amitié raisonnée ; il invente une vertu inconnue jusqu'à lui dans la race chevaline ; il mérite le prix Monthyon. Je puis citer une centaine de faits du même genre, tous connus, tous admis sans conteste, qui prouvent que, chez les animaux, la pensée et le raisonnement se sont élevés souvent au-dessus de l'instinct routinier. M'appuyant sur tant de faits acquis à l'histoire anecdotique de la science, je me suis permis quelquefois, et je me permets encore, dans ce livre, de donner aux animaux, et surtout aux éléphants, des fonctions morales et des aptitudes d'intelligence qui semblent n'appartenir qu'à l'espèce humaine. Je n'ai jamais franchi les limites de la vraisemblance, en prenant, comme point de départ, les faits merveilleux cités plus haut, et d'autres faits aussi extraordinaires, et généralement reconnus vrais : tout ce que j'ai pu inventer moi-même en faveur des animaux est resté bien au-dessous des réalités connues ; mes fables sont moins surprenantes que les vérités.

On a publié, il y a une quarantaine d'années, un livre qui devint populaire à son apparition ; il est intitulé : *Histoire des chiens célèbres*. L'auteur a dû nécessairement faire la part de la fantaisie et de la fiction pour grossir son livre, mais la moitié des anecdotes qu'il renferme est aussi connue et aussi admise que l'histoire du chien de Montargis. Les chiens jouissent d'une telle faveur, que les deux moitiés de ce livre, la fausse comme la vraie, n'ont rencontré aucune incrédulité chez les lecteurs. Les éléphants sont les chiens de l'Inde, seulement leur intelligence suit les proportions du corps. Lord William Bentinck m'a dit que les anecdotes sur les éléphants sont si nombreuses, qu'elles charment les veillées des Indiens, sur les deux côtes du Bengale et les deux rives du Gange. L'*Histoire des chiens célèbres* paraîtrait vulgaire et dépourvue d'intérêt parmi ces peuples conteurs et très adonnés à l'étude des animaux. J'ai fait tout ce que font les naturalistes du Coromandel et du Malabar; j'ai tenté d'élever l'intelligence du chien à la hauteur de l'éléphant.

Arrivons maintenant au but moral de ce livre, car tout livre doit avoir sa moralité, plus ou moins pratique. Elle est renfermée dans une pensée de Jean-Baptiste Rousseau, qui, en parlant des hommes et des animaux, affirme un peu trop absolument que l'*instinct les conduit, et que la raison nous égare*. La raison a fait faire à l'homme tant de grandes et nobles choses, qu'on ne doit pas la subordonner ainsi, dans un sens trop général, à l'instinct des animaux. C'est abuser de la misanthropie poétique. Toutefois, on peut avancer que la raison de l'homme peut recevoir de bonnes leçons de l'instinct des animaux, dans la vie bourgeoise, l'existence domestique, les relations de famille et d'amitié, enfin dans les petites affaires de l'humble monde citadin, où la noblesse, l'héroïsme et les mâles vertus de l'homme n'ont pas l'occasion de se manifester. En envisageant la question avec cette impartialité, on est amené à cette conclusion paradoxale que les animaux ont été créés pour donner à l'homme des leçons de sagesse et de bonne conduite. L'apologue, créé dans l'Inde, continué en Grèce et à Rome, terminé triomphalement en France, l'apologue semble s'être inspiré de cette pensée philosophique, en élevant les animaux au rang d'instituteurs du genre humain. Pilpay, Pan-o-Peï, Ésope, Phèdre et La Fontaine sont les plus grands moralistes profanes qui aient existé; ils sont devenus seuls des philosophes populaires, parce qu'ils ont dégagé la morale de son antique métaphysique nébuleuse, et qu'ils ont appelé à leurs chaires des animaux, en guise de professeurs. Les leçons ainsi données dépouillent le professorat de son pédantisme, et délivrent l'auditoire de ses ennuis; elles arrivent à l'oreille comme une musique agréable, et se gravent dans la mémoire et le cœur. Platon est aujourd'hui un illustre inconnu, malgré M. Cousin; Ésope est notre contemporain aimé, par la grâce de La Fontaine. Il a manqué à Platon l'art de faire parler les animaux. On ne lit plus les divines œuvres de ce disciple de Socrate, de ce maître d'Aristote; c'est sans doute un malheur, mais la foule sera toujours de l'avis d'Horace : il ne suffit pas, dit-elle avec ce sage poète, il ne suffit pas que les ouvrages soient beaux, il faut qu'ils soient charmants : *non satis est pulchra... dulcia sunto*. Allez vous insurger contre le goût de la foule, surtout lorsque, par hasard, elle a raison ! On a écrit bon nombre de traités de philosophie pour démontrer que la raison du plus fort doit toujours être injustement victorieuse de la raison du plus faible, et que les jugements d'autrui vous rendront blanc ou noir, selon que vous serez puissant ou misérable ; ces traités graves ont été oubliés avant d'être lus, et la foule redira éternellement les amusantes et sérieuses fables : *les Animaux malades* et *le Loup et l'Agneau*.

L'histoire naturelle en action doit donc parfois imiter l'apologue, si elle veut vulgariser son utilité pratique, et puisqu'elle met en scène les animaux, et les fait agir et même penser, il faut que le côté moralisateur soit inhérent au drame, et l'accompagne sans appeler bruyamment l'attention sur lui, car la morale doit être modeste et ne doit se révéler que par son parfum. Ainsi ont fait les maîtres du genre. J'arrive après eux, avec ce bon vouloir qui parfois remplit l'intérim du talent, et je donne à mes animaux quelques allures de leurs confrères de l'apologue. Dans la conviction où je suis que les animaux parlent la langue de leur espèce, et se comprennent fort bien entre eux, j'ai souvent été tenté d'emprunter ses licences à l'apologue, et de faire parler créole le lion ou l'éléphant ; mais je me disais tout de suite qu'une histoire n'est pas une fable, et que le dialogue zoologique m'était interdit. Au reste, je me rapprochais tout à fait de l'apologue indien, qui est presque toujours une histoire naturelle en action, qui met en jeu les animaux, attache à leurs actions une pensée morale, et n'ose les faire vivre par le dialogue : car, chez les religieux indiens, la parole a été donnée par le dieu bleu à l'homme seul. Heureusement, La Fontaine n'a pas eu cet étrange scrupule. Comme exemple, je prends au hasard, dans le recueil de fables indiennes traduites par M. Boze, l'apologue suivant, qui est un chapitre d'histoire naturelle en action, avec cette moralité : *Service pour service*.

« Une forêt et un tigre vivaient en bonne intelligence. La forêt protégeait le tigre, le tigre défendait la forêt ; le service était mutuel. Les bûcherons n'osaient pas aller couper du bois, de peur de rencontrer le tigre, et les chasseurs ne pouvaient jamais découvrir le tigre sous l'épais et sombre feuillage de la forêt.

« Un jour, l'animal féroce et stupide eut la fantaisie, par dégoût du bonheur, d'abandonner sa protectrice et de prendre ses ébats, au soleil, dans un vaste champ de riz. Les chasseurs aperçurent alors le tigre à découvert, et le tuèrent facilement, et les bûcherons, ne craignant plus les dents et les coups de griffes, détruisirent la forêt. »

Pas un mot de trop. Concision unie à la clarté. Le sage auteur indien fondait l'école de Tacite. Cette sobriété dans le récit a son mérite sans doute, et elle a passé des moralistes indiens chez Ésope ; mais, de nos jours, l'histoire naturelle en action doit se complaire dans les détails, si elle veut être favorablement accueillie. Lorsque la concision n'a pas pour elle la langue et le génie de Tacite, elle tombe dans la sécheresse, et, par malheur, Tacite a gardé son secret, et le gardera toujours.

Au reste, si l'histoire demande pour elle la concision, la comédie se complaît dans la loquacité amusante. La Fontaine a voulu faire, dit-il, *une comédie à cent actes divers, et dont la scène est l'univers*. Ne pouvant prendre autre chose au grand fabuliste, nous lui avons pris ce titre. Tout est comédie en ce monde ; Dante a fait *la Comédie de l'enfer*, Balzac *la Comédie de la terre*, Théophile Gautier *la Comédie de la mort* : il y avait donc encore une humble et modeste place pour *la Comédie des animaux*.

LE SAVANT ET LE CROCODILE

On fait connaissance avec notre héros. — Désespoir d'un garde national réformé. — Un bain dans le Nil. — Fâcheuse rencontre. — Où il est bon d'être maigre. — Sur un palmier. — Blocus. — Un lit un peu dur. — Le déjeuner maigre. — La soif. — Violente sortie contre Robinson. — La pompe aspirante. — Assaut du palmier. — Une maison bien distribuée. — Costume qui ne vient pas de la Belle-Jardinière. — Deux bottes dans des positions différentes. — Secours inattendu. — Le palmier à plumet. — Feu ! feu ! Délivrance. — De quelques savants véridiques.

Ce titre ressemble à celui d'une fable, et c'est une histoire vraie que je vais conter.

La ville de Belfast, en Irlande, est peuplée de savants : la science y court les rues, comme l'esprit chez nous. En arrivant à Belfast, je fus frappé de la physionomie générale des passants ; tous les visages ressemblent à des figures de géométrie ; de même qu'à Paris tout le monde promeneur ressemble à un vaudeville du Gymnase, des Variétés ou du Palais-Royal, orné de pointes de couplets.

M. Adamson, un de ces innombrables savants qui gardent la droite sur les trottoirs de Belfast, était fort riche, quoique savant, et pourtant le bonheur lui manquait. Tous les matins, à son lever, il s'adressait cette question : Pourquoi le voyageur Bruce n'a-t-il pas découvert la presqu'île de Méroé ?

Tous les hommes font consister le malheur dans une spécialité quelconque. J'ai connu un honorable citoyen qui s'est laissé dépérir de langueur, parce qu'il avait été exclu, en 1830, des cadres de la garde nationale, *pour cause de stupidité militaire*. Il ne pouvait tenir son fusil que de la main droite, et ses mains étaient gauches toutes les deux. Vice radical.

M. Adamson étudiait la carte de Bruce, depuis les montagnes de la Lune jusqu'à Hermopolis, et il n'y trouvait pas cette presqu'île que le véridique Hérodote a vue de ses propres yeux, comme je vous vois.

Ce souci minait profondément le grave Irlandais.

Un jour, il se munit d'une paire de bas de Dublin, et s'embarqua pour l'Égypte, en passant par le canal Saint-Georges, la Manche, la France et la Méditerranée. Dans sa route, il ne daigna rien voir. La presqu'île de Bruce l'absorbait.

Il rencontra le Nil, ne salua pas les Pyramides, impolitesse inouïe, mais qui ne produisit aucune sensation sur ces stoïques monuments ; et, après un séjour de quelques heures au Caire, il poursuivit son voyage jusqu'aux ruines de Karnak.

Il effleura, d'un coup d'œil négligent, les augustes colosses de Memnon, les cryptes d'Osymandias, les hypogées de Sésostris, les pylones d'Isis, les obélisques de Louqsor, et toutes les merveilles de la Thébaïde. Toujours remontant le Nil, il vit Latopolis, Élethya, Apollinopolis, Ombos et Syène, aujourd'hui flétrie du nom barbare d'Assouan. Les ruines de ces villes antiques ne furent point honorées d'un seul point d'admiration ; c'était humiliant pour l'Égypte de Sésostris !

Un jour, la chaleur était si forte à midi, chose très naturelle sous le tropique, que le savant Adamson se laissa séduire par la fraîcheur du Nil, et se décida, pour la première fois de sa vie scientifique, à prendre un bain dans le fleuve sacré.

Il regarda aux environs, avec une attention minutieuse, et ne découvrit aucun être vivant. Le désert méritait son nom. Il n'y avait pas même une statue d'Isis, d'Ibis, d'Anubis ou de Sérapis. Le Nil coulait dans un silence religieux, et baignait sur sa rive gauche des ruines superbes et anonymes, qui remontent, par des chaînons de rochers, à la vieille Éléphantine. Adamson, rassuré par la soli-

Il rencontra le Nil, ne salua pas les Pyramides.

tude et l'absence des *policemen*, se plongea dans les eaux vives du Nil, après avoir arrangé avec soin ses vêtements et ses bottes sur le rivage nu.

Le savant remerciait la Nature, bonne mère qui plaçait ainsi un fleuve si frais auprès d'un sable si brûlant ; il savourait cette volupté du bain, inconnue de la science, et se souvenait tout à coup de ses premiers exercices de nageur enfant, sur les grèves de Kingstown ; il quitta la station de la baignoire fluviale, et nagea, comme un ignorant, en pleine eau.

Comme il se livrait aux doux ébats d'un triton d'eau douce, il entendit un souffle menaçant, et vit, à peu de distance et à fleur du Nil, une gueule verte, ornée de dents léonines et de deux yeux enflammés.

Le savant se rappela aussitôt, mais trop tard, une fable qui commence ainsi : « Les chiens d'Égypte boivent toujours en courant, le long du Nil, de peur des crocodiles. »

« O sagesse *des chiens !* » s'écria-t-il, et il fit, de ses mains et de ses pieds, les plus grands efforts pour atteindre une petite île sablonneuse, écueil des barques, salut des nageurs.

C'était, en effet, un crocodile de la plus belle espèce ; un lézard colossal et amphibie, plus féroce que le tigre du Bengale ou le lion de l'Atlas. Il nageait sur le savant, qui, quoique maigre pour cause d'étude, offrait encore un mets satisfaisant à la gloutonnerie d'un crocodile à jeun.

Adamson gagna heureusement les bords de la petite île, ayant le crocodile sur ses talons ; il croyait même souvent sentir passer une haleine chaude à la plante de ses pieds, température effrayante dans un bain froid. Ce souffle l'avait aiguillonné. Il toucha la terre ; mais, au moment où il allait se livrer à la joie, il se souvint que le crocodile est amphibie ; et, apercevant un palmier frêle, isolé sur l'écueil, il embrassa la tige et grimpa au sommet avec l'agilité d'un écureuil. Si Adamson eût appartenu à l'espèce des faux savants, celle qui est douée d'un ventre en relief, il était perdu sans ressources ; par bonheur, il avait résolu, à vingt ans, quinze propositions d'Euclide, exercice méditatif qui l'avait maigri à vue d'œil, et l'avait rendu apte à l'escalade des palmiers.

Adamson se logea de son mieux sur la partie de l'arbre où les rameaux et les feuilles s'étendent, montent, retombent, se croisent selon les caprices de leur végétation indépendante, et, ayant assuré sous ses pieds une base solide, il regarda le Nil.

Ses yeux se fermèrent d'effroi un moment : le crocodile sortait de l'eau, en secouant sa carapace d'écailles luisantes, et il marchait, comme un poisson devenu quadrupède, vers la racine du palmier.

Le savant chercha aussitôt dans sa mémoire tout ce qui a été écrit sur les crocodiles par Pline et Saavers, et il crut trouver, dans ces naturalistes, que ces animaux escaladaient les palmiers.

« Oh ! dit-il, faites, mon Dieu, que mes confrères les savants, qui se trompent à chaque page, se soient encore trompés à celle-ci ! »

Tout à coup il éprouva un nouveau frisson de terreur, en se rappelant une notice qu'il avait insérée dans la *Belfast-Review*, et dans laquelle il avançait lui-même que les crocodiles grimpaient sur les arbres, comme des chats. Il aurait voulu jeter sa notice au feu, mais il n'était plus temps : tout Belfast avait lu la notice, elle avait été traduite en arabe, et aucun auteur ne l'avait réfutée en Orient, par même à Crocodilopolis.

Le féroce amphibie arriva au pied de l'arbre, et témoigna une joie vive en découvrant le nageur à travers les éclaircies des feuilles ; il fit quelques tours et détours, regarda encore, puis s'arrêta, comme pour convertir le siège en blocus, dans l'impossibilité absolue de prendre la place d'assaut.

Ici, rendons hommage à la vraie science. Adamson, malgré les préoccupations du moment, éprouva un vif accès de juste douleur : il reconnut que sa notice commettait une erreur d'histoire naturelle, mais il se promit bien de ne jamais la corriger, s'il échappait par miracle au péril. La notice avait été écrite avec conviction ; elle démontrait que les crocodiles grimpaient sur les palmiers : fait acquis à la science. Impossible de revenir là-dessus, même en échappant à un crocodile, qui n'avait pu escalader un palmier du Nil. Un savant doit être inébranlable dans ses convictions. Il se souvint encore d'un détail qu'il avait donné sur les mœurs des crocodiles, en les étudiant dans son cabinet de Belfast, à l'exemple de M. de Buffon, qui les observait au château de Montbard.

« Les crocodiles, avait écrit Adamson, versent des larmes comme nous, ce qui semblerait indiquer une certaine sensibilité dans la muqueuse lacrymatoire, et par suite une propension native à la pitié, sentiment très développé chez plusieurs animaux. Il est vrai que mes confrères les naturalistes ont donné, par dérision, le nom de *larmes de crocodile* aux larmes fausses versées par l'hypocrisie ; mais ces confrères sont tombés dans une grave erreur. L'hypocrisie, vice purement humain, n'est pas reconnu chez les animaux de forte race. Si les crocodiles pleurent, c'est qu'ils sont attendris, et c'est à la source de leurs larmes véritables qu'ils doivent les honneurs qui leur ont été rendus par les sages Égyptiens. Ces amphibies charitables étaient adorés dans des temples et mis au rang des dieux. »

S'étant cité lui-même à haute voix, il se donna un air suppliant, qui provoquait la commisération.

La pose du crocodile prit un caractère alarmant. Le blocus existait dans toute son évidence stratégique. La science pouvait acquérir ainsi un nouveau fait : les crocodiles ne grimpent pas, ils bloquent. Sujet d'une nouvelle notice, qui, sans démentir la première, donnait une nouvelle ruse de guerre à l'intelligence de ces animaux.

Étendu dans sa longueur démesurée, le crocodile bravait le soleil comme un lézard, et ne témoignait plus aucune impatience ; il attendait la descente du savant, et le frétillement de sa queue annonçait toute la joie que faisait naître en lui la seule pensée de cet inévitable festin.

De son côté, le savant étudiait les mœurs du monstre, et, la part de la science une fois faite, il recommençait à frissonner comme un agonisant suspendu aux lèvres d'un lion.

Les heures de blocus ont deux cent quarante minutes, mais elles passent comme les autres ; le temps rapide marche souvent avec des béquilles, mais il marche toujours et ne s'arrête jamais. Le soleil se coucha, comme la veille ; la nuit tomba, après un crépuscule très court, et son dernier rayon montra au dernier regard du savant bloqué le crocodile dans son horizontale et désespérante immobilité.

En cherchant dans ses souvenirs pour trouver une similitude, une consolation, ou un espoir, Adamson rencontra son compatriote Robinson Crusoé, natif d'York, lequel passa une nuit sur un arbre, après son naufrage, par mesure de précaution. L'arbre de cet illustre solitaire était probablement un palmier ; le domicile était donc possible, quoique dur. Robinson avoue même qu'il dormit. Au reste, on trouve souvent, dans les auberges anglaises, des lits aussi durs qu'un sommet de palmier : réflexions salutaires qui offrirent quelque douceur aux angoisses du malheureux savant de Belfast. Cela lui remit en mémoire un voyage de *fortnight* qu'il avait fait à Londres pour visiter son confrère, M. White, un savant chimiste, inventeur du *family purgation*, remède composé avec de l'essence de camphre extraite des vénérables momies de Méroé. M. White lui donna un *bed-room*, où se trouvait un lit somnifuge de l'espèce granitique, introduite à Londres par la Société des ennemis du sommeil. Tout Londres essaye de dormir sur ces lits, depuis Guillaume le Conquérant, 1066. Adamson se débattit pendant quinze nuits entre les épines et les rocailles de sa couche hospitalière, et le matin, à l'aurore, il se rendait au parc Saint-James, pour savourer deux heures de sommeil pur sur la pelouse verte, après avoir fait sa prière aux Sept-Dormants, très vénérés dans une chapelle de Saint-Patrick, à Dublin.

Ce souvenir lui fut agréable. Un aveugle se souvient avec délices du temps où il était borgne. Adamson regrettait le lit de M. White ; mais il avait au moins appris, par expérience, qu'on ne meurt pas d'insomnie, même après quinze nuits blanches, et cette pensée le fortifia.

Adamson dormit peu dans cette longue nuit ; il eut plusieurs rêves courts, mais émouvants ; il rêva qu'il était assis devant les académiciens de Belfast, leur lisant une notice pour leur démontrer que les crocodiles n'existaient pas, comme les sphinx, et que les Égyptiens avaient découvert cet animal fabuleux. A la fin de ce rêve, il crut recevoir sur les joues une rosée de larmes de cro-

Il crut recevoir sur les joues une rosée de larmes de crocodiles.

codiles ; il se réveilla en sursaut, et faillit tomber du haut du palmier sur la queue de son gardien endormi.

Cela le rendit plus circonspect ; il fit violence au sommeil, et retint ses paupières avec son doigt pour les empêcher de se fermer. Que ne fait-on pas pour conserver sa vie !

Au lever du soleil, Adamson vit avec désespoir que rien n'était changé dans l'état du blocus. Le crocodile seulement ne couvrait plus le terrain occupé la veille ; pendant la nuit, le monstre affamé avait tendu d'heureux pièges à d'innocents poissons descendus du Nil blanc, et il s'était réconforté avec du *médianoche*, comme un gourmand de l'ancienne Chartreuse de Villeneuve-lez-Avignon, où la cuisine maigre et *ichtyophile* a obtenu de si merveilleux succès.

Le bord de la petite île était couvert de débris d'arêtes encore saignantes, et ce fut un bien triste spectacle pour le savant ; car, se dit-il, si ce monstre trouve à se rassasier ainsi toutes les nuits, le blocus ne finira pas, et je tomberai d'inanition dans la gueule de ce vorace ennemi.

Ce raisonnement ne manquait pas de justesse, et provoquait une insurrection de cheveux sur la tête du savant.

L'estomac, machine indépendante de l'esprit, et qui a des exigences inexorables, réclamait deux repas au pauvre Adamson, celui de la veille et celui du matin. Le murmure de la faim arrivait aux oreilles d'Adamson, et il paraissait difficile de l'apaiser.

Deux savants qui se trouveraient en pareil cas de famine auraient des souvenirs tout prêts dans les histoires des sièges ou des naufrages ; le plus fort dévorerait le plus faible pour lui conserver un confrère cher à la science. Mais Adamson était seul, et il voyait, avec une juste épouvante, la famine se combinant avec le blocus, comme cela s'est rencontré à Gênes, sous Masséna.

Entre autres choses qu'il ignorait, ce savant ne savait pas que les palmiers produisent des fruits nommés dattes, fruits savoureux, exquis, charnus, dont les Arabes vivent très bien, depuis Adam, premier colon de l'Arabie. Or, un rayon du soleil levant, glissé entre les feuilles massives, révéla de larges grappes de dattes au regard affamé du savant.

A Belfast, Adamson déjeunait avec une tranche de bœuf et deux livraisons de jambon d'York, assaisonnées de porto ; il fallut faire trêve à ces douces habitudes gastronomiques, et se contenter des végétaux providentiels, manne du désert.

Une étrange pensée vint l'assaillir après déjeuner ; il se rappela un commentaire du livre égyptien de *Séthos*, dans lequel un autre savant a prouvé que les crocodiles sont les vengeurs naturels de tous les outrages commis en Égypte par les Barbares. Cela paraît raisonnable, pensa-t-il ; car, si les crocodiles ne servent pas à venger des outrages, à quoi servent ces horribles animaux ? Sa conscience lui reprochait toutes les irrévérences dont il s'était rendu coupable, en traversant l'Égypte sans saluer les ombres pyramidales des Pharaons et les colosses du divin Osymandias. Il lui res-

Il fit vœu de baiser les orteils du Memnon ténor.

tait la ressource des grands criminels agonisants : il se repentit et fit vœu, s'il échappait au crocodile vengeur, de baiser les orteils du Memnon ténor qui chante une cavatine au lever du soleil.

Un vœu fait donne quelque tranquillité à l'esprit. Il regarda le monstre cerbère, pour s'assurer si le vœu avait produit quelque effet sur ses écailles. Le monstre veillait toujours, et ne paraissait pas avoir entendu le vœu.

Une soif ardente dévorait la poitrine du savant, autre malheur du blocus! Les dattes altèrent beaucoup. Comment boire? L'infortuné Tantale voyait à ses pieds un large fleuve, et il mourait de soif. Le Nil avait des murmures ironiques ; il se contentait de rafraîchir l'air, et il ne donnait pas une goutte d'eau à la lèvre aride du malheureux bloqué. En se comparant à son compatriote Robinson Crusoé, il conclut que tout l'avantage de la position était à ce dernier. En effet, Robinson passa une nuit sur un arbre, mais il descendit le lendemain ; il tua des perroquets, en fit des fricassées de poulet ; il but de l'eau claire et du rhum ; il se promena sous un parasol ; il se bâtit un gîte ; il ne rencontra aucun crocodile, et découvrit un Vendredi. « Heureux Robinson ! disait à voix basse le savant ; heureux insulaire ! Roi et sujet à la fois ! et cet ingrat osait se plaindre !... Je voudrais bien le voir à ma place sur ce palmier ! »

On est forcé de convenir que les doléances de Robinson sont des insultes envers la Providence. Voilà bien l'homme ! Il se plaint toujours de son malheur ! Mais Adamson est-il plus raisonnable quand il accuse son compatriote d'York? Hélas! non. Cet homme perché sur un palmier ne savait pas que ce même jour, à la même heure, un infortuné savant français, Adolphe Petit, était dévoré par un crocodile, devant les ruines d'Ombos ! Les hommes devraient bien cesser de se plaindre de leur sort. Adolphe Petit ! un savant oublié après un quart de siècle ! tous les journaux de l'Europe avaient annoncé sa mort déplorable, et pas une larme ne lui fut donnée ; pourquoi? parce qu'il avait été dévoré par un crocodile ! Il faut donc qu'un homme choisisse un genre de mort convenable s'il veut être honoré d'oraisons funèbres et de fleurs de tombe ; il faut qu'il périsse de consomption ou de misère, et qu'il prononce quelques paroles bien senties en expirant ; mais s'il s'avise, comme Adolphe Petit, de courir après les introuvables sources du Nil, ou après les arcanes des hiéroglyphes, et qu'il soit arrêté en route par un monstre du Nil, oh! alors, on enregistrera tout simplement sa mort comme fait nécrologique et des railleries serviront de commentaire. N'est-ce pas vraiment chose plaisante qu'un savant dévoré par un crocodile? Adamson, qui connaissait l'*humour* du public d'Irlande, s'attendrissait davantage sur son sort en songeant qu'un loustic de Belfast ferait un vaudeville au lieu d'oraison funèbre, une *farce* anti-irlandaise, comme le fameux *Irishman in London*. Soyez victime de la science, après cela !

En ce moment de légères vapeurs couvrirent le soleil, et Adamson éprouva un mouvement de joie ; il comptait sur une bonne pluie, et il préparait déjà les deux creux de ses mains pour faire une orgie hydraulique avec la rosée du ciel. Sa joie fut courte. Il se rappela cette désespérante inscription : *Limite delle pioggie*, limite des pluies, que le courageux voyageur italien Rossignol, l'ami de Belzoni, a gravée sur sa carte du Nil. Le palmier d'Adamson était fatalement placé dans la latitude qui plombe le ciel et ne le mouille jamais.

Il récita, pour se désaltérer l'imagination, un passage de la *Jérusalem* où le Tasse décrit les croisés buvant à plein casque une pluie miraculeuse, après les longues rigueurs d'un ciel d'airain. Ces vers lui firent venir l'eau à la bouche, quoique prononcés en italien anglais.

Le crocodile semblait deviner la souffrance du Tantale de Belfast ; il avalait, au passage, des carafes de Nil, en décochant au palmier des regards obliques et narquois. Les plaisanteries des monstres sont intolérables. Adamson fut révolté ; ce qui donna à sa soif une nouvelle irritation.

Il promenait ses yeux sur le Nil, dans l'espoir de découvrir une djerme à la voile ou à la rame, et de lancer un cri de détresse aux navigateurs ; mais cet espoir est illusoire dans ces parages dangereux, *situés en amont des rapides*, comme dit Bruce. La solitude gardait son silence de mort ; on n'apercevait que des ruines noirâtres, où perchaient quelques ibis, immobiles comme des points d'admiration.

Involontairement la pensée du savant se reporta encore sur Robinson Crusoé. « Cet insulaire, se disait-il, a eu grand tort de tant murmurer contre un malheur qui me paraît si heureux ; mais mon compatriote avait du bon. Il était né inventeur. Il s'est fait du pain, un parasol, un costume, et même une pipe. La privation le rendait ingénieux. Sur ce palmier, Robinson aurait trouvé de l'eau. Voyons, comment s'y serait-il pris ? »

Il réfléchit longtemps pour inventer quelque chose d'après le procédé Robinson, et le feu intérieur de la pensée acheva de brûler sa langue ; il avait des tisons dans la bouche ; il était arrivé à ce délire qui fait demander au damné de l'enfer une simple goutte d'eau.

Et le Nil roulait toujours devant lui ses flots doux et majestueux.

O nécessité, mère de l'industrie, tu n'abandonnas jamais les disciples de Robinson !

Avant de découvrir le procédé hydraulique qui était un diminutif de la machine de Marly, Adamson voulut payer un tribut d'habitude à son devoir de critique. C'était l'heure où il s'enfermait dans son cabinet de Belfast pour signaler une erreur littéraire ou morale, dans sa revue *The Old Critic,* feuille indépendante, qui, ayant le bonheur de n'avoir pas d'abonnés, paraissait ou ne paraissait pas, suivant le caprice de son rédacteur.

Il se tourna vers son secrétaire absent, et lui dicta l'article suivant :

« On regarde généralement le *Robinson* de Daniel de Foé comme un chef-d'œuvre. C'est encore une de ces erreurs si communes chez la critique routinière, chez les aristarques de Panurge. C'est un livre charmant, mais qui est à refaire, et je le referai, si Dieu me délivre des embûches du Nil. Robinson, après son naufrage, va aux débris tous les jours, et il entasse dans sa cabane assez de matériaux pour construire un village. Il se crée des ressources avec les éléments qu'il a trouvés dans les débris. Voilà un beau travail, certes ! tout le monde en ferait autant à sa place. Mon Robinson survivra aussi à son naufrage, mais il arrivera sur son île *pauper et nudus,* pauvre et nu, et sans débris. C'est alors que son imagination devra se mettre en frais pour tirer son petit monde du néant ; c'est alors que l'industrie du solitaire se verra forcée

Il laissa doucement tomber sa pompe aspirante.

d'opérer des prodiges. Voilà une réflexion que je n'aurais jamais faite, si j'avais toujours vécu en savant casanier. Quel beau livre aurait écrit Siméon le Stylite, s'il eût fondé une revue, en descendant de sa colonne après trente ans de méditation ! »

Le savant battit des mains, comme s'il se fût applaudi lui-même ; il avait découvert un procédé hydraulique. Qu'il faut peu de chose pour donner de la joie à la pauvre humanité ! Voilà un homme perché sur un palmier, un agonisant voué à la gueule d'un crocodile, et qui trouve le secret de se réjouir, parce qu'il a inventé un moyen équivoque de donner à ses lèvres quelques gouttes d'eau saumâtre du Nil !

Adamson, fier de lutter avec son compatriote d'York, se mit tout de suite à l'œuvre : il arracha plusieurs branches fort longues, et les lia par chaque bout, au moyen de filaments détachés de la tige, et roulés entre les dents et les lèvres. Cela fait, il attendit le moment où le crocodile faisait une petite promenade entre deux eaux, pour remplir ses devoirs d'amphibie, et il laissa doucement tomber sa pompe aspirante sur les bords du fleuve, où elle but beaucoup d'eau par les feuilles spongieuses, flottantes à l'extrémité. Cette corde végétale fut retirée ensuite avec une grande précaution, et deux lèvres calcinées se précipitèrent sur les dernières feuilles imbibées d'eau douce, et deux fois douce. Jamais gastronome assis à un festin parisien ne savoura plus voluptueusement une coupe remplie par la naïade écarlate qui coule devant Bordeaux. Notre savant riait de bonheur, comme un écolier ; et, n'ayant rien de mieux à faire, il recommença l'expérience, et se livra, sans mesure, à tous les excès de l'intempérance, pour payer à ses poumons un long arriéré de soif. Tantale n'avait pas inventé cela.

Adamson riait surtout à l'idée de mystifier son crocodile, qui d'ailleurs méritait bien un pareil tour.

Rassuré sur les deux premiers besoins de la vie, Adamson se souvint qu'il avait subi quelques accès de fraîcheur perfide, dans les heures humides de la dernière nuit ; l'absence de tout costume qu'il portait, comme nageur, lui paraissait favorable pendant les ardeurs tropicales du jour, mais il fallait songer à se vêtir pour minuit. Un autre motif excitait le savant à découvrir, comme Robinson, un costume décent. « De quel front oserais-je me présenter en public, si une barque providentielle de sauvetage passait devant moi ! » disait le judicieux savant.

Cela dit ou pensé, Adamson cueillit dans son alcôve aérienne une certaine quantité de feuilles énormes, et, s'asseyant comme un tailleur, il confectionna un paletot végétal qui, sans appartenir à la dernière mode, avait un caractère primitif assez pittoresque. Deux feuilles suffirent pour le bonnet nocturne, qui ne manquait pas d'une certaine élégance, et ne faisait pas regretter nos horribles chapeaux de jour.

L'auteur de toutes ces ingénieuses trouvailles se témoigna sa satisfaction en se serrant entre ses bras; il était logé, vêtu, nourri, désaltéré aux frais de la nature. Tout bonheur est relatif. Adamson s'estimait très heureux, et, en fait d'expédients, il regardait Robinson Crusoé avec dédain, de toute la hauteur de son palmier.

Comme il réfléchissait mollement sur son bonheur, il aperçut le crocodile au pied de l'arbre, et le monstre lui parut agité d'une pensée mauvaise. Le savant ne se trompait pas.

De son côté, le crocodile avait réfléchi. Ne pouvant prendre le palmier ni par l'assaut ni par le blocus, il avait recours à la mine et à la sape. Les énormes dents du monstre se mirent à l'œuvre, et elles rongeaient la base de l'arbre avec un acharnement féroce. Le crocodile avait l'air de penser cette phrase : « Il est temps que cela finisse ! » et Adamson entendait, en frissonnant, les craquements d'une monstrueuse mâchoire sur la base de son habitation.

Il eut l'heureuse idée de se recommander à saint Siméon Stylite, l'anachorète du chapiteau.

La disposition des dents molaires et incisives est faite, chez les crocodiles, de telle sorte qu'elle ne peut nuire à la base d'un palmier; ces monstres ne rongent que de côté; ils effleurent et ne creusent pas. La sage nature a voulu ainsi donner l'asile des palmiers aux malheureux poursuivis par les crocodiles. Le savant ignorait aussi cette particularité organique de l'impuissance maxillaire du sapeur écaillé. Pline et Saavers mentionnent ce fait rassurant ; mais ces deux naturalistes ne pouvaient être consultés, en ce moment, au chapitre *Crocodile*. Adamson plongeait de l'œil sur la base des opérations ; mais, placé trop haut et trop mal pour en apprécier le danger, il s'attendait à voir s'écrouler l'arbre sauveur à chaque instant, et ses cheveux frissonnaient sous son turban de feuilles, à l'idée d'être lancé à la gueule du monstre et d'entrer chez lui par sanglantes livraisons, comme dans un tombeau écaillé, et sans épitaphe qui annonçât les vertus du défunt à la postérité de Belfast.

Le crocodile travailla ainsi plusieurs heures à la sape, et un certain découragement se manifesta dans sa mâchoire ; il eut alors recours à un autre expédient, celui de battre en brèche le palmier avec sa queue de bronze. L'arbre tenait bon, mais ses secousses n'étaient pas rassurantes pour le savant ; il subissait comme un long tremblement de terre, et son toit de feuilles s'agitait avec des ondulations convulsives. Par intervalles, une grappe de dattes se détachait d'une branche et tombait sur les écailles du crocodile, et le monstre redoublait de fureur, comme un assiégeant qui reçoit un projectile lancé des remparts. Cette chute de dattes offrait aussi à Adamson un autre sujet d'effroi : qu'allait-il devenir si toute la provision de comestibles s'écroulait ainsi en détail !

Jamais homme n'éprouva pareilles angoisses ; aussi notre savant, après s'être convaincu que la vie ne vaut pas la peine d'être défendue à ce prix, résolut de se précipiter du haut de son toit, pour trouver le repos dans la mort. Plein de cette idée de désespoir, il se leva debout sur le sommet du tronc, écarta les branches qui pouvaient le retenir au bord du précipice, et, avançant un pied, il retint l'autre fortement... et il ne se précipita pas. Une pensée honorable le retenait sur l'abîme ; Adamson n'avait point de famille, point de femme, point d'enfants, point de neveux ; il devait donc se conserver avec soin sur la terre, comme le seul représentant des Adamson. L'homme est toujours ingénieux, lorsqu'il s'agit de transiger avec le désespoir. S'il a une famille et des enfants, il veut vivre pour eux ; s'il est isolé sur la terre, il veut vivre pour se rendre service à lui-même, et ne pas *mourir tout entier*. *Non omnis moriar*, dit le poète latin.

Il se souvint aussi fort à propos de tout ce qu'il avait écrit contre le suicide, aux jours de sa vie heureuse. « Le suicide, ai-je dit, est l'acte d'un désespoir incurable et d'un égoïste sans cœur. Les anciens ont honoré le suicide dans la personne de Curtius, de Brutus, de Caton, mais les anciens ne connaissaient pas la vraie morale. Le grand poète Virgile seul a flétri le suicide, dans les admirables vers du sixième livre. Oh! s'écrie-t-il, comme ils souffrent aux enfers, ces suicidés qui ont tourné contre eux des mains violentes! Oh! qu'ils voudraient remonter sur la terre et subir encore la dure indigence et les pénibles travaux!

. . . . . Quam vellent ethere in alto
Duram pauperiem, et duros perferre labores!

« Faisons quelque chose pour Virgile : faisons le sacrifice de mon désespoir ; conservons la vie, ayons le courage de ne pas mourir ! »

Adamson se témoigna beaucoup de reconnaissance, après avoir pris cette héroïque résolution ; même il se traita de lâche, pour avoir un instant entretenu la pensée de se servir lui-même en pâture à la voracité d'un monstre amphibie ; ce devoir rempli, il s'assit encore sur son fauteuil végétal, et prit les précautions les plus minutieuses pour se garantir d'une chute.

Oh! qui sondera jamais le cœur humain, et surtout le cœur des savants! Le croirait-on? notre solitaire du palmier, revenu de ses premières terreurs, trouva un amusement assez curieux dans le spectacle de ce crocodile acharné contre une tige d'arbre très fortement incrustée sur le roc d'un écueil. Les ondulations, si alarmantes d'abord, lui donnaient le plaisir de l'escarpolette ; il souriait d'un air paterne aux efforts inutiles du monstre, lui adressait des épigrammes anglaises, et le traitait même de *goose*, de *rascal* et de *naughty boy*. L'accent anguleux qui accompagnait ces insultes irritait le monstre, qui répondait par un cliquetis d'écailles assez harmonieux pour l'oreille d'un savant de Belfast.

Décidément, le palmier était inébranlable. Adamson triomphait. Il se rappela le chapitre que Sénèque a écrit sur la manière de bâtir

Il souriait d'un air paterne aux efforts du crocodile.

l'édifice de son bonheur dans toutes les situations de la vie, et il résolut de bâtir le sien.

Il entrevit un avenir heureux. Que lui manquait-il ? Il aurait un beau climat, une nourriture frugale, mais saine, une solitude charmante, de l'eau douce à profusion ; il espérait même un jour arrêter au passage des pigeons d'Éthiopie et les faire rôtir au soleil. Surcroît de comestibles. Quant à ses plaisirs, il aurait à ses pieds un fleuve merveilleux, des ruines mystérieuses, un crocodile amusant, tout ce qu'il faut enfin pour passer des heures agréables. De plus, il pouvait, dans ses loisirs, préparer sérieusement des manuscrits sur l'étude antique des pays qui se déroulaient devant lui jusqu'aux monts des Émeraudes et aux monts d'Ajas, solitudes immenses où s'élèvent les ruines des temples de Jupiter et d'Apollon, entre Bérénice et Nechesia.

Réjoui par ces nouvelles idées, il songea sérieusement à établir son logis d'une manière plus confortable. Il le divisa en trois *rooms* distincts, et séparés par des cloisons de feuilles ; il passait ainsi d'un *room* à un autre, pour faire un exercice hygiénique et savourer les plaisirs du propriétaire. Son cabinet de travail contenait plusieurs rames de feuilles de palmier sur lesquelles il pouvait écrire, comme sur vélin, à l'aide d'un stylet d'écorce. Sa salle à manger, *dining-room*, abondait en dattes fraîches ou sèches, qui pleuvaient dans sa bouche. La pompe hydraulique, encore perfectionnée, avait aussi son coin spécial. Il ne regrettait qu'une chose : une paire de gants. Le bonheur n'est jamais complet.

Tous les jours se levaient purs et sereins ; à chaque aurore, Adamson prêtait l'oreille au désert, et il entendait la cavatine du colosse de Memnon ; il avait donc tous les matins sa soirée d'opéra. Ensuite, il s'amusait à voir le crocodile, et, quand il était content de lui, il lui envoyait quelques dattes pourries, que le monstre avalait gloutonnement, ce qui faisait rire aux éclats le grave Adamson. Entre ses deux repas, il se livrait à l'étude et à la méditation ; il ouvrait la bibliothèque de sa mémoire et, lisant Hérodote, il visitait avec lui le Labyrinthe, ou les rives du lac Moeris, ou Arsinoé, la province des roses. Une autre fois, il suivait l'empereur Adrien sur les bords du Nil, jusqu'à la ville d'Antinoüs. Quand une pensée profonde illuminait son cerveau, il la gravait sur papyrus et prenait un extrême plaisir à la relire vingt fois. Dans ses petites promenades sur une branche horizontale, il aimait à contempler le lointain vallon de Cambyse, et donnait une larme à ces sages et malheureux Égyptiens, si cruellement ravagés par des Perses imbéciles et cruels. Avant le sommeil, il se professait un cours d'astronomie, sous ces splendides constellations, chères aux Chaldéens et aux sculpteurs du zodiaque de Tentyris. Jamais un voisin jaloux n'épiait sa conduite et ne diffamait ses actes ; jamais un

Il passait ainsi d'un *room* à un autre.

journal ne s'occupait de lui ; jamais un *policeman* ne l'arrêtait avec sa baguette ; jamais un percepteur ne lui réclamait des impositions directes. Il était libre comme l'air de sa chambre, et riait amèrement de tous les sarcasmes que le misanthrope Alceste lance contre les humains.

« Pourquoi Alceste, disait-il, ne se réfugie-t-il pas sur un chapiteau ou sur un palmier, comme Siméon ou comme moi? il s'épargnerait bien des fièvres et des soucis. »

Et la science gagnait toujours quelque chose, et Adamson finissait par admettre qu'elle était l'ennemie du travail de cabinet. Avant de visiter ce pays, il prenait toutes les visions d'Hérodote pour des articles de foi; il croyait à la vérité évangélique de tous les historiens et de tous les voyageurs. Ainsi, du haut de son palmier, il envoyait un sourire d'incrédulité aux deux mille villes qui bordaient autrefois le Nil, depuis Syène jusqu'à la mer; il doutait beaucoup des quarante palais, brouillés comme un jeu de cartes, sur le lac Mœris, pour composer les inextricables méandres du Labyrinthe; et il arrivait au fou rire en songeant que ses confrères casaniers de Belfast croyaient fermement encore, sur la foi d'Hérodote, qu'il y avait au milieu du lac Mœris deux pyramides de six cents pieds de haut, surmontées de deux statues en or. Il passait ensuite d'Hérodote à Strabon, et faisait vœu, s'il échappait au crocodile, de visiter la Gaule méridionale, pour surprendre Strabon en flagrant délit de fabuliste voyageur. « Ainsi, disait-il, avec mon expérience d'aujourd'hui, il m'est impossible de croire qu'il y a, en Provence, un vent noir nommé *bise*, aujourd'hui mistral, qui fait voltiger dans l'air les cailloux énormes de la Crau, renverse les mulets au pied sûr, *pede tuto*, et désarçonne les cavaliers. »

Ce vœu n'a pas été rempli, selon l'usage. Après le péril, on s'empresse d'oublier le vœu. C'est heureux pour Strabon.

Laissons un instant notre heureux anachorète sur son palmier, et descendons la rive gauche du Nil, où un nouvel incident de cette histoire va se révéler par le malheur d'Adamson.

M. Darlingle, savant botaniste anglais, cherchait des lotus jaunes sur les rives désertes du Nil. Hérodote a vu des lotus jaunes; mais Hérodote avait le privilège de voir des choses absentes, et, entre autres, deux pyramides de six cents pieds de hauteur au milieu du lac Mœris. Il pouvait donc bien avoir vu des lotus jaunes. Il est vrai que, depuis son époque, ils ont disparu; ce qui oblige les botanistes consciencieux à les chercher toujours.

Donc, M. Darlingle cheminait à travers la chaîne libyque, furetant toutes les crevasses soupçonnées de recéler ses lotus.

Dans cette nouvelle position, les deux bottes paraissaient encore plus étranges.

Deux Arabes, armés de carabines, accompagnaient le savant.

Il y a des choses qui bouleversent l'imagination quand on les rencontre au désert. Le voyageur Caillaud raconte qu'il fut saisi comme d'épouvante en découvrant les quarante pyramides de la presqu'île de Méroé. Caillaud a eu tort de s'étonner en cette occasion. On serait saisi d'effroi, et avec juste raison, si, au milieu du désert de Sahara, on trouvait une jolie boutique isolée, avec cette enseigne : *Cabinet de lecture.* Or, Darlingle était dans son droit lorsqu'il poussa un cri d'épouvante sur la rive gauche du Nil.

Il venait de voir deux botttes, l'une debout et fière, l'autre mollement inclinée sur sa tige, comme fatiguée d'un long repos.

Rien n'est stupide à voir comme deux bottes qui attendent le portier sur le carré d'un hôtel garni ; mais le sentiment qu'elles peuvent inspirer sur la rive déserte du Nil est inexprimable. On pousse un cri et on recule d'horreur. Les deux serpents de Mercure inspireraient moins d'effroi.

Il faut dire aussi que les vêtements laissés en bloc par Adamson sur le rivage du Nil avaient disparu, soit que le courant du fleuve les eût emportés, soit qu'un crocodile omnivore les eût avalés en passant. Les bottes seules restaient debout, et un peu à l'écart, sur un piédestal de rochers.

Vous comprenez, maintenant, l'épouvante légitime du botaniste anglais.

Il crut d'abord que ces deux formes de chaussure étaient un jeu naturel et une double aspérité de la roche libyque ; mais, en se rapprochant, il reconnut l'authenticité du cuir et recula de peur, comme il eût fait devant un spectre qui n'aurait laissé voir que ses bottes.

Les deux fidèles Arabes, natifs d'Ombos, n'avaient jamais vu de bottes de la vie ; ils s'effrayèrent de la frayeur du botaniste, et firent feu bravement sur les deux tiges de cuir, qui tombèrent percées de quatre balles. Cette exécution ne pouvait rassurer les esprits de Darlingle ; cependant, il sut gré aux Arabes de leur dévouement, et les remercia par un geste expressif.

Le botaniste se remit à contempler les deux bottes étendues, et, dans cette nouvelle position, elles paraissaient encore plus étranges, au milieu d'un désert.

Sur la cime de son palmier, Adamson entendit les coups de feu des Arabes, et tressaillit ; un bruit d'armes annonce toujours, chez les sauvages, la présence d'un homme civilisé.

Il sortit de sa chambre à coucher, entra au vestibule, écarta quelques feuilles qui voilaient la direction de l'est, et vit trois hommes arrêtés sur la rive du Nil.

Sa première pensée fut une courte malédiction lancée contre les importuns qui venaient le troubler dans sa solitude et sa méditation ; mais, ensuite, la faiblesse humaine l'emporta : il résolut de faire des signaux de détresse à ces trois êtres humains.

Il coupa une longue branche de palmier, la dépouilla de ses feuilles jusqu'à l'extrémité, exclusivement, et l'agita au-dessus de l'arbre, comme l'instrument chinois, tandis que de l'autre main il lançait au Nil des grappes de dattes, seuls projectiles qu'il eût à sa disposition.

Le botaniste, environné de ce silence connu des aéronautes seuls, se retourna au léger bruit du fleuve, creusé par une grêle de dattes, et, cette fois, il éprouva une surprise plus grande que la première. L'apparition des bottes fut oubliée : il vit un palmier agitant un énorme plumet, en l'absence de toute brise, et cette découverte lui causa une joie infinie, après le premier moment de surprise. Il aurait donné tous les lotus jaunes pour ce palmier phénoménal.

Ouvrant son album de voyage, Darlingle s'empressa d'enregistrer cette découverte, et il écrivit ceci : « On trouve dans la haute Égypte une espèce de palmier qui a les propriétés de l'aloès ; avec cette différence pourtant que l'aloès, après avoir lancé sa tige à vingt pieds au-dessus du sol, la maintient immobile, tandis que le palmier de la haute Égypte agite verticalement sa tige supérieure, avec une régularité de mouvements prodigieuse. Nous avons donné à cet arbre le nom de palmier Darlingle. »

Cela écrit, le botaniste dessina son palmier et le montra aux deux Arabes, n'ayant pas d'autre public pour le moment. Ces enfants du désert, avec leurs yeux de lynx, venaient de découvrir une forme humaine sous l'épais feuillage du palmier de l'île, et leurs gestes la désignaient au botaniste, qui, absorbé par le bonheur de sa découverte et la beauté de son dessin, ne comprenait rien aux gestes des Arabes, et ne pensait qu'à la sensation produite dans le monde savant par le palmier Darlingle.

Les deux Arabes insistaient toujours ; aussi, Darlingle, malgré le désir qu'il avait de ne s'occuper que de lui, fut enfin bien forcé de suivre la direction de leurs doigts indicateurs. La pantomime des Arabes était claire comme la parole. « Regardez donc, disaient-ils ; regardez cette petite île ; vous verrez une créature humaine sur le palmier ; elle est en péril ; elle fait des signaux, et nous devons la secourir tout de suite. »

Darlingle allongea sa petite lunette d'approche, en haussant les épaules, de l'air d'un homme qui fait une concession polie, et il regarda nonchalamment le palmier Darlingle... Troisième surprise dans la même heure, la dernière absorbant les autres. Il avait vu distinctement un visage, et même un visage anglais, s'arrondir entre deux feuilles, et une main qui secouait une branche dépouillée et surmontée d'un panache. Il serra sa lunette avec tristesse, relut son article, revit son dessin, et, après avoir réfléchi comme Brutus, pour savoir s'il détruirait ses deux enfants ou s'il les laisserait vivre, il se décida pour ce dernier parti. « Oh bien, tant pis ! dit-il ; ce qui est écrit est écrit ; je n'en retrancherai pas un mot. D'ailleurs, puisque l'aloès existe, le palmier Darlingle aurait pu exister, si la nature l'avait reconnu utile ; je le reconnais utile, moi, et je le maintiens. »

Cette résolution prise, les trois hommes tinrent conseil ; il s'agissait de trouver une barque et de secourir ce voyageur en détresse ; l'un des Arabes proposa un avis, qui fut adopté. On se mit en marche pour Assouan, éloigné de plusieurs milles dans le désert ; et, après deux heures brûlantes et une course rapide à travers des monceaux de sable, on atteignit ce village, qui fut une ville au temps d'Hérodote. M. Darlingle montra au premier pêcheur une pièce d'or et une barque, pantomime toujours comprise. On mit la barque à flot ; et le botaniste, désignant au marinier la direction fluviale, lui dit fièrement, comme s'il eût été compris :

« L'île du palmier Darlingle ! »

Le doigt indicateur aurait suffi. On descendit le Nil.

Au milieu de ces émotions, la vraie science n'avait pas perdu ses droits, et un incident très vulgaire venait d'absorber la pensée d'Adamson.

Le chien des deux Arabes, tourmenté par une soif canine, et n'ayant sous la langue d'autre eau que celle du Nil, s'approcha du fleuve, en donnant des signes d'une grande joie ; il se posa en sphinx, étendit les deux pattes de devant dans le Nil, et se livra tranquillement à une orgie hydraulique, comme un gourmet assis à une table où coulent le sherry et le porto.

« C'est grave ! » se dit Adamson.

Et il se mit à réfléchir profondément, l'œil fixé sur le chien.

« Le fabuliste Phèdre, pensait-il, est le premier qui a inventé la fable du chien buvant au pas de course, le long du Nil. Les savants ont répété le mensonge du fabuliste, et à Belfast, si j'osais maintenant dire la vérité, pour détruire la fable, on me lapiderait ; c'est un fait acquis à l'histoire naturelle des chiens. Mais qu'importe un fait isolé ! Ce qui est grave, c'est d'apprendre à chaque instant, dans la vie de l'expérience voyageuse, qu'il y a une foule de fables zoologiques, sans compter les autres. Après le chien d'Égypte, on tombe dans le scarabée vert. Il n'y en a pas de cette couleur ; Hérodote seul a vu des scarabées verts, et comme c'était bien avant l'invention des lunettes vertes, on ne peut pas supposer un Hérodote en besicles. Le mensonge seul est admis. Et les cavaleries d'autruches, où sont-elles ? Cambyse en avait une dans son armée, dit M. O'Piern, mon confrère. »

Pendant qu'Adamson réfléchissait ainsi, le secours inespéré lui arrivait d'Assouan.

L'île du palmier Darlingle fut bientôt signalée à l'horizon, et, à mesure qu'on approchait, les Arabes aux yeux de lynx témoignaient quelque inquiétude et échangeaient des signes d'intelligence. Après un quart d'heure, le doute n'était plus permis : ils avaient réellement vu un énorme crocodile, qui rôdait autour du palmier.

Ils firent part de leur découverte au botaniste, qui atteignit sa quatrième surprise du jour, et trembla de froid sous quarante degrés Réaumur. Toutefois, avouons à sa louange qu'il ne voulut point, par une peur trop visible, compromettre la dignité fluviale de l'Angleterre aux yeux de l'Arabie déserte ; il dissimula son effroi, d'ailleurs très naturel chez un botaniste habitué à chasser aux fleurs et n'ayant rien à démêler avec les monstres amphibies du Nil.

Les Arabes causaient entre eux tranquillement, comme des gens habitués à chasser aux crocodiles ; ils renouvelaient, aux amorces, les capsules anglaises, toujours infaillibles et *patent safety*, ils cherchaient pour leurs pieds des appuis solides et recommandaient au rameur les plus grandes précautions dans ses mouvements.

Le crocodile voyait arriver la petite barque comme une proie ou comme un péril ; il s'apprêtait à la défense ou à la fuite, selon l'importance et le nombre des agresseurs. Couché au bord du fleuve, immobile comme un crocodile empaillé, il tenait sa gueule béante, pour engloutir au passage le premier ennemi descendu.

Les deux Arabes, grands connaisseurs des mœurs de ces monstres, se tenaient debout à l'avant de la barque ; ils ajustèrent, ils prononcèrent une syllabe à l'unisson, et leurs deux coups de feu n'en firent qu'un. Les balles entrèrent par le seul côté vulnérable, la gueule ouverte, et parcoururent toute la longueur intérieure de l'animal.

Le monstre secoua sa tête avec des contorsions comiques, qui provoquèrent une gaieté folle aux premières loges du palmier ; et, vomissant des flots de sang noir sur le sable, il ferma ses yeux baignés de larmes et ne remua plus.

Adamson rajusta le désordre de sa toilette végétale, chercha des gants par habitude, et, n'en trouvant point, il descendit avec les plus délicates précautions, pour ne pas déchirer son paletot et épargner une exclamation de *shocking* au compatriote, qu'il avait très bien reconnu de loin à ses cheveux et à ses gants.

Les Arabes sont graves ; mais leur sérieux disparut dans un rire fou, lorsqu'ils aperçurent le costume d'Adamson. Le botaniste lui-même, rassuré par la mort du crocodile, se mordit les lèvres, pour épargner à son compatriote le spectacle d'une hilarité anglaise, fort déplacée en pareille occasion. Le botaniste et le savant se serrèrent les mains, à la mode de leur pays, et se racontèrent leurs histoires. Adamson pria Darlingle de vouloir bien éteindre, par un ordre, les rires immodérés des deux Arabes ; car il était décidé de porter plainte à son consul.

Alors Darlingle ôta son paletot de coutil gris...

Alors Darlingle eut une idée plus complète que celle de saint Martin : il ôta son paletot de coutil gris, et le donna généreusement à son compatriote. Adamson se retira à l'écart, fit sa petite toilette, et se boutonna étroitement. On mit le crocodile en travers, à l'arrière de la barque, comme pièce de conviction, et, provisoirement, Adamson voulut descendre sur le rivage pour se chausser. Le moment du départ fut solennel. Depuis lord Byron, les Anglais ont pris l'habitude de saluer les îles ou les continents qu'ils abandonnent sans espoir de retour. Adamson salua son palmier, et, en l'embrassant, il déposa quelques larmes sur son écorce; il fit ensuite une collection de toutes les feuilles qui avaient servi à son ameublement et à ses autres usages domestiques. Ces précieuses reliques étaient destinées à la galerie nationale de *Charing-Cross*. Au nom de la ville de Londres, M. Darlingle remercia le savant, et ne perdit pas l'occasion de prononcer un *speech* d'une heure, sur le lieu même où ce don était fait si généreusement.

De son côté, Adamson se montra généreux envers le botaniste : il le remercia, au nom de la science, pour cette précieuse découverte du palmier Darlingle, qui ajoutait un individu de plus à la grande famille des palmiers ; il promit même d'écrire, dans la Revue de Belfast, une notice qui prouverait que ce palmier, nouvellement découvert par le zèle infatigable de Darlingle, appartenait à l'espèce, dite improvisatrice, des aloès de Ceylan.

Les Arabes écoutaient et regardaient, avec des yeux ébahis, ces deux Anglais qui parlaient si longtemps, en plein désert, sous un ciel qui rôtit le front et le fait fumer comme une chair sur le gril.

On se rendit ensuite, par voie de terre, au village d'Assouan, où Adamson trouva un costume arabe complet et une hospitalité digne des siècles d'Abraham et de Jacob. Un homme qui entrerait dans une ville d'Europe avec le costume que portait Adamson serait emprisonné pour cause de vagabondage, et jugé — trois mois après.

Le savant et le botaniste s'unirent, dès ce moment, d'une étroite amitié. Ils renoncèrent, l'un à la presqu'île de Méroé, l'autre aux lotus jaunes, et songèrent à se faire nommer consuls dans quelque résidence de l'Inde; ils avaient des titres évidents, et jamais méconnus par le gouvernement anglais. Ils profitèrent donc du départ de la première caravane pour traverser le désert et gagner le Caire. Adamson se souvint de son vœu après le péril passé, chose rare ! Il baisa les saints orteils du colosse d'Osymandias, et, en apercevant les pyramides, il daigna leur faire le plus gracieux salut. Les deux amis trouvèrent le paquebot de Malte au port d'Alexandrie, et ils débarquèrent bientôt dans cette île anglaise, *fleur du monde, fior del mondo,* comme disent les Maltais. Là, Darlingle et Adamson se partagèrent la besogne : Adamson écrivit, dans le journal *Malta-Times,* un article admirable sur l'intrépide voyageur botaniste Darlingle, qui avait découvert le palmier Darlingle, au péril de ses jours, en tuant deux reptiles noirs de l'espèce du *cobra-capel.* L'article était illustré d'un dessin sur bois, représentant le nouvel arbre, agitant son panache dans l'air. Darlingle, à son tour, annonça au monde l'expédition aventureuse de M. Adamson, qui s'était hasardé au-dessus de la troisième cataracte, avait relevé les écarts de la carte de Bruce, et tué deux crocodiles au moyen de l'électricité. Ces deux relations précédèrent à Londres les deux voyageurs. Le *first clerk* les manda tout de suite à *White-Hall,* et les félicita sur leurs découvertes. On ne s'en tint pas là. Ils reçurent une *rente* de cent livres et une commission de consul dans deux des meilleures résidences de l'Inde. Le palmier Darlingle fut ajouté, en effigie, à la collection du *Zoological-Garden,* et le cadavre du crocodile tué par l'électricité fut suspendu au plafond d'une salle, à la galerie de *Charing-Cross.* Toutes les choses de ce monde se passent ainsi, ou à peu près.

Ceux qui ont médité sur l'homme ne seront point étonnés de lire la fin de cette histoire vraie. Adamson représente aujourd'hui l'Angleterre à Chandernagor ; il possède une superbe habitation sur le Gange ; il compte six éléphants dans ses étables ; il commande à dix serviteurs, il a épousé une créole charmante, il affiche le luxe d'un nabab ; eh bien, très souvent, dans ses jours d'oisiveté consulaire, il regrette la douce vie qu'il menait dans son appartement aérien du palmier de l'île ; mieux encore ! il regrette le spectacle émouvant que lui donnait le monstre amphibie ; il regrette sa soif de flamme, si délicieusement étanchée avec des gouttes d'eau ! L'ennui, cette soif de l'âme, le saisit quelquefois si violemment, qu'il se trouve prêt à quitter ses éléphants, son habitation, sa femme, pour revoir son palmier et y passer une quinzaine, *fornight*. Si le gouverneur donne un congé à Adamson, ce projet se réalisera. Est-ce que, par hasard, l'infortune serait le bonheur? Cela expliquerait pourquoi on ne le rencontre jamais en ce monde. Méditons !

LES ABEILLES

Problème effrayant. — L'abeille et Virgile. — Origine de la monarchie dans une ruche. — Le travail organisé. — La guerre. — Un Éden sans pommes. — Victoires et conquêtes. — Supériorité de l'abeille-amazone sur l'homme-soldat. — Le génie de l'invention. — L'expérience de la ruche de verre. — Le marquis di Negro. — Anarchie. — Le drame du colimaçon et des abeilles. — Conseil de guerre. — Charge. — Bataille. — Péripéties. — Dénouement. — Récompense.

Nous allons maintenant aborder le plus effrayant des mystères zoologiques, et sans espoir de résoudre un problème dont voici le titre : *l'Intelligence de l'éléphant dans le corps de l'insecte.*

Virgile, ce Salomon païen qui a tout étudié, depuis le cèdre jusqu'à l'hysope, épouvanté lui-même en observant les abeilles, ne sait plus où réfugier sa pensée, et, oubliant encore une fois qu'il est païen, déserte l'Olympe, abjure le culte des faux dieux, le dogme de la matière, les croyances du Tartare et de l'Élysée, et entonne le chant sublime du chrétien, avant l'aube de Nazareth, et, s'élançant vers l'azur céleste, il le peuple de mondes et proclame l'immortalité de l'âme dans le domaine divin de l'infini. Jamais rien de plus grand ne sortit de la méditation d'un païen ; il devance même de dix-huit siècles nos théories et nos découvertes modernes ; il se fait le plagiaire des savants nos contemporains ; il enlève à Saturne l'initiative des créations de notre globe ; il reconnaît dans l'eau le principe de ces choses: *Oceanumque patrem rerum,* et, sans redouter la colère de la religion, il met au néant la théogonie d'Hésiode, renverse le mont Olympe, trouve la vie dans le ciel et proclame l'unité de Dieu.

La chute d'une pomme révèle à Newton un secret de la nature; le vol d'une abeille révèle à Virgile toute une religion, celle qui va naître à Jérusalem! Ainsi, à Tibur, lorsque Virgile, Horace, Varius, Mécène s'entretenaient de la nature des choses, avec des frissons de terreur nerveuse, un essaim d'abeilles était plus intolérable à leur pensée que l'essaim des étoiles de la Grande Ourse, des Hyades et d'Orion. Pour donner un peu de calme à leurs imaginations inquiètes, en présence de ces énigmes désolantes, ces grands hommes se voyaient contraints à déchirer le livre de leurs premières croyances, et ils se réfugiaient sous les ailes infinies du Dieu inconnu.

Que de fois j'ai cru moi-même surprendre les causes de ces terreurs de Virgile, lorsque, pèlerin à Tibur, et courant du peuplier, ami des fleuves, au frêne, ami des bois, je découvrais un essaim d'abeilles dans le creux des roches ou des chênes; surtout en songeant que ces monarchies, faites d'un peuple qui vit sept ans, traversent les générations et les siècles, éternellement reproduites sur le sol de leur berceau, et qu'il m'était peut-être donné de voir les directes héritières des mêmes dynasties nées sous les yeux et par les soins du merveilleux poète latin.

. . . . . Neque enim plus septima ducitur æstas,
At genus immortale manet...

Elles méritaient bien, en effet, un hymne de Virgile, ces ouvrières mystérieuses qui composent sur terre cette *douce rosée céleste* nommée le miel.

Toutefois, le plus humble des naturalistes a le droit d'ajouter son petit chapitre à l'interminable livre de la zoologie. « On écrira le dernier mot sur l'homme; sur l'éléphant, jamais, » a dit un sage Indien que nous avons déjà cité. On peut appliquer la même maxime à l'abeille. C'est mon excuse aujourd'hui.

Ce gouvernement institué par les abeilles pourrait servir de modèle aux hommes, si les hommes se décidaient un jour à copier un bon modèle. Rien de mieux administré que l'intérieur d'une ruche. Tout le monde travaille; chaque citoyen fait sa tâche imposée et sert le pays selon sa capacité relative. Les unes, douées de l'instinct des prévisions atmosphériques, observent l'état du ciel, et s'opposent aux sorties si le vent menace l'horizon du nord ou si la pluie doit inonder le voisinage. Elles sont là, sur le seuil du royaume, ou sur le toit de leur observatoire, étudiant les phénomènes de l'air et de la lumière, et, dès que la conviction est acquise, elles annoncent, Dieu sait en quelle langue, qu'il y a péril au pâturage et qu'on doit attendre un jour meilleur. Les abeilles douées de l'instinct de la maçonnerie inspectent minutieusement les localités, pour fermer aux griffes du lézard ou au bec de la mésange toutes les avenues de la citadelle. Une fissure est-elle découverte, aussitôt l'inspecteur se sert de son aiguillon comme d'une truelle, et de sa cire comme d'un ciment, et il oppose une barrière hermétiquement fermée aux invasions de l'ennemi. Les abeilles douées de l'instinct de l'observation géologique vont à la découverte des terrains propices aux douces picorées; si elles trouvent un ruisseau semé de larges cailloux à demi submergés, un étang bordé de mousse, un bouquet d'oliviers sauvages, des touffes de serpolet, de thym et de violettes, elles volent annoncer cette bonne nouvelle à tout le royaume, et, si le temps est favorable, la reine et ses sujets viennent moissonner les sucs et les parfums dans la délicieuse résidence, laboratoire de ce miel que Virgile appelle *la douce rosée des cieux*.

Hélas! il n'est point d'institution parfaite en ce monde! Les abeilles, ces ouvrières si bonnes, si intelligentes, si ferventes à l'œuvre, ont parfois des velléités guerrières : les abeilles sont des amazones. A qui donc se fier, grand Dieu! comme dit Florian.

Les hommes *se battent au Canada pour deux pouces de neige*, comme dit encore Voltaire, et les abeilles se battent pour une fleur. L'avantage est encore du côté de ces insectes; mais, malgré leur supériorité sur l'homme, elles n'en sont pas moins coupables du crime de lèse-fraternité. La fleur et le pouce de neige ne valent jamais une goutte de sang versée sur le champ de bataille de la terre ou de l'air.

A l'âge heureux où, ne connaissant pas les hommes et me souciant fort peu de les connaître, j'étudiais, à mon insu, les animaux, mes amis et compagnons du village où je vivais avec de jeunes paysans, mes camarades; à ce bel âge d'enfance vagabonde, où j'avais le bonheur de connaître la langue des oiseaux et d'ignorer la langue française, je m'étais épris d'une grande passion pour les abeilles, et je fréquentais un petit village de ruches construites en osier flexible, d'après le procédé virgilien, et alignées sur le penchant d'une colline, dans un massif de pins résineux. Le pasteur Aristée et le montagnard de l'Hybla n'auraient pas choisi une plus charmante exposition pour leurs usines de miel. Il y avait tout auprès une source d'eau vive, cachée par des berceaux de lauriers romains, une roche couverte d'œillets sauvages, une muraille tapissée de cassies aux odeurs suaves, et un petit lac alimenté par la belle source de Saint-Pons, et bordé de cyprès dont les grelots luisaient au soleil. On éprouvait un charme inexprimable à respirer l'air de ce vallon, où les pins mêlaient, sous la moindre brise, leurs parfums et leurs concerts. En cet heureux temps, si M. d'Albertas, le propriétaire de Gemenos, le Tempé de la Provence, m'eût donné la petite maison qui seule animait ce paysage, et le jardin où croissait le girasol aux rayons d'or, où rampait la pastèque, où la vigne grimpait sur la treille, j'aurais fait vœu de ne jamais quitter cet Eden sans pommes, et je serais resté fidèle à mon vœu. La pauvreté ou l'ambition pousse vers le Nord laborieux les frileux ouvriers du Midi. Ce ne fut pas l'ambition qui me décida.

Une colonie d'abeilles en émigration passa comme un nuage sur ce vallon thessalien : la reine, qui se connaissait en géologie probablement, fut frappée de la sérénité odorante du paysage, et, entraînant tout son peuple, elle prit possession d'un vieux pin crevassé par le temps, et isolé, comme un anachorète, sur un rocher nu, dans le voisinage du lac des cyprès.

Le nuage ailé fut signalé tout de suite par une sentinelle au village des abeilles, mes amies, locataires légitimes du vallon. La reine fut sans doute émue au fond du cœur en voyant cette invasion d'abeilles sarrasines ; mais elle se conduisit comme une reine anglaise ou espagnole ; elle dissimula noblement son émotion et joua le stoïcisme avec un art consommé. Donna-t-elle des ordres ? C'est ce qu'aucune oreille humaine n'aurait pu entendre. Nos sens, hélas ! sont si imparfaits ! Mais presque au même instant de jeunes et agiles abeilles prirent leur vol, et, faisant une pointe brusque vers l'ouest, comme pour cacher leur véritable direction, elles reprirent la route de l'est par la voie de l'air, et planèrent sur le pin isolé, comme pour examiner la nouvelle colonie, compter ses forces et rendre un compte fidèle de sa position.

Cette expédition hasardeuse étant accomplie avec un plein succès, elles rentrèrent au palais de la reine, et bientôt après une agitation extraordinaire éclata dans le royaume. Le cri de guerre fut poussé dans un bourdonnement sonore, et chaque abeille abandonna sa tâche commencée et aiguisa son dard. Il n'y eut pas d'autre proclamation.

Le lendemain, à l'aube, tous les ateliers de miel et de cire furent abandonnés ; toutes les abeilles, moins les malades et les plus âgées, les pauvres vieilles de sept ans, se réunirent devant les ruches dans une tenue martiale. La reine voltigea sur les rangs, et son bourdonnement belliqueux ressemblait assez à un de ces discours que Tite-Live met dans la bouche des consuls avant une bataille. Personne ne comprend, mais tout le monde a l'air de comprendre, et jure de vaincre ou de mourir.

Au signal donné, la reine prit son vol, et l'armée la suivit. On entendait un fracas si étrange, qu'il eût été impossible de croire qu'un pareil concert pouvait sortir d'une réunion d'insectes, si le vallon n'eût pas été désert et silencieux, comme le sommet d'une montagne à pic. Un peu plus tard, quand le curé de ce village m'eut appris le latin, je trouvai Virgile très véridique, lorsqu'il parle, à propos des combats des abeilles, du *son de l'airain rauque,* des *cris belliqueux* et des *voix qui imitent le son des trompettes.* L'armée arriva sur le camp des usurpateurs et les attaqua vivement avec le courage que donne la bonne cause. Aussitôt deux nuages d'abeilles rebondirent de la terre dans le champ de bataille de l'air radieux, et la mêlée devint générale. Jamais le Thermodon ne vit éclater tant d'héroïsme au jour suprême des guerrières amazones. Les deux reines ennemies se cherchaient pour combattre corps à corps, comme Annibal et Scipion à Zama ; mais les états-majors enveloppaient si bien les deux augustes personnes, que le duel royal fut impossible. Les officiers de la couronne, les ministres, les courtisans, les favoris, les favorites, se faisaient tuer pour défendre la vie des souveraines, et les cadavres pleuvaient en flocons, au milieu d'un tumulte qui donnait un caractère épique à cette lutte de moucherons. La bataille dura une heure ; c'est la proportion relative de la Moskowa.

Toutefois, notons une différence à l'avantage des abeilles. Quand les hommes se battent, il y a toujours une armée qui finit par prendre bravement la fuite, et les fuyards redeviennent des héros dans une meilleure occasion. Après la bataille d'abeilles, il n'y a que des vainqueurs ; les vaincus se sont fait anéantir jusqu'au dernier. C'est bien plus logique. Les batailles des hommes sont non seulement des choses abominables, mais elles n'ont pas l'ombre du sens commun. Si vous vous réunissez pour vous exterminer, exterminez-vous ; mais qu'il soit à jamais déshonoré celui qui, voyant un terrain couvert du sang et des cadavres de ses amis tués pour lui, commet, sous prétexte qu'il est vaincu, l'infamie de la fuite ou du *sauve-qui-peut.* C'est une lâcheté sans excuse, inventée par les héros grecs et romains. Térentius Varron s'échappe de Cannes avec quarante mille déserteurs, après la mort de son collègue Paul-Émile et de quarante mille soldats, et le sénat le félicite !!! « Nos amis sont morts, disaient les fuyards, nous les vengerons demain. » — Mais vengez-les aujourd'hui, puisque vous y êtes! Demain la paix peut venir, et ils ne seront pas vengés. Puisque vous êtes sur le champ de bataille, vous aurez toujours un ennemi devant vous ; tuez-le, ou faites-vous tuer. C'est votre métier ; ne fuyez pas. Ne laissez pas écrire par un historien poltron cette éternelle phrase si déshonorante et si comique : « Après la victoire, on a poursuivi les ennemis l'épée dans les reins ; on en a

La bataille dura une heure.

sabré bon nombre. La nuit seule a mis fin au carnage. Plus de trois mille fuyards ont mordu la poussière et ont été taillés en pièces par un vainqueur acharné. » Si l'on avait établi, en principe, comme point d'honneur impérieux, que la fuite déshonore un soldat, on aurait supprimé toutes les batailles. Au fond de tous les héroïsmes, il y a toujours un grain de lâcheté. Hector fuyait devant Achille. Ce malheureux exemple n'a pas été perdu. Homère dormait quand il inventa le combat de ces deux héros, et il rendait un mauvais service à l'humanité. Que d'Hectors depuis ! et que d'excuses prises dans l'*Iliade*, poème où les braves de la veille sont les poltrons du lendemain !

Un champ de bataille jonché de cadavres est sans doute un tableau bien triste à voir ; mais le sentiment de commisération est bientôt modifié par une réflexion philosophique bien naturelle. Ces hommes ainsi tombés à la fleur de l'âge, pour un prétexte que souvent ils ignorent, avaient tous l'usage de leur raison, une idée religieuse dans l'esprit, un germe de tendresse dans le cœur, une étincelle du rayon divin dans l'âme; et voilà où les a conduits l'oubli des facultés reçues, *en quo perdurit miseros!* comme dit Virgile. C'est bien la peine de porter le nom d'homme et d'appartenir au genre de ce qui se dit humain.

Une seule fois de ma vie, et à cette phase de mon enfance de paysan, j'ai vu une pelouse couverte de cadavres d'abeilles, et le sentiment que j'éprouvai devant ce spectacle ne s'est jamais éteint. J'avais reconnu mes abeilles victorieuses à la fierté de leur vol et surtout à la direction qui les ramenait à leur antique domaine. Tout ce que je voyais gisant sur le champ de bataille appartenait à la colonie voyageuse et aux braves phalanges mortes pour leur reine et le bon droit. C'était lamentable des deux côtés ; car ces pauvres abeilles, vagabondes à travers bois et vallons, ne songeaient point à faire une invasion conquérante sur les domaines d'autrui; elles avaient cru sans doute que les fleurs, les parfums, les eaux vives, l'azur du ciel, appartenaient à tout le monde, et, chassées de leur première et chère patrie par les pièges du lézard, le bec de la mérope ou les exhalaisons d'un cadavre d'oiseau perdu par le chasseur, elles avaient abandonné avec tristesse les rives maternelles pour chercher une terre amie et recommencer leur noble travail de tous les jours. Hélas ! les abeilles ont aussi leurs destins ! Ces infortunées émigrantes avaient trouvé leur Latium, comme les Troyennes d'Énée ; elles s'étaient livrées à une joie enfantine, en voyant un avenir de bonheur domestique et de travail non interrompu, et la fatalité les poussait, le lendemain d'un rêve d'or, à une bataille d'extermination! Quand on songe à l'infini de la création, et même à cette parcelle d'espace où se meut notre humble système solaire, parcelle de soixante-six milliards de lieues cubiques, on doit donner la même grandeur ou la même exiguïté à tous les êtres de notre petit globe. Ces calculs désolants bouleversent toutes les proportions connues, et, dans l'optique de l'effroi, prêtent au ciron la taille de l'éléphant. Cela étant admis, il serait plus humain de donner des larmes à un champ de bataille d'abeilles qu'à des malheurs de carton exposés sur un théâtre du boulevard.

Très peu d'animaux sont doués du génie de l'invention. En général, chaque espèce suit avec une fidélité monotone les traditions de son instinct, dans ses poses, ses allures, ses mouvements, ses appétits, ses passions, ses habitudes. L'invention suppose une pensée, et la pensée n'est pas le résultat d'un instinct. Le chien du monastère qui, voyant le tour apporter un plat de viande à chaque coup de sonnette, s'avisa de sonner aussi pour voler un plat, ne fit pas une chose d'instinct ; il inventa. L'instinct ne conseille pas aux chiens de sonner pour attraper de cette façon un morceau de bœuf. Ces exemples, à la vérité, sont fort rares ; mais ils étonnent beaucoup plus quand on les rencontre chez les abeilles que dans les races supérieures des chiens et des éléphants.

Le naturaliste Daubenton a fait, dans une ruche de verre, une expérience fort curieuse ; mais il s'est contenté d'en indiquer le résultat, sans entrer dans le drame et les détails. J'ai vu faire la même expérience à la *villetta* du marquis di Negro à Gênes, et je ne crois pas que la zoologie produise un fait plus curieux. Seulement, je dois dire que le drame de la *villetta* est plus compliqué dans son exécution que celui du Jardin des Plantes de Paris. Les abeilles italiennes, nourries des sucs puissants de la vallée de Lerbino et des parfums du golfe de Ligurie, devaient l'emporter en intelligence sur les abeilles de la rue Mouffetard. La loi solaire du climat, qui s'applique à Virgile, à Raphaël, à Rossini, a son action aussi, en descendant l'échelle, sur tous les êtres de la création, dans la presqu'île des fleurs, des citronniers et du soleil. Ainsi, ceux qui feront la même épreuve voudront bien en apprécier la marche et le résultat selon le degré de la latitude. Ils réussiront peut-être beaucoup plus que le marquis di Negro, ou beaucoup moins que Daubenton ; mais il y aura réussite toujours.

Dans un kiosque isolé, dominant le golfe et la ville de Gênes, on plaça une ruche de verre sur une table. Le sommet convexe de la ruche était percé de trous presque imperceptibles. Au centre de la table, on avait ménagé une très petite trappe, qui correspondait au centre de la ruche, et on disposa circulairement contre les parois intérieures quelques légères tiges de thym fleuri. Un jardinier, qui vivait dans l'intimité avec les abeilles de la *villetta,* en infusa adroitement un essaim dans la ruche de cristal. Ces locataires vinrent peupler l'hôtel garni. Le lendemain, au point du jour, nous prîmes tous position d'observateurs derrière de petites ouvertures ménagées sur le mur le moins éclairé du kiosque. Le poste était favorable ; on voyait sans être vu.

Au premier rayon du jour, les abeilles exprimèrent leur surprise par une immobilité qui ressemblait à la prolongation du sommeil : tous les animaux intelligents se tiennent sur leurs gardes après un brusque changement de domicile. Les plus hardies de l'essaim se décidèrent enfin à faire l'examen de ce nouveau logis, en prenant les plus minutieuses précautions dans cette recherche de l'inconnu. Le rapport qu'elles firent à leurs sœurs fut probablement assez favorable, et bientôt elles se promenèrent et voltigèrent toutes avec une joyeuse sécurité.

Vers le milieu du jour, une sorte d'anarchie régnait dans la ruche et menaçait de compromettre l'ordre public. Cet état de choses ressemblait à une de ces républiques éphémères où tout le monde commande, et où personne n'obéit.

Mais bientôt la reine, ou plutôt la mère, — car celle qu'on nomme vulgairement la reine n'est autre que la mère du peuple entier, — sembla dicter un ordre que toutes entendirent. Dès ce moment, le travail, ce besoin des abeilles, commença dans le petit royaume de verre ; il y eut bien quelques douairières expérimentées qui, déplorant l'absence des conditions les plus indispensables à la vie des abeilles, protestèrent contre l'étourderie des jeunes, et se mirent en grève ; mais ce schisme ne dura pas. Un signe de la mère étouffa dans son germe cette opposition d'une minorité factieuse, et toutes ensemble parurent, d'un commun accord, obéir à cette pensée philosophique : « Vivons aujourd'hui ; demain n'existe pas. »

Les éphémères, ces insectes du fleuve Hypanis, ne vivent qu'un jour, comme leur nom l'indique, et ils mènent joyeusement l'existence en folâtrant sur les fleurs. Et nous, mortels raisonnables, ne sommes-nous pas des éphémères pour les habitants de Saturne, de Jupiter et d'Uranus, et d'autres mondes inconnus ou invisibles, qui mettent trente ans à faire leur révolution autour du soleil ?

A la fin de ce premier jour, les locataires de la ruche de cristal se trouvaient fort à leur aise ; ils avaient déjà pris leurs habitudes : les bourdonnements annonçaient la joie et la quiétude, et la reine, radieuse d'orgueil maternel, passait à travers les ménages, et semblait leur promettre à tous un long avenir d'un jour tout rempli de bonheur.

L'homme veillait ; l'homme, ce tyran des animaux, qui se plaint quand il est dévoré par un tigre, lui qui aurait déjà dévoré tous les tigres si les restaurateurs en faisaient des rôtis !

Au milieu de la nuit, la petite trappe dont j'ai parlé s'ouvrit, et une main perfide et humaine introduisit un énorme colimaçon dans la ruche ; puis la trappe se referma.

Quand le premier rayon du jour tombera sur la ruche, le drame va commencer, et prendre des proportions d'intérêt qu'aucun chef-d'œuvre de Shakspeare n'a jamais atteintes à Covent-Garden.

Un bourdonnement lamentable, comme le *Qual mesto gemito* de *Sémiramis*, courut sur le cristal de la ruche et attesta une surprise sans égale. Les abeilles, étagées circulairement, comme aux gradins d'un amphithéâtre, regardaient le monstre, *armé de cornes menaçantes*, et toutes les ailes frissonnaient sur les corsages, comme les tuniques sur le sein des tragédiennes, quand le cinquième acte entonne un récit de mort ou fait briller un poignard.

De son côté, le monstre avait une frayeur horrible, et n'osait ramper de peur de laisser croire qu'il était vivant, en présence de tant d'ennemis formidables. Tous les animaux ont, par tradition d'instinct, la connaissance de leurs ennemis naturels, depuis le jeune rhinocéros, qui tremble en rencontrant un éléphant pour la première fois, jusqu'au jeune chat, qui arrondit son dos et exécute une gamme stridente devant le premier chien qu'il aperçoit. Ainsi, un lézard ou une mésange, introduits dans cette ruche, auraient causé une épouvante qu'aucune réflexion ne pouvait diminuer ou calmer. En présence d'un colimaçon, ce devait être autre chose. L'instinct de l'abeille ne reconnaissait pas un ennemi naturel dans cet animal. La terreur fit donc bientôt place à l'étonnement et fit songer à la défense; car, enfin, que venait-il faire dans une ruche, ce hideux monstre? Comment y avait-il pénétré? Quelles étaient ses intentions? A coup sûr, il ne venait pas en ami; son invasion nocturne annonçait des projets coupables. Un ami des abeilles se serait présenté au grand jour là, tête haute, sans cornes et sans cuirasse. Il fallait donc agir selon les traditions des races guerrières, réfléchir avec calme, et défendre avec courage le terrain envahi.

Telles furent sans doute les réflexions qui agitèrent ce peuple en ce moment solennel. On devine les pensées des animaux intelligents lorsqu'ils arrivent à l'action.

Chez les humains, il est admis qu'au moment des périls suprêmes un général monte sur une colline et pousse ses soldats à la plaine, en les suivant avec une lorgnette. Les abeilles ne connaissent pas ces usages, qui font d'ailleurs un si bon effet dans les tableaux de batailles. C'est précisément le contraire que les abeilles font. Nous le reconnûmes tous en cette circonstance. L'héroïque reine de ce royaume de verre se dévoua pour le salut de son peuple, comme Codrus, ce roi d'Athènes que Virgile a immortalisé, en songeant aux abeilles, *habes laudes Codri*. Elle s'envola de la tige de thym qui lui servait de trône; elle rasa la voûte de sa ruche et, après avoir plané sur le monstre, elle s'abattit tout à coup sur sa cuirasse, comme fait une colombe grise de l'Inde sur le dos d'un éléphant. L'armée applaudit par un bourdonnement harmonieux et resta sur la colline.

Le monstre ne remua pas et n'eut pas même l'air de se douter qu'une formidable reine se promenait sur son dos.

Et piqua vivement entre les deux cornes la tête du colimaçon.

L'Antiope ailée avait très bien conçu son plan d'attaque ; elle ne hasardait rien, elle avait foi dans la réussite. Nous tenions tous nos yeux largement ouverts sur cette scène, comme s'il se fût agi d'un combat de taureaux dans un cirque espagnol. Un silence d'intérieur de pyramide régnait dans la ruche de cristal.

Elle aiguisa son dard avec sa trompe, ce qui me fit songer à Virgile : *spiculaque exacuunt rostris*, et, s'avançant avec précaution, elle piqua vivement entre les deux cornes la tête du colimaçon. La blessure ne pouvait pas être profonde, mais les cornes et la tête disparurent aussitôt, il ne resta plus que la coquille. On entendit un bourdonnement de victoire ; mais la reine, douée d'une sagacité miraculeuse, ne crut pas son œuvre finie ; elle avait piqué une peau dure, et elle comprenait qu'il fallait plus d'un coup de dard pour tuer un monstre si coriace. Aussi elle aiguisa de nouveau son arme émoussée, pour se tenir prête à donner un second coup de pointe quand le monstre éprouverait le besoin de respirer.

Le calcul était ingénieux et bon. Sous peine d'étouffer et de s'ensevelir lui-même dans sa tombe portative, le colimaçon hasarda une corne, puis deux, puis la tête, et retira tout, avec une nouvelle précipitation, sous le second coup de dard, plus vigoureusement décoché que le premier.

Personne, parmi les spectateurs, ne comprit alors l'échange de pensées ou de langage qui se fit entre la reine et son peuple ; mais voici la conjecture probable qui obtint l'assentiment général. La reine avait dépensé tant d'ardeur dans ce second coup d'estoc, qu'elle avait mis son dard hors de service et qu'un troisième assaut devenait impossible. Une abeille se détacha aussitôt et vint remplacer, avec une arme neuve, la reine dans la tranchée du siège. Nous vîmes alors recommencer la même opération d'attaque, avec les mêmes incidents. C'était une leçon d'escrime qu'une maîtresse avait enseignée à d'habiles écolières, et les plus jeunes et les plus adroites vinrent successivement se livrer au même exercice, mais sans trouble, sans confusion, avec un ordre admirable, comme si elles eussent pris des numéros d'inscription ou qu'elles eussent répondu à un appel nominal. Dès qu'une abeille avait donné ses deux coups de dard, elle reprenait son vol et rentrait dans les rangs sur les tiges de thym. La mère seule restait au poste du péril, pour encourager les faibles par sa présence.

Dans cette longue lutte, le stupide colimaçon avait reçu des abeilles un si fort contingent d'effluves électriques, qu'il fit un progrès impossible à peu près dans son espèce : il connut la colère, le courage, le désespoir; il changea sa nature. Honteux de se faire tuer en détail et de souffrir le martyre des coups d'épingle, par besoin intermittent de respiration, il accepta franchement le combat, sortit de sa tente, comme Achille, et exposa les deux tiers de son corps aux coups des ennemis, en renonçant à ses mouvements de retraite.

À cette nouvelle tactique, la mère poussa un cri, se précipita sur le monstre, et toute l'armée exécuta une charge en tourbillon, comme une seule abeille. Il faudrait trente répétitions aux figurants du Cirque pour exécuter une manœuvre pareille avec autant de précision linéaire. Ces humbles mouches apprirent du premier coup cette évolution victorieuse. L'armée décrivait une ellipse parfaite, dont le colimaçon était le centre. Aucune faute de compas ne brisait sur un seul point la rectitude de cette figure géométrique. Chaque abeille dardait son aiguillon en passant, et reprenait son numéro d'ordre avec l'agile dextérité d'un *clown*. Un bourdonnement général et d'une tonalité stridente et acharnée, sur la même gamme, accompagnait la manœuvre, sans faire une faute de contrepoint; on eût dit qu'un habile *maestro* de ruche avait composé, pour les périls suprêmes, cette *Marseillaise* des abeilles.

Le pauvre colimaçon, ahuri par ce fracas, aveuglé par le tourbillonnement, blessé par mille piqûres, ne songea même pas à s'envelopper de son manteau, comme César; il laissa tomber ses cornes, comme un pêcheur laisse tomber ses rames devant un naufrage inévitable, et succomba sous les derniers coups portés par la reine et son état-major.

Il nous semblait que tout finissait là, comme dans les tragédies, à la mort du héros. Les hommes sont des enfants auprès des abeilles. On nous préparait un dénouement plus curieux que le drame, et qui devait donner tout à fait raison à l'infaillible poète des abeilles : *esse apibus partem divinæ mentis*. Oui, Virgile a dit vrai, une étincelle d'en haut illumine les nobles insectes du miel. Pourquoi ce divin poète n'a-t-il pas consacré aux abeilles des anecdotes, des détails, lui qui les connaissait si bien? Pourquoi son chant merveilleux n'est-il jamais descendu à la causerie villageoise, lui qui assistait aux veillées des paysans de Mantoue et de Tibur ? Enfin, contentons-nous de ce qu'il nous a donné ; jamais le stylet antique et la plume moderne n'ont rien écrit de plus beau.

« Si l'on avait pu fabriquer des ruches de verre à Rome, me disait le marquis di Negro, Virgile aurait découvert ce que nous voyons. — Et nous n'aurions pas eu peut-être l'épisode d'Aristée, lui dis-je ; j'aime encore mieux Orphée que le colimaçon. »

Pendant que nous nous entretenions de ces choses à la *villetta*, les abeilles causaient entre elles plus sérieusement que nous. La joie du triomphe fut courte dans la ruche de verre ; une morne consternation, un silence tumulaire succéda au bourdonnement de victoire. Elles étaient indécises, taciturnes, inquiètes, ne sachant quel parti prendre, et justifiant ainsi le vers de leur poète : *clausis cunctantur in ædibus*.

« Il paraît que la pièce n'est pas finie, dit le marquis di Negro ; rentrons dans notre loge. »

Et chacun reprit son poste d'observation.

Après une heure passée à poursuivre des conjectures, nous comprîmes tout ; mais notre intelligence ne nous fut d'aucun secours en cherchant le mot de cette énigme ; il nous fallut voir un commencement d'exécution dans l'acte final.

Les abeilles, ces amies des fleurs et des parfums, ont une délicatesse d'odorat excessive ; elles redoutent les exhalaisons fétides ; elles s'éloignent des charniers fréquentés par les oiseaux de proie ; elles ont soin d'emporter elles-mêmes bien loin des ruches les abeilles mortes, comme le remarque Virgile :

> . . . . . Corpora luce carentum
> Exportant tectis.

C'était à faire regretter le triomphe. Tous les efforts des abeilles réunies n'auraient pu soulever cette masse énorme, et, en supposant que, par un procédé d'attelage, il eût été possible de transporter ce cadavre attaché à sa coquille, où trouver l'issue dans une ruche sans portes? Tous les regards se tournaient vers la reine, et la reine méditait.

Enfin, elles ont toutes les délicatesses raffinées, toutes les sensualités exquises, toutes les répugnances nerveuses des femmes de bonne maison. Vous comprenez maintenant de quel subit effroi nos

Les abeilles causaient entre elles.

abeilles victorieuses furent saisies, lorsqu'elles virent le cadavre du monstre étendu au milieu de la ruche, et faisant redouter l'invasion de la peste, après une putréfaction prochaine, au mois de juin.

On loue beaucoup les illustres inventeurs des expédients spontanés, les hommes qui créent un procédé sauveur dans les crises invincibles : Annibal, qui embrase les cornes des taureaux ; Caïus Duilius, qui met des rostres à ses trirèmes ; Scipion, qui fait attaquer la phalange de Zama par la cavalerie de Lélius ; Richelieu, qui pointe le canon sur la colonne de Fontenoy ; Napoléon, qui brise la glace d'un lac avec son artillerie, à Austerlitz ; mais tous ces procédés, sortant d'un cerveau de génie, ne valent pas l'action de l'abeille qui, forcée de se mettre en voyage par une brise assez forte, prend un petit caillou dans ses pattes pour se donner du lest et lutter contre le vent. Et cette ingénieuse trouvaille même ne vaut pas la découverte faite dans une ruche souillée par le cadavre d'un colimaçon.

La mère, comme toujours, donna l'exemple ; elle surmonta héroïquement sa répugnance, et, se plaçant sur le cadavre du monstre, elle distilla quelques gouttes de cette glu onctueuse dont parle Virgile, *collectum gluten*, et qui sert à fermer les fissures des ruches. Cette glu a fait inventer le ciment romain dans le siècle des *Géorgiques*. Tout le peuple fut mis à contribution pour fournir le même contingent. Il n'y eut pas une récalcitrante parmi les contribuables. L'impôt du gluten fut payé avec un supplément de cire, voté d'enthousiasme, si bien qu'à la fin du jour la somme totale couvrait le cadavre et sa coquille.

Mais, comme les abeilles sont artistes, elles ne voulurent pas laisser une masse informe de ciment au milieu de la ruche ; les yeux eussent été choqués de cette maçonnerie fruste, de ce sarcophage de hasard. La reine mit elle-même la main à l'œuvre, et, avec l'aide des meilleurs artistes, elle donna au tombeau du colimaçon une forme élégante et symétrique qui se rapprochait du type égyptien pyramidal.

L'œuvre terminée, tout le peuple se livra follement à la joie ; car la victoire était complète et ne laissait au lendemain ni soucis ni remords. On se serait bien remis au travail tout de suite, mais la reine autorisa les divertissements jusqu'à la nuit close, et daigna se mêler à la publique allégresse comme un simple particulier. Quand la nuit tomba, les bourdonnements s'éteignirent et le silence du sommeil régna dans la ruche de cristal. Y eut-il des rêves d'or ? La réponse affirmative a de grandes chances d'être une vérité.

Une récompense était due à ce noble essaim, après ces deux

Une visite à la ruche.

merveilleuses journées, et le marquis di Negro, poète comme tous les Italiens, se fit une joie d'enfant de donner à ces abeilles, en patrimoine héréditaire, le terrain qui, d'après Virgile, jouit de toutes les conditions favorables à ces amantes des fleurs, des par-

Virgile et les abeilles.

fums, de l'ombre et des eaux. On prépara des ruches faites d'osier flexible, *vimine lento;* on les assit dans un coin du jardin, où la mauvaise odeur des marécages, *odor cœni gravis,* ne pénètre jamais; où l'écho des vallons n'arrive pas. Les abeilles détestent les échos, et elles n'ont pas tort; ce sont les perroquets des montagnes. On coupa tous les ifs du voisinage : les abeilles détestent les ifs, et elles ont raison; l'if est l'arbre du froid, *frigora taxi.* On défendit aux paysans d'alentour de cuire des crabes; les abeilles ont horreur des crabes cuits, *rubentes foco cancros,* et elles sont dans le vrai; ce sont des objets hideux, avec tant de pattes! Virgile ne les aimait pas non plus. Enfin, tout ayant été ainsi disposé pour le plus grand bonheur de la nouvelle colonie, le jardinier transporta la ruche de verre sur le terrain désigné, la renversa doucement avant la première lueur de l'aube, et se retira sans faire de bruit.

Quand le soleil éclaira ce splendide paysage de la ville, des jardins, des montagnes et du golfe de Gênes, les abeilles, voltigeant dans l'air libre, firent éclater un bourdonnement de joie et de reconnaissance, dont le thème musical rappelait le *celeste man placata* de *Moïse,* l'hymne le plus émouvant que la gratitude de la terre ait envoyé au ciel.

« Vivez heureuses ! » leur dit le marquis di Negro.

Il fallait bien emprunter le *vivite felices,* comme dernier adieu, à l'immortel poète qui a chanté les abeilles dans la langue des chérubins.

LE COQ ET LA POULE

L'école de Salomon. — Le cèdre et l'hysope. — Le lion et le coq. — Supériorité de celui-ci. — Le cuisinier et le renard. — Les poules de Fontanieu. — Histoire du coq. — Une expérience : *Deux coqs vivaient en paix.* — Boileau et La Fontaine. — La poule, modèle des mères. — L'épervier. — Les œufs de cane. — Le coq et la poule, premiers agents de la civilisation. — Le coq gaulois. — Le bonheur à la basse-cour. — Moralité.

Salomon, le plus sage des rois et le plus savant des hommes, après avoir tout étudié, tout approfondi, a fait deux belles découvertes : d'abord il a dit que *tout est vanité*, ensuite, il a reconnu que tout est égal à tout dans la création, que le cèdre et l'hysope, l'éléphant et le ciron ont la même valeur; « seulement, a-t-il ajouté, le lion mort ne vaut pas le moucheron vivant. »

Cette philosophie devrait être celle de tous les hommes. Il n'en est rien pourtant ; les préjugés de l'école ont créé les préférences et les comparaisons, et les meilleurs esprits sont devenus esclaves de la routine.

Comparez pour juger, crient les maîtres, oublieux de Salomon ; et les écoliers comparent et jugent ; ils dédaignent l'humble hysope et ne regardent plus que le chêne superbe ; ils admirent l'éléphant et se garderaient bien de prendre un microscope pour observer le ciron.

Partant du même principe, les maîtres de l'histoire naturelle ont établi d'énormes différences entre les êtres et les produits de la création. S'ils rencontrent sur leur chemin l'hysope, ils la désignent ainsi, *petite plante,* et tout est dit ; s'ils rencontrent le cèdre, oh ! alors, la phrase déborde, la période se déroule, la page se multiplie, le livre se forme ; on ne saurait écrire trop de choses sur le cèdre ; on dirait que la création du cèdre a coûté de grands efforts à Dieu, et que l'hysope a été mise au monde sans aucune peine ; de là viennent une attention et une admiration relatives, car on n'estime la valeur d'une chose qu'après avoir pesé le travail qu'elle a coûté à son auteur.

Je l'avoue humblement, je n'appartiens pas à cette école d'observateurs ; je tiens à être le disciple du sage auteur de l'*Ecclésiaste* et des *Proverbes.* Je crois que le ciron n'a pas coûté plus de peine au Créateur que l'éléphant, et que le premier est aussi admirable dans sa petitesse infinie que le second dans son immensité ; je crois que la graine invisible qui, portée sur l'aile des vents féconds, a planté l'hysope, est aussi mystérieuse et aussi émouvante dans ses secrets que la tige qui a fait le cèdre, et que le grain de sable a autant de poids dans la balance de Dieu que le Caucase ou le mont Blanc.

Ainsi, en abordant un sujet vulgaire, comme l'indique le titre de ce chapitre, j'éprouve autant de frayeur que si j'allais traiter la grande géologie du *mosasaurus* et du *dinotherium giganteum,* laquelle aura son tour aussi. L'admiration pour l'œuvre créée doit être toujours la même ; seulement il est permis à l'observateur d'étudier les choses et les êtres de la nature, au point de vue de l'utilité profitable à l'homme. Il est permis de préférer le pommier au cèdre et le bœuf à l'éléphant ; mais, en dehors des profits retirés par l'égoïsme humain, on doit avoir pour toute chose créée une égale admiration.

Le naturaliste Saavers, dans son histoire taxidermique, appelle le coq *le lion des oiseaux.*

Malgré notre déférence pour Saavers, nous osons ne pas adopter cette définition ; elle ne rend pas assez justice au coq. Le courage de cet oiseau mérite mieux.

Je crois, avec conviction, que le coq est plus courageux que le lion.

Certes, personne ne rend plus d'hommages que moi à ce magnifique quadrupède, empereur du désert, à ce puissant animal qui a l'Atlas pour palais, et porte sur son noble front toute la sauvage majesté de sa nature natale ; mais, à l'exemple des illustres héros historiques ou fabuleux, le lion éprouve parfois des craintes puériles ; le lion connaît la peur, comme le brave Romain et le brave Gaulois.

Bayard craignait les arquebuses à croc ; Louis IX craignait le feu grégeois, au dire de Joinville ; Ajax craignait la nuit ; Hector craignait Achille ; le Romain craignait le dieu Pan ; le Gaulois craignait la chute du ciel.

Après tant de héros, on peut ajouter, sans blesser la dignité du lion, que cet intrépide locataire de l'Atlas craint trois choses : le bruit de la mer, le serpent et le chant du coq.

Pour le bruit de la mer et le chant du coq, je suis contraint de m'en rapporter aux assertions des autres, n'ayant jamais eu moi-même l'honneur d'observer un lion libre, devant une mer orageuse ou sur le seuil d'une basse-cour ; mais j'affirme, par expérience, sa peur du serpent.

En 1844, mon ami Barthélemy Lapommeraye, directeur du cabinet zoologique de Marseille, reçut un superbe lion destiné à la ménagerie de Paris, et le garda quinze jours.

Quand Barthélemy Lapommeraye recevait un de ces hôtes, il avait toujours la bonté de m'envoyer un billet d'invitation à ses matinées zoologiques. Comme j'étais le seul invité, je pouvais faire mes petites expériences, sans craindre les contradictions des voisins.

Un jour, je décrochai du mur du Musée un énorme serpent, très bien empaillé par le procédé taxidermique d'Adamson, et je le plaçai doucement, pendant le sommeil du lion, à deux pieds de la cage, et disposé comme une colonne torse horizontale. Cela fait, je réveillai mon lion.

Le monarque captif ne me fit pas l'honneur de se réveiller en sursaut, comme un bourgeois effaré ; il ouvrit l'œil gauche, puis le droit, s'étira mollement, comme un paresseux appelé au travail ; montra les quarante dents de sa mâchoire dans un bâillement de caverne, et se mit enfin sur ses quatre pieds.

Son premier regard tomba sur moi ; il devina sans doute que j'avais fait du bruit pour le réveiller, et un premier mouvement dédaigneux d'épaules me dit : « Il valait bien la peine de quitter mon sommeil pour cet atome à deux pieds ! »

C'était humiliant. Je comptais sur mon reptile empaillé pour me venger de ce royal mépris.

Le lion fit tout à coup un mouvement convulsif d'une vivacité extraordinaire, et poussa une plainte qui semblait sortir du clavier d'un orgue de cathédrale. Il venait de découvrir le serpent.

Sa crinière se hérissa, ses yeux d'or prirent des teintes sombres ; son mufle se contracta et découvrit la mâchoire supérieure ; un frisson courut sur tout son corps. Puis le mouvement de la vie s'arrêta ; une terreur glaciale l'avait pétrifié.

Sans entrer dans de plus longs détails, qui seraient déplacés sous le titre de ce chapitre de basse-cour, je conclus, par observation, que le lion connaît la peur. On peut dire encore, pour excuser ce héros quadrupède, que cette terreur à l'endroit du serpent est purement nerveuse, ou bien que ce noble animal, ennemi de la ruse et de la perfidie, éprouve une antipathie instinctive devant un monstre qui rampe, se traîne, se tord, ondule, siffle, et ne rappelle rien de connu parmi les êtres de la création.

Le naturaliste Saavers a donc commis une erreur en voulant flatter le coq. Ce noble bipède ne craint rien, et ne recule devant aucun ennemi. S'il épouvante le lion, c'est que son chant est une fusée de notes héroïques, qui révèlent un cœur indomptable et semblent chanter une victoire certaine avant le combat. Au milieu de la nuit, lorsque tous les animaux se taisent par peur, dorment par besoin ou rôdent sournoisement, le coq seul entonne sa brillante cavatine, pure de tout alliage fanfaron, et semble dire, dans les périls des ténèbres, qu'il veille pour le salut de tous. Que fait le lion aux mêmes heures ? Il maraude en tapinois ; il va s'accroupir et se mettre en embuscade devant l'abreuvoir des gazelles ; il se

Pendant ce temps le lion maraude en tapinois.

garde bien de hurler, de peur d'attirer à lui une meute de tigres ou une colonie d'éléphants. Tout l'avantage est en faveur du coq, n'en déplaise à Saavers.

De la pointe du bec à la pointe des ergots, le coq révèle son naturel courageux : jamais sa crête rouge ne pâlit, jamais son allure fière ne change : il est toujours prêt à l'attaque et à la défense ;

toujours, à la fois, sentinelle vigilante et soldat intrépide. S'il cueille lestement un grain de mil, c'est pour obéir à un vulgaire besoin de la nature; mais tout à coup il relève la tête, il regarde, il écoute, il agite ses ailes splendides; le plus court des repas assouvit sa faim; on retrouve même chez lui l'austère sobriété des héros accomplis.

Doué des facultés les plus belliqueuses, le coq ne demande pas mieux que de passer sa vie au milieu des soins de sa famille; mais il a, dans ses instincts, le sentiment de sa destinée fatale; il sait qu'il est entouré de périls et que sa famille est le perpétuel approvisionnement des gourmandises humaines; voilà ce qui lui donne cette physionomie de perpétuelle inquiétude et cette pose de chevalier galant, toujours prêt à entrer en lice, et se chantant toujours à lui-même la fanfare du tournoi.

Ainsi, les dons les plus précieux : la beauté, la grâce, la force, le courage, l'intelligence, la loyauté, ne peuvent écarter les soucis et les malheurs en ce monde.

Le coq a de graves motifs d'angoisse continuelle ; d'abord, il a toujours un couteau de Damoclès suspendu sur sa crête ; c'est un danger personnel ; mais, pour lui, c'est le moindre. Une nombreuse famille est confiée à sa garde, famille exposée aux convoitises domestiques et aux attaques de l'extérieur : pendant le jour, il y a péril du côté de la brèche. Deux ennemis le menacent sans cesse, le cuisinier et le renard. Contre l'ennemi intérieur, le courage et la défense sont inutiles ; il faut se résigner, se voiler la tête de ses ailes et prendre le deuil. Contre l'ennemi extérieur, c'est autre chose : on ne se résignera pas.

Que de combats héroïques les étoiles ont éclairés dans les basses-cours, et qui n'ont été racontés par aucun bulletin !

Par une nuit sombre, et, comme dit le poëte, par les *silences favorables de la lune*, un renard ingénieur a ouvert sa tranchée sous les murs d'un poulailler ; il s'est ménagé un chemin creux en travaillant à la sape, et, favorisé par un terrain mou, il est sur le point de faire irruption dans la place.

Les poules dorment, le bec sous l'aile, avec l'heureuse insouciance de la stupidité.

Le coq vigilant ne dort pas, lui ; jamais sentinelle avancée n'a prêté l'oreille aux bruits mystérieux avec plus d'attention. Il écoute, immobile comme l'ibis, le travail souterrain de l'ingénieur ; et, ne comptant que sur lui pour combattre l'ennemi, il ne sonne pas l'alarme et ne dérange aucun sommeil.

Il regarde, il écoute...

Tout à coup un bruit sinistre trouble le calme de la nuit ; la mine a éclaté.

Les poules se réveillent en sursaut ; le renard tombe sur la famille, comme le loup sur un troupeau ; on entend un horrible fracas, formé de battements d'ailes et de cris de désolation ; c'est la miniature, en basse-cour, d'une ville prise d'assaut.

On a vu des héros abandonner une ville ainsi surprise de nuit par un ennemi implacable ; on a vu le brave Énée fuir Ilium ; le coq, seul défenseur d'une place faible, est plus courageux que le fils d'Anchise et de Vénus ; aurait-il vingt issues ouvertes pour s'envoler, il resterait au champ d'honneur ; il ne reculerait pas devant le tigre et le vautour ; il ne fera donc pas au renard l'honneur de le craindre. Il se précipite sur le bandit nocturne avec l'impétuosité de l'hippogriffe ; il plane sur lui ; il le déchire avec ses ergots de fer ; il darde son bec sur son museau, pour lui arracher les yeux ; il l'épouvante avec des cris rauques et stridents, qui semblent sortir de la poitrine d'un lion, et non du gosier d'un oiseau. Le renard, étourdi par cette défense, et tout meurtri de coups d'ailes, d'ergots et de bec, abandonne la basse-cour, tête basse, traînant sa large queue, et se promettant bien de n'attaquer désormais que des basses-cours dépourvues de coqs. Une vive agitation succède à cette bataille ; les poules, toutes tremblantes, rajustent leur plumage dévasté ; le coq se pose fièrement sur un perchoir et annonce lui-même sa victoire aux fermes et aux villages voisins.

Lorsque le renard ne trouve que des poules, il exerce des ravages affreux ; il égorge tout ce qui tombe sous ses dents ; il se repaît de sang et de chair fraîche, et, après cette orgie de bandit, il songe encore au lendemain, et emporte d'abondantes provisions dans son terrier.

La fable a donné au renard une haute réputation de finesse, que la Bible ne donne qu'au serpent. Tous les animaux sont doués d'un instinct merveilleux, qui est une finesse exercée au profit de leurs besoins. Le renard n'est pas plus fin qu'un autre animal, et la nature lui a donné une queue énorme et lourde, qui fait beaucoup de bruit dans les hautes herbes et les broussailles, et lui rend ainsi un mauvais service, lorsqu'il veut employer ses ruses à l'attaque d'un gibier. De son côté, le coq, dont l'ouïe est merveilleuse, entend onduler de très loin la queue du renard, lorsqu'il se promène en plein jour au milieu de ses poules, et alors il pousse un cri d'alarme, dont le sens n'est pas compris par les poules stupides et gloutonnes ; elles continuent à fonctionner du bec à travers champs, et le coq, bon époux au fond, se voit contraint à les chasser vers l'habitation voisine, où la présence de l'homme donne toute sécurité.

Dans un long séjour que j'ai fait au château de Fontanieu, magnifique propriété du comte Jules de Castellane, j'ai observé,

Il se repait de sang et de chair fraîche.

entre autres faits d'histoire naturelle, une assez curieuse histoire de coq.

Une nombreuse compagnie de poules avait pris l'habitude d'aller en maraude sur la lisière d'un grand bois de pins très touffus, et dont les étroites sentes étaient hérissées de genêts, de câpriers, de saxifrages, d'immortelles et d'une foule d'autres plantes ou fleurs sauvages sans nom. Le coq, *vir gregis*, conducteur ou homme de ce troupeau, paraissait fort contrarié de cette école buissonnière ; mais, avec cette galanterie complaisante dont il est le modèle peu imité, il faisait taire ses justes craintes pour ne pas troubler les plaisirs innocents de sa famille vagabonde. Tout alla bien pendant un certain temps, et rien ne paraissait devoir justifier les appréhensions du vigilant oiseau.

Un renard, *par l'odeur alléché,* un vieux bandit, qui perdait son temps la nuit à rôder autour d'un poulailler gardé par des oies, comme le Capitole, conçut le hardi projet de faire en plein midi la chasse que ses pareils ne font ordinairement que dans les ténèbres. Il descendit des sommets du bois avec la précaution d'un vétéran, s'abrita dans sa marche sous les massifs d'herbes qui croissaient dans les intervalles des pins, et, arrivé sur le domaine des poules, il guetta la plus aventureuse, et la saisit avec une adresse si prompte, que l'agonie et la mort furent instantanées, et qu'aucun cri délateur, aucun appel de secours n'arrivèrent aux oreilles du coq.

A l'heure si précoce et proverbiale du coucher des poules, le coq sonna la retraite, et en voyant défiler sa compagnie, il donna des signes évidents d'inquiétude : une poule manquait à l'appel.

Sur le seuil de la basse-cour, l'oiseau vigilant fit entendre des gammes funèbres, et toutes nouvelles dans le répertoire musical des coqs... Peine perdue ! le fermier stupide ne comprenait pas le gaulois ; il imposa silence au chanteur, comme fait le parterre à un ténor qui chante faux, et ferma la porte de la basse-cour.

Le lendemain, les poules étourdies reprirent le chemin du bois, malgré les avis réitérés du coq. Ce jour-là, le noble gardien redoubla de vigilance, et fit tous ses efforts pour empêcher les folles maraudeuses de s'éparpiller trop loin de ses regards ; mais il eut beau se multiplier sur tous les points dangereux où s'aventuraient ses compagnes, une seconde manqua le soir à l'appel. Le renard avait réussi deux fois.

Le coq renouvela ses plaintes à l'entrée de la basse-cour, et se révolta même contre le fermier, comme pour lui démontrer, par une désobéissance inusitée, qu'il y avait eu péril dans la demeure, et que bonne garde devait être faite aux environs.

Le fermier s'obstina dans sa stupidité.

Alors le coq, n'ayant plus confiance qu'en lui-même, prit une résolution énergique ; il mit de côté les égards et la tolérance, et se conduisit comme un de ces chiens de troupeau qui, sur les grandes routes, font une police active à l'arrière-garde des brebis, et traitent avec une dureté intelligente les vagabonds et les traînards. Notre coq étendit ses ailes, manœuvra des ergots et du bec, poussa de petits cris inconnus de ses poules, et leur barra violemment le chemin du bois.

Les poules ne comprenaient rien à ce changement de caractère, et regardaient leur seigneur et maître d'un air de stupéfaction. Quelques-unes, voulant user des privilèges du favoritisme, osèrent violer la consigne et franchir la limite que leur traçait un bec impérieux ; mais le coq leur donna un châtiment si sévère, que force dut rester à la loi. La compagnie rebroussa chemin, en gloussant contre l'arbitraire, et, quelques instants après, les étourdies avaient tout oublié ; elles picoraient dans un domaine sûr, à l'abri des renards ravisseurs.

La semaine suivante, le fermier, traversant le haut du bois pour cueillir des champignons, aperçut des tronçons d'ailes sanglants sur les broussailles... Examen fait, il reconnut des plumes de sa basse-cour, et appartenant même à l'espèce des poules dites de Barbarie. Ce fut un trait de lumière. Il se rappela les deux révoltes du coq, et il lui aurait fait volontiers des excuses, si elles avaient pu être comprises. Un crime de renard était écrit sur ces traces de carnage. Il fallait venger la société de la basse-cour.

« C'est trop fort ! s'écria le fermier ; les renards ne se contentent plus de la nuit ; ils assassinent en plein jour ! Je ferai un exemple. »

En effet, il choisit quelques poules dociles, les lia par les pattes à la racine des pins, dans le plus épais du bois, et selon les traditions romaines du chasseur marseillais, il se construisit un petit *poste* de feuillage, et s'y blottit, le fusil en main.

Le renard prouva ce jour-là que sa réputation de finesse est usurpée, et que la fable n'est pas une histoire ; il donna dans le piège, comme un loup. C'était le fermier qui s'était fait le renard de la fable ; il ajusta l'assassin au moment où il cueillait en passant des feuilles amères, comme un gourmet qui prend de l'absinthe avant le repas, et il l'étendit roide mort.

Le renard n'obtint pas les honneurs de la sépulture ; son cadavre fut cloué au tronc d'un pin, sur le lieu même du crime, pour servir de leçon et d'épouvantail aux confrères gloutons.

Voilà pourtant le noble animal (il ne s'agit pas du fermier) qui sert aux amusements barbares de quelques désœuvrés, et dans un pays qui nous a donné la loi Grammont, loi sage qui protège l'animal contre l'homme ! Comment se fait-il que les Anglais, ces hommes si graves, si raisonnables, si logiques, aient inventé ou perfectionné les combats de coqs ? J'ai fait cette question à toute l'Angleterre ; l'Angleterre ne m'a rien répondu de satisfaisant.

C'est qu'il n'y a rien à répondre, dans ce pays, inventeur de la loi Grammont.

Cela est, parce que cela est.

Il est défendu de maltraiter les animaux, mais il est permis de faire massacrer un coq par un coq, à 2 shillings le billet.

Ces mêmes Anglais feraient-ils battre ainsi deux chevaux dans un cirque, pour amuser les niais ?

Oh non ! ils établissent une énorme différence entre les êtres de la création. Il y a des animaux respectables, et d'autres qui ne le sont pas. Le coq n'est pas *gentleman*.

S'il s'agit d'établir des titres de noblesse, le coq doit être regardé comme le plus noble des animaux ; il a mérité l'attention des législateurs, des philosophes, des poètes ; son histoire est à méditer.

Chez les anciens Perses, nous trouvons le coq passé à l'état de dieu. Les Perses regardaient cet oiseau comme le principe de la vie, et affirmaient qu'il était fils du soleil. Chez les Chaldéens, peuple d'astronomes, on entourait d'hommages ce chantre éclatant, qui saluait le lever du soleil comme Memnon.

Dans la *Théogonie* d'Hésiode, le coq est consacré au soleil. Les peuples qui, à défaut de révélation, adoraient l'astre du jour, n'ont trouvé dans la nature que cet oiseau pour les cérémonies de leur culte et le service de leurs autels.

Chez les Grecs, le coq était regardé comme l'emblème mystérieux de la santé, de la force, de la vie. On le sacrifiait à Esculape pour obtenir la guérison. Socrate, empoisonné par la ciguë et se sentant mourir, ordonna, par dérision, à ses serviteurs de sacrifier un coq au dieu de la médecine, au fils d'Apollon. Ainsi, voilà l'histoire mythologique du coq mêlée à l'histoire du plus grand philosophe de l'antiquité.

Chose digne de remarque ! Jean-Jacques Rousseau a établi un beau parallèle entre la mort de Socrate et la mort du Christ. « Si la mort de Socrate est celle d'un sage, la mort de Jésus-Christ est celle d'un Dieu. » Voltaire s'est même fort égayé de cette phrase, ce qui ne diminue en rien sa beauté, et ce qui diminue beaucoup Voltaire. Or, dans toutes les vieilles peintures de la sainte Passion du Calvaire, nous retrouvons le coq ; il étend ses ailes, il entonne son chant sur un coin de l'arbre de la croix, ou sur une branche du jardin des Oliviers. Touchante allusion à la parole : *Priusquam gallus cantet, ter me negabis* : « Vous me renierez trois fois avant le chant du coq. » L'apôtre timide renia trois fois, et tout de suite le coq chanta, *et continuo gallus cantavit*.

Si nous passons maintenant chez les sauvages peuplades africaines qui habitent les oasis du grand désert, entre le Fezzan et la Nigritie, nous retrouvons le culte du serpent et du coq, et de grossières peintures sur laine représentant ces deux animaux. Cela se conçoit très bien : les peuples qui vivent dans le terrible voisinage des lions sont amenés naturellement à rendre hommage à l'oiseau qui épouvante ces formidables quadrupèdes :

> Metuenda leonibus ales,

comme dit ce bel hémistiche, qui est un proverbe latin.

Au reste, les poètes se sont mis en grands frais de style et d'images pour célébrer la beauté, la grâce et la vigilance du coq. On l'appelle partout « l'oiseau martial, l'oiseau belliqueux, l'oiseau vigilant, » *vigil, martius, belliger*. Le divin Virgile lui consacre un de ces admirables vers, comme il les fait tous, un de ces vers euphoniques, dont toutes les notes mélodieuses forment la gamme du chant du matin :

Excubitorque diem cantu prædixerat ales [1].

Ovide, Virgile second, aimait ce brillant oiseau ; il l'a bien souvent célébré dans ses vers. Je me rappelle surtout un vers de ce grand poète, un vers adorable et d'une émouvante vérité : car il exprime la sensation qu'on éprouve, en été, lorsqu'on écoute ce chant qui précède l'aurore, et ne trouble pas le silence des derniers moments de la nuit :

Evocat auroram, nec voce silentia rumpit.

J'en citerai encore un, qui a servi longtemps de citation aux Romains partant pour un voyage. Nous disons, nous, en pareil cas : *Déjà cinq heures du matin avaient sonné à l'horloge de la mairie* ; les Romains disaient, en citant Ovide :

Jam dederat cantum lucis prænuntius ales [2].

Un poète moderne, qui a fait les délices de mon adolescence et m'a donné la passion de l'alexandrin agreste, le père Vanière, l'auteur du *Prædium rusticum*, merveilleux enfant des *Géorgiques*, a consacré au coq une foule de beaux vers. Que de fois je me les suis remis en mémoire, lorsqu'à l'âge des illusions d'azur, je marchais au hasard dans ce délicieux vallon de Gemenos, emprunté

1. L'oiseau sentinelle avait annoncé le jour par son chant.
2. Déjà l'oiseau qui annonce la lumière avait donné son chant.

par la Provence à la Thessalie ! On voyait là, entre deux collines de pins, des chaumières couvertes de tuiles rouges, des moulins à écluses, des usines ombragées et baignées de larges ruisseaux, et devant, sur les grandes herbes, sur les aires ou l'escalier des granges, toujours un coq superbe, radieux, comme un fils du soleil, et toujours prêt à nous annoncer le lever triomphal de son père sur les montagnes de l'Orient.

Si les naturalistes avaient fait leur devoir, en rappelant, comme j'essaye de le faire, les titres de noblesse du coq ; si Saavers n'eût pas appelé bourgeoisement cet oiseau *le mari de la poule,* on n'aurait pas vu ces stupides et atroces combats illustrés de paris anglais. On me répondra peut-être que les coqs ne demandent pas mieux que de se battre, et que les spéculateurs forains secondent les instincts de ces oiseaux belliqueux, en leur ouvrant la lice et le champ clos. Erreur anglaise ; hérésie zoologique. Vous placerez face à face deux lions, pour amuser les badauds par un duel ; jamais vous ne parviendrez à les faire battre : ils dévoreraient plutôt le belluaire et le public. L'exquise sensibilité du point d'honneur manque au lion, et malheureusement elle existe chez le coq. Deux de ces combattants ailés, qui ne se connaissent pas, qui n'ont aucune rivalité de basse-cour, aucune rancune de jalousie, ne se battraient pas, s'ils se rencontraient par hasard ; mais placés en face du public, et excités par une boisson perfide, ils ne veulent pas donner des preuves de couardise, et passer pour des poules ; ils s'entre-déchirent en obéissant à ce point d'honneur exagéré. Les bateleurs de pareilles exhibitions n'ont droit à aucune tolérance. Applaudissons-nous de n'avoir en France ni combats de coqs ni combats de taureaux.

Deux coqs vivaient en paix,

dit La Fontaine, et ce fabuliste observateur a raison : il a très bien étudié les animaux, sauf quelques erreurs inséparables de l'apologue. La campagne de Château-Thierry, patrie de La Fontaine, est charmante; c'est un grand et délicieux paysage, où le poète enfant a trouvé des révélations et beaucoup de sujets d'étude; vastes provisions de souvenirs agrestes qui suivent l'homme dans ses migrations et que l'atmosphère de Paris n'étouffe jamais. La Fontaine a suivi un cours d'histoire naturelle à l'école de la nature : c'est la meilleure des maîtresses; il a mis ensuite ses études en action dans une foule de petits drames naïfs et charmants.

La Fontaine a donc affirmé que deux coqs n'ayant aucun sujet de jalousie pouvaient très bien *vivre en paix*. La suite de l'histoire belliqueuse de ces deux coqs, d'abord si pacifiques, ne prouve rien contre le début. Sans Hélène, Agamemnon et Priam auraient vécu en bons voisins.

Un de mes amis, qui doutait de La Fontaine et de l'amitié de deux coqs sans Hélène, a fait, en 1852, une expérience dans son jardin de Chatou. J'habitais alors ce charmant village, et j'ai pu suivre, pendant tout un été, cette expérience inconnue des bateleurs forains anglais. On a construit un de ces petits enclos à claires-voies que les Latins appelaient *gallinaria*, et on y a enfermé deux coqs.

Sur un poteau voisin, on a inscrit : *Deux coqs vivaient en paix*.

Pendant six mois, les coqs n'ont pas donné un démenti à l'inscription; ils ont vécu en Oreste et Pylade; ils ont mangé au même plat; ils se sont endormis sur le même perchoir.

Ils donnaient même un exemple aux artistes : lorsque l'un des deux chantait, l'autre faisait silence, écoutait avec attention, paraissait approuver la gamme, et attendait la dernière note pour commencer son chant. Ils dédaignaient le duo, l'unisson, le morceau d'ensemble; cela leur semblait contraire aux convenances de la bonne fraternité. L'un se faisait toujours le public pour l'autre, et ils ne cherchaient pas à s'étouffer mutuellement dans un assaut de voix.

On a fait souvent des tentatives pour les brouiller; on les prenait pour des hommes: rien n'a réussi. On jetait souvent avec une précaution perfide, et véritablement humaine, des friandises sous le bec d'un coq, pendant que l'autre était éloigné. Il y avait partage : à la vérité, il n'était pas immédiat ; le premier favorisé mangeait sa part, et ensuite il conviait son compagnon aux reliefs du festin. J'ai remarqué que certains oiseaux, et notamment les perruches, sont très portés pour offrir ce qui leur reste d'une friandise, lorsqu'ils sont rassasiés. La perruche a même dans sa voix une note particulière, et dans son bec un mouvement précipité de bas en haut, lorsqu'elle veut faire cette gratification à une compagne. C'est le *prima sibi charitas* appliqué à l'ornithologie. Oserions-nous blâmer cette légère nuance d'égoïsme ? Hélas ! l'animal n'est pas parfait.

Sans doute, nous aurions pu troubler malignement cette bonne harmonie qui régnait entre ces deux coqs ; mais nous avons voulu nous arrêter au premier hémistiche du vers de La Fontaine. Bon La Fontaine ! il avait sans doute fait la même expérience dans quelque jardin de Château-Thierry.

Boileau n'aimait pas La Fontaine ; il n'a pas mentionné la fable dans son *Art poétique*, et n'a pas cité une seule fois le nom du célèbre fabuliste, son contemporain. C'est que Boileau, poète de beaucoup d'esprit et de bon sens, n'aimait pas les animaux, et surtout les coqs. Il avait un cœur sec, le sentiment de la nature lui manquait ; il ne connaissait d'autre campagne que le perron de son libraire Barbin. Une seule fois, Boileau a parlé des coqs, et pour les présenter à l'imagination sous une forme grotesque :

> . . . . . On apporte un potage,
> Un coq y paraissait en pompeux équipage.

Ovide ! Virgile ! Vanière ! ô poètes de la nature, jamais vous n'auriez trouvé du latin pour humilier ainsi les radieux oiseaux d'Apollon !

Nous n'avons plus, il est vrai, sur nos tables l'innocente nourriture de l'âge d'or ; nous avons des exigences gastronomiques qui nous font exercer notre faim sur la chair des oiseaux, et même des coqs ; mais contentons-nous de les manger, ne les insultons pas, ne les humilions pas. Déplorons notre civilisation d'âge de fer qui nous fait dédaigner le laitage et les racines, et nous oblige à tuer pour vivre !

Encore un mot sur le chant du coq.

Ce chant varie selon les climats et les latitudes ; on dirait qu'il se met en harmonie avec les aptitudes musicales de chaque pays.

Comme tous ceux qui ont eu le bonheur d'être élevés à la campagne, je suis parvenu à imiter le chant de quelques oiseaux, surtout celui du coq. Mme de Girardin prétendait même que j'excellais dans cette imitation, et voulait me faire fonder, dans son jardin des Champs-Élysées, un Conservatoire de coqs : car tous les voisins de basse-cour ne savaient pas filer la moindre gamme. En effet, les coqs des jardins de Paris, presque toujours tristes sous la brume, élevés au milieu du fracas sourd des rues et des routes, et trop peu souvent ranimés et réjouis par le soleil, ce père de la mélodie, ont un cri aigre, lourd, brutal, enroué, qui ressemble au chant du coq d'Italie comme l'air populaire et si célèbre d'*Ohé ! les p'tits agneaux* ressemble à une mélodie de Cimarosa.

En Angleterre, il m'a été donné de voir au bourg de Salford, près Manchester, une assemblée de coqs lancastriens, destinés à un combat. Ils chantaient tous comme des Anglais de bonne maison ; c'était touchant comme bonne volonté, et déplorable comme expression. S'ils n'eussent pas agité leurs ailes, on aurait cru qu'ils ne chantaient pas. Il est vrai que ces pauvres oiseaux se trouvaient dans de fâcheuses circonstances, et qu'à moins d'être des cygnes, il est impossible de bien chanter à l'heure de la mort ; mais j'ai pu remarquer la même infériorité artistique dans les campagnes de tous les comtés d'Angleterre. Cela tient au climat, aux brouillards, à l'absence du soleil. L'honneur national de l'art anglais n'est nullement compromis.

C'est dans la campagne de Rome que j'ai entendu le vrai chant du coq, le chant aimé d'Ovide et de Virgile : car ces deux créateurs de la mélodie italienne n'auraient pas consacré un hémistiche aux coqs anglais. Un peu avant le lever du soleil, le ciel revêt des

Les coqs des jardins de Paris, presque toujours tristes...

teintes splendides ; un murmure ravissant sort des vallons et descend les collines avec les pénétrantes odeurs des genêts, des immortelles, de la farigoule et des pins. La vie inonde à flots cette plaine immense qui est une tombe ; alors, l'oiseau vigilant, enivré de joie, se dresse sur ses ergots, tourne son bec vers l'Orient, et, posant nettement sa voix, il lance au soleil une gamme ascendante, une fusée de trilles d'or qui doit avoir servi de thème à l'hymne primitif des prêtresses des Incas ou des hiérophantes d'Héliopolis. La mélodie matinale du colosse de Memnon, tant admirée des antiques voyageurs, était le chant d'un coq égyptien perché sur la tête d'Osymandias.

Dans notre Midi, où tout le monde chante, les coqs sont musiciens naturels, comme nous tous ; seulement la passion de l'art les emporte quelquefois hors des règles du contre-point, et ils arrivent à l'état de *tenori sfogati*, ravagés par l'abus de l'*ut dièze* et du *si bémol*. Ils méritent pourtant une mention honorable, à propos de l'intelligence musicale qu'ils montrèrent dans une circonstance exceptionnelle. C'était au mois de juillet 1843, année à jamais mémorable, qui nous fit assister, sur le bord de la Méditerranée, à une éclipse totale de soleil, le plus émouvant spectacle que la nature puisse donner à l'homme ingrat et oublieux. Il était sept heures du matin, le disque de l'astre avait complètement disparu, et la nature avait pris une teinte de désolation qui ne rappelait rien de connu dans les nuances des crépuscules sinistres ou des nuits orageuses. Un concert intermittent de plaintes sortit des basses-cours ; les coqs et les poules, qui descendaient à peine du perchoir, y remontaient en prenant des poses de stupéfaction et d'inquiétude. Le surnaturel de ce jour bouleversait les instincts de ces habitués de la nature. Mais, l'éclipse finie, et quand le soleil reparut, aux applaudissements de la population du rivage, les poules joyeuses sautèrent, sans réflexion, du perchoir au jardin ; mais les graves coqs gardèrent leur inquiétude devant ce soleil révolutionnaire qui se levait deux fois en deux heures, et ajoutait une petite nuit à la grande nuit. Les plus anciens de la basse-cour ne lui firent pas l'honneur de le saluer de la moindre gamme ; et les jeunes, encore esclaves de leur devoir, malgré l'équipée de l'astre, inventèrent, pour la circonstance, une sorte de *coda* de choral hérétique, une cantilène protestante, dépourvue de toute mélodie et de tout charme de vocalisation. En cette mémorable matinée, l'oiseau du soleil s'éleva par inspiration à la hauteur de son sacerdoce. Le prêtre ne renia pas le Dieu ; mais il le censura. Il est vrai que le lendemain, à l'aurore, tout fut oublié.

La poule est l'antithèse vivante du coq.

En Allemagne, autre pays musical, le coq garde dans ses gammes un sentiment de la musique de son pays. J'ai passé en 1856 deux mois à Schwalheim, célèbre par sa fontaine merveilleuse ; j'habitais le joli cottage qui est sur la lisière de la forêt et domine les fermes et les basses-cours. Nous avions des nuits d'été belles comme en Italie, et des aurores pures comme celles du golfe de Baïa. Les coqs chantaient aux étoiles, à la lune, au soleil. L'éclat mélodique manquait sans doute à ces hymnes de la nuit, de l'aurore et du lever de soleil ; ce chant n'avait pas cette furie superbe qui distingue les artistes gallinacés des basses-cours italiennes ; mais c'était encore un beau travail de vocalise grave, digne du pays de Weber et de Mozart, et qui doit certainement avoir été applaudi sur les rives de l'Usa et du Wetter, par les dilettanti de la onzième légion de Varus, les ingénieurs de Cæcina et l'armée vengeresse de Germanicus Cæsar.

Ces mères qui couvrent les poussins de leurs ailes.

Descendons à la poule.

La poule est l'antithèse vivante du coq. C'est, sans doute, une loi mystérieuse de la nature qui a établi cette énorme différence morale et physique dans la même espèce. Peut-être le coq a-t-il été créé pour donner à l'homme des leçons de sagesse domestique. Qui sait? les conjectures sont permises : essayons-en une. L'homme est inférieur à la femme en beauté, en grâce, en charme, en sensibilité, en intelligence, et pourtant l'homme se conduit, en général, assez despotiquement envers la femme, et lui impose les défauts qu'elle a. Par contraire, le coq a pour lui la beauté, la grâce, la force, le courage, la noblesse, toutes les qualités enfin qui manquent à la poule, et cependant que de soins exquis, que d'attentions conjugales, que de prévenances touchantes, que d'égards domestiques, que de savoir-vivre chez ce merveilleux oiseau ! Il n'aurait qu'à se montrer pour plaire ; cela ne lui suffit pas. Il fait bon marché de ses avantages. Adonis, il devient le plus attentif, le plus obéissant, le plus soumis des esclaves, tout comme s'il était un monstre de laideur, et contraint à faire oublier ses défauts physiques par de touchantes vertus.

Je crois, sans avoir la prétention de l'affirmer, que tous les animaux ont été créés pour donner des leçons à l'homme. L'écolier reste aveugle, sourd et ingrat !

On ouvre un dictionnaire, ou un ouvrage d'histoire naturelle, à l'article *Poule,* et on y trouve cette admirable définition, si instructive pour les lecteurs. — « POULE. C'est la femelle du coq. Cet oiseau est d'un naturel timide ; il est très utile à l'homme et aux habitants des campagnes. Une poule de bonne race pond régulièrement un œuf tous les deux jours. La chair de la poule jeune est très délicate. Les Orientaux la font cuire avec du riz. On nomme ce plat *pilar,* ou *pilau.* »

Nous voilà bien avancés !

Si les femmes avaient besoin de leçons d'amour maternel, chose impossible, elles prendraient leur modèle chez une de ces bonnes mères de la race gallinacée ; une de ces mères attentives, soigneuses, vigilantes, désintéressées, qui couvrent leurs poussins de leurs ailes, de leurs regards, de leur amour. Il n'y a pas un plus touchant tableau, et, comme il est très vulgaire, nous ne daignons pas le regarder. Les basses-cours sont indignes de notre attention.

Accompagner ses petits, n'avoir aucune préférence, les aimer tous d'un amour égal, montrer pour tous la même sollicitude, chercher leur nourriture, se la refuser à elle-même pour la donner à sa famille, et se pavaner innocemment dans l'orgueil de sa fécondité : tout cela est beaucoup sans doute; mais la poule donne, en certaine occasion, un exemple d'héroïsme si noble qu'il efface toutes ses autres qualités.

Ce nuage invisible est un épervier...

Au moment où la poule ressemble à cette mère du Psalmiste, cette mère qui se réjouit de ses enfants, *matrem filiorum lætantem,* un nuage invisible passe dans l'azur, un gloussement plaintif se fait entendre sur la pelouse : les poussins n'ont jamais entendu cette note dolente, et ils la connaissent. Les joyeux ébats sont suspendus. La poule ouvre ses ailes et couvre ses petits.

Qui peut tromper l'œil d'une bonne mère, ou, pour mieux dire, d'une mère? *Bonne* est un mot superflu avant *mère*. L'habitude fait commettre des erreurs ; pardon, mesdames.

Ce nuage invisible pour tous, excepté pour une mère, est un épervier ; un bandit de l'air, un scélérat heureux, qui finira ses jours dans une vieillesse calme, si une balle ne l'atteint pas.

La malheureuse poule a découvert l'oiseau de proie, comme Leverrier découvre une planète invisible ; elle frissonne de toutes ses plumes. Sa crête a pâli ; le péril est immense. On sait ce que peut un épervier.

Cet oiseau assassin voit distinctement des hauteurs du zénith l'atome qui rampe sur terre ; il tombe comme un aérolithe, comme un plomb lourd, ramasse l'atome, et remonte dans les sommets de l'azur. C'est un éclair qui fait ce double chemin.

La poule retient son trésor captif sous ses ailes, et regarde d'un œil oblique l'infâme ravisseur des petits oiseaux. Aucune plainte ne sort de son bec ; elle sait que le moindre cri monte dans l'atmosphère, et trahit les plaignants. Mais que d'inquiétudes, que d'angoisses, que de douleurs maternelles se laissent voir dans cette silencieuse immobilité ! Quant à elle, son parti est noblement pris ; elle ne redoute rien pour elle ; tout le courage du coq est passé dans son cœur. Elle est prête à se sacrifier pour ses enfants ; elle ne les cache que pour se montrer, seule victime, à l'oiseau de proie, heureuse de tromper l'assassin et de mourir pour le salut de sa famille. Elle ne songera pas même à résister, de peur de révéler, dans les mouvements de la défense, le trésor qu'elle veut sauver.

Si le nuage terrible s'éloigne, si l'épervier, cette vivante parodie du vautour, va chercher maraude ailleurs, elle le suivra longtemps des yeux dans le grand chemin de l'air ; elle ne se hâtera point de rendre la liberté à ses petits. « Les éperviers sont si fins ! pense-t-elle ; ils font quelquefois semblant de s'éloigner pour revenir. »

Donc, point de précipitation. Quand elle voit l'oiseau fatal disparaître dans le plus lointain des horizons, elle pousse le cri joyeux

La poule et les canetons.

de la délivrance, et rend sa famille aux doux ébats de l'enfance, sur le velours de la verdure et l'émail des prés.

Le père Vanière a merveilleusement décrit les terreurs et le désespoir d'une poule qui, ayant couvé des œufs de cane, voit un jour ses poussins s'élancer à la nage dans un étang. Ce récit est un chef-d'œuvre ; Ovide n'aurait pas mieux fait. Vanière vivait dans une époque de grande et pure latinité. Il y avait alors des prêtres qui écrivaient le latin comme sous Auguste. Nous sommes en grande décadence depuis cette époque. Les traditions virgiliennes se sont perdues. Le latin s'est trop francisé ; encore quelques jours et, le matérialisme aidant, tout l'antique parfum de cette langue mélodieuse s'évanouira dans des vapeurs de charbon. La science et l'industrie sont, sans doute, des choses fort belles et fort utiles ; mais l'âme et l'esprit ont besoin de vivre aussi, et les intérêts spirituels ne doivent pas être sacrifiés aux intérêts matériels.

Revenons à nos poules.

Ce pauvre oiseau si maternel doit, en effet, éprouver une terreur profonde lorsqu'il aperçoit ses poussins *piquer des têtes* dans un bassin pour la première fois. La poule est ennemie de l'eau ; aussi, rien n'est plus triste à voir qu'une poule mouillée. Cette mère doit donc s'attendre à voir ses petits toujours picorant en terre ferme. Vanière décrit minutieusement les inquiétudes de la sienne, et la fait rentrer tristement dans sa basse-cour, lorsqu'elle s'aperçoit, trop tard, hélas ! qu'elle a élevé des enfants d'une origine étrangère. « Stupéfaite, dit-il, elle reconnaît enfin que ses petits appartiennent à une race étrangère, et, refoulant dans son cœur une douleur secrète, elle revient seule chez les oiseaux de son espèce. » Patois vulgaire qui essaye de paraphraser ces trois vers charmants :

> Diversum stupefacta genus tum denique noscit.
> Et tacitum sub corde premens gallina dolorem.
> Ad proprias ultro redit incomitata volucres.

Vous voyez d'ici cette pauvre mère, qui fait son monologue, et qui se dit : « J'étais une fausse mère, j'ai élevé de faux enfants ; peine perdue ! Hélas ! ai-je souffert assez d'inquiétudes pour arriver à cet étrange moment ! Voir mes poussins traverser l'eau à la nage ! Oh ! je ferai plus d'attention aux œufs une autre fois. Allons ! résignons-nous, et retournons chez les miens. »

Les Latins ont donné deux noms très bien composés au coq et à la poule ; les Latins savaient admirablement composer leurs appellations. *Gallus*, avec notre véritable prononciation méridionale, est un mot superbe et fier d'allure comme l'oiseau qu'il désigne. Il se décompose ensuite, et se traîne dans une désinence molle, pour désigner la femelle, *gallina*. Les Français, qui ont créé tant de mots étourdiment et au hasard, sans prendre souci de l'euphonie, du pittoresque et de la couleur, ont inventé *coq* et *poule*. Allez deviner pourquoi ! La langue provençale, héritière directe du latin, a conservé les deux mots créés à Rome, et elle a bien fait. Autant que possible, les mots doivent être les images des choses. Les langues grecque et latine sont des galeries syllabiques de peintures et un long concert mélodieux.

Le coq et la poule sont, depuis la création du monde, deux nécessités absolues de la vie humaine ; aussi les trouve-t-on dans tous les pays, sous toutes les latitudes, dans tous les climats. L'inépuisable nature a varié à l'infini les formes de cette espèce : il y a la poule de Siam, de la Cochinchine, de la Barbarie, du Bengale, du Pérou, du Lancastre, de Java, des îles de l'océan du Sud, et de bien d'autres pays encore. La première idée qui vient à l'esprit d'un planteur et d'un colon aventurés sur une terre déserte, c'est de naturaliser des poules et des coqs autour de leur première hutte d'habitation. Ces oiseaux ne se trouvent dépaysés nulle part ; ils ont de merveilleuses ressources de fécondité ; ils se reproduisent à vue d'œil, et assurent l'existence des familles. Les vaisseaux qui font relâche dans les golfes des îles ou des lointains continents trouvent toujours des basses-cours fécondes, pour s'approvisionner largement, sans appauvrir les naturels du pays. Ces oiseaux sont encore la manne providentielle de toutes les hôtelleries de l'univers ; il semble que les voyageurs seraient exposés à mourir de famine si les œufs n'existaient pas. L'œuf est un symbole ; c'est le germe de la vie, et les anciens chartreux de saint Bruno avaient bien raison de prononcer ces paroles : « Reçois le sel de la sagesse, » *accipe salem sapientiæ*, lorsqu'ils mettaient des grains de sel dans leurs œufs. La sagesse antique voulait que tout festin commençât par des œufs ; de là le proverbe : *Ab ovo usque ad mala*, « depuis l'œuf jusqu'aux pommes ». Le commencement et la fin du repas ne variaient jamais.

Trois grands et antiques peuples ont choisi leurs emblèmes de guerre chez les animaux : les Romains ont adopté l'aigle, les Carthaginois le lion, les Gaulois le coq. Ainsi, un simple oiseau de basse-cour a été élevé à une dignité héraldique, qui l'a rendu l'égal du roi des airs et du roi de l'Afrique. Le coq a eu même un honneur qui a manqué au lion. Annibal le Carthaginois a planté son lion numide sur les hauteurs du Janicule, mais Rome lui a crié : « Tu n'iras pas plus loin... » *non amplius ibis*... Le lion recula, descendit dans la plaine et ne reparut plus. Il avait vu de loin le Champ de Mars et le temple de Jupiter capitolin ; il ne les vit jamais de près.

Le coq *essorant*, le coq qui s'élançait d'un rameau de chêne d'or, le coq de Brennus le Gaulois, a traversé l'Italie quatre siècles avant l'ère chrétienne ; il est entré triomphant à Rome, il s'est posé vainqueur sur le temple de Delphes malgré l'oracle, et il a balancé plus tard, pendant dix ans, la fortune de l'aigle du grand Jules. Si Manlius Capitolinus a renversé le coq gaulois du haut du Capitole, on peut dire que son audace lui a porté malheur : car cet infortuné Romain a été précipité lui-même de la roche Tarpéienne, et le coq de Brennus a été vengé.

Si Manlius eût respecté l'oiseau sacré, s'il eût laissé les Gaulois s'établir tranquillement à Rome, il aurait vécu et vieilli au pied de la roche Tarpéienne, et n'aurait pas conspiré pour se faire roi, avant le consulat de Sextius. Rome serait peut-être gauloise aujourd'hui, et Paris serait dans le département du Tibre, avec moins de pluie et plus de soleil, ce qui ne gâterait pas son véritable boulevard Italien.

Pour compléter ce chapitre, je dirai quelques mots encore du coq et de la poule, considérés comme accessoires de paysages et de tableaux.

Les grands peintres de la campagne flamande ont toujours tiré un excellent parti de ces oiseaux de basse-cour ; et il semble qu'une vue de ferme, de village, de prairie, serait incomplète si l'artiste oubliait sur sa toile le coq et les poules. On a fait mille tableaux charmants avec un coin d'étable, une charrette au repos et une compagnie de poules présidées par un coq.

Quel attrait y a-t-il donc dans un sujet si vulgaire ? Pourquoi ne se lasse-t-on pas de regarder cette banalité agreste ?

Placez à côté une toile représentant la façade du château de Versailles, cette toile fût-elle un chef-d'œuvre, et vous verrez si tous les artistes, tous les poètes, tous les rêveurs ne donneront pas de préférence leur attention à cet indigent lambeau de basse-cour.

On parcourt une galerie de tableaux : que voit-on ? Des hôtelleries de grande route, avec un cavalier arrêté qui demande à boire ; des moulins, avec une roue hérissée d'écume ; des flaques d'eau dormante, bordées de peupliers ; des ponts jetés sur un ruisseau, devant une métairie ; des femmes adossées à une colline, près du carrefour d'un bois ; de vastes hangars, moitié au soleil, moitié à l'ombre, où s'alignent des chevaux ; des haltes devant la porte d'un maréchal ferrant de village ; et, comme éternels accessoires de ces vues, toujours la poule, le bec contre terre ; toujours le coq, la tête haute ; et le regard ne se lasse jamais de contempler ces tableaux tranquilles et recueillis.

Est-ce que la vie ennuyée habiterait des palais de marbre, et la vie amusée des vestibules de basses-cours ?

On l'a souvent dit, ce doit être vrai.

Nous pourrons ainsi trouver peut-être une moralité au fond de ce chapitre d'histoire naturelle. Une moralité ne gâte jamais rien.

Oui, Versailles parut d'abord magnifique à ses premiers locataires ; puis, on disait comme autrefois : *L'ennui pleut au Louvre*. On se réfugia dans Trianon : c'était moins imposant et plus gai. Après quelques années, Trianon parut encore plus imposant que

Versailles ; alors on fit construire dans le voisinage une basse-cour, une laiterie, une ferme, une chaumière ; les grands seigneurs et les grandes dames, habillés en villageois, allaient travailler le beurre et le fromage, au milieu des coqs et des poules ; et ils se trouvaient heureux. C'est de l'histoire. Visitez Trianon ; ce réduit champêtre existe encore, mais les faux villageois n'y sont plus !

Tout un siècle aristocratique, accablé d'ennui, s'est fait campagnard, ne sachant que faire. Il avait tout épuisé : il s'était coiffé avec de l'amidon ; il bâtissait ses cheveux ; il saupoudrait ses habits de paillettes d'arlequin ; il portait des robes de quinze pieds de circonférence ; il se mettait des mouches noires sur les joues. Rien de ces ingénieuses trouvailles ne l'amusait plus, ce pauvre siècle ; alors il se fit berger ; il prit la houlette ; il n'aima que des bergères ; il descendit dans les basses-cours ; il prodigua des grains de mil aux poules, il mit des faveurs roses au col des agneaux, et donna ordre à ses tapissiers de le peindre sur les murailles de ses châteaux, avec un cortège de coqs, de poules et de brebis. C'est ainsi que le dix-huitième siècle parvint à s'amuser. Un écrivain peu connu aujourd'hui, point du tout lu, et célèbre en ce temps, M. Pluche, composa un ouvrage en cinq volumes, le *Spectacle de la nature*. La Bibliothèque de la rue Richelieu doit en avoir beaucoup d'exemplaires ; les libraires n'en ont plus. Cet ouvrage est écrit sous la forme dramatique ; il y a plusieurs interlocuteurs de haute lignée, — le marquis, — le vicomte, — la marquise, — l'abbé... toute une société de château enfin ; ces personnages causent laitage, brebis, génisses, coqs, poules, agneaux, et donnent des leçons aux fermiers. Le bonheur accompagne partout ces nobles amateurs des plaisirs champêtres ; ils parlent du *Prædium rusticum* avec enthousiasme ; ils déplorent le sort des citadins ; ils invitent tous les gentilshommes déjà bergers à se faire fermiers. Loin des coqs, des poules et des génisses, point de bonheur ! s'écrient-ils à tout instant. Pour eux, le dix-huitième siècle des encyclopédistes et de Rousseau n'existe pas ; ils vivent dans l'âge d'or ; ils ne connaissent d'autre philosophie que celle du berger romain assis sous un hêtre touffu, et disant

Maréchal ferrant en Bretagne.

aux échos le doux nom d'une Amaryllis. L'auteur Pluche a illustré ces cinq volumes de gravures de Lejay, place Dauphine ; elles représentent ces gentilshommes et ces grandes dames fermiers, assis ou debout, le front serein, devisant des choses de la campagne, et se gardant bien de prononcer le nom de Versailles une seule fois, de peur de s'enrhumer.

Aujourd'hui plus que jamais, il est temps de démontrer, par toutes sortes de théories, que le bonheur est plutôt un locataire d'une basse-cour que d'un hôtel. Les villes absorbent déjà les populations des campagnes ; la terre est abandonnée pour l'usine ; le paysan rêve à se faire ouvrier ; l'industrie enlève chaque jour des bras aux sillons, et le chemin de fer favorise ce nouvel état de choses qui menace la campagne. Agriculteurs, sachez apprendre, comme l'a dit un grand poète qui vous aimait beaucoup, sachez apprendre que le bonheur est chez vous ; l'air des champs est votre vie ; la fumée des villes vous serait funeste. Engraissez vos sillons, émondez vos arbres, semez vos grains, et puissiez-vous ne jamais entendre d'autre horloge que celle de votre coq gaulois !

UN CHAT, DEUX CHIENS, UNE PERRUCHE,
UN NUAGE D'HIRONDELLES

I

Mœurs des perroquets et des perruches. — Pourquoi ils vivent avec les hommes. — Histoire authentique. — Saint-Leu-Taverny. — Paysages. — A quoi me sert ma perruche. — Comment les cages s'ouvrent. — Une députation d'enfants. — Une expédition où je ne reste pas au-dessous du sultan Amurat IV. — Trop tard! — Discussion parlementaire... et anecdotique. — Le chat du musée de Marseille. — Sa mort et sa résurrection. — Ses impressions de voyage. — L'horloge du musée. — Annibal, Fernand Cortez et Robinson distancés par un quadrupède.

Le perroquet est une erreur de la nature, erreur qui a été corrigée par la perruche.

Nous parlerons plus tard de la perruche multicolore, la plus belle fleur vivante de l'Inde. Aujourd'hui, il s'agit de la perruche verte, cet oiseau à collier, qui a le don de la parole comme le perroquet, et n'en abuse pas pour pousser des cris intolérables, dignes d'un ténor applaudi.

Il est triste de le dire, mais la vérité avant tout : si les perroquets et les perruches se trouvent à leur aise dans la société des hommes; s'ils les regardent comme de vieilles connaissances; s'ils leur demandent l'aumône du déjeuner avec un ton de voix si mielleux, c'est que la nature a destiné ces oiseaux à vivre dans la société des quadrumanes. Sans éducation première, tout animal aime et redoute ce que les instincts lui conseillent d'affectionner ou de craindre. Les perroquets et les perruches sont les parasites des singes ; ils volent sans cesse autour des arbres où ces histrions des bois brisent les écorces des fruits, dévastent l'arbre à pain, cassent les noix de coco ; nos oiseaux parleurs, dont le bec est trop fin pour un pareil travail, ramassent les miettes du festin, et, instruits à l'école oratoire des singes, ils remercient en imitant leurs cris, et leur disent, comme ils peuvent, qu'ils ont très bien déjeuné.

Ainsi, le bon accueil que ces oiseaux font à l'homme n'est pas très flatteur pour le genre humain. Il est vrai de dire aussi qu'une perruche ne peut pas avoir dans l'œil cette délicatesse de goût qui fait distinguer un vieux faune de l'Apollon du Belvédère. Peut-être encore, l'oiseau reconnaît que l'homme est plus beau que le singe ; raison de plus alors pour lui de rechercher sa société avec plus de plaisir. Ce qu'il y a de positif, c'est que les oiseaux qui n'ont pas besoin des singes pour vivre avec luxe sont très timides et redoutent l'homme comme un vautour *aptère*, c'est-à-dire *non ailé*.

Les perroquets et les perruches ont dans les bois les mœurs gourmandes que nous leur connaissons dans les villes, sur leurs perchoirs. Ils ne se contentent pas du repas frugal de la graine ; ils convoitent tout ; ils s'agitent devant toutes les friandises ; ils demandent à goûter chaque plat qui passe sur une table ; ils aiment, par gourmandise inassouvie, tout ce que l'homme paraît aimer. Dans la vie libre des forêts indiennes, ces oiseaux ont sans doute des appétits plus voraces ; leur bec peut bien travailler une canne à sucre, ou égrener un épi de riz, mais la diversité dans les plats est leur passion dominante ; ils sont alors obligés à suivre, d'arbre en arbre, des quadrumanes aussi gourmands qu'eux, et plus habiles à varier le festin.

Ce préliminaire était indispensable pour l'histoire que nous allons raconter ; si elle paraît fabuleuse, nous appellerons en témoignage tous les habitants du village de Saint-Leu-Taverny. Les pièces justificatives ne nous manqueront pas.

Les perroquets et les perruches sont les parasites des singes.

Vers la fin de l'été 1854, j'habitais ce joli village de Saint-Leu. J'adore cette résidence champêtre, où rien ne rappelle la ville. On trouve là un musée naturel des originaux copiés par les illustres paysagistes de l'école du Nord. Il y a des Wynantz, avec leurs grands arbres découpés par d'étroites sémites, où passe le chevrier; il y a des Berghem, où la bergère à cotte rouge se détache sur un fond vert; il y a des Ostade d'été; des Demarne, où s'étendent les grands pâturages; des Asselyn, aux horizons infinis; des Jean Miel, avec leurs scènes rustiques; des Jean Breughel, avec leurs forêts traversées par des caravanes villageoises; des Van der Neer, avec leurs clairs de lune solaires, qui jouent sur la surface calme des eaux. C'est la nature septentrionale, sœur de l'autre, et toujours belle pourtant aux rayons de l'été. On y voit aussi des lavoirs dans des touffes de frênes, où de jeunes filles travaillent comme Andromaque et Nausicaa, princesses du blanchissage, et suspendent le lin aux branches d'un saule riant; on y trouve des ruisseaux limpides qui courent les rues; de vastes étables, où des coqs se promènent fièrement comme des rois dans un palais; des hôtelleries où le feu flamboie sous le manteau des cheminées féodales; et de tout côté, par-dessus le toit des maisons basses, ou par les éclaircies des carrefours, on aperçoit de gigantesques panaches d'arbres, des lambeaux de forêts sombres, de jolis jardins où toutes les flores s'associent pour embaumer l'air et réjouir les yeux.

Quand on a beaucoup d'oiseaux en cage, on est obligé de les transporter à la campagne. Je conduisis donc les miens à Saint-Leu, pour les faire jouir de ce délicieux paysage.

J'aime beaucoup les perruches, et malheureusement mon affection pour ces oiseaux est intéressée. Au fort de l'hiver de Paris, je me dis, comme consolation, en regardant ces oiseaux indiens : — « Ils vivent ici par dix degrés de froid, donc je puis y vivre. »

Mon affection est d'un égoïsme révoltant. Il y a d'ailleurs beaucoup d'affections comme celle-là, et dans lesquelles les perruches n'entrent pour rien.

Entre autres perruches de toutes couleurs dont Buffon ne parle pas, j'en ai une très jeune, très sauvage, et rétive à l'éducation. Elle écoute les leçons et toutes les formules du répertoire de sa race, mais elle ne répète rien. Un oiselier, que j'ai consulté, m'a dit : « Il faut la mettre en pension chez un perroquet. » Conseil perfide ! Elle en saurait trop !

Elle était donc à Saint-Leu, enfermée dans une cage du côté de la campagne ; elle jouissait d'une vue superbe ; un horizon de collines, de bois et de jardins, et des fleurs partout, et des chants d'oiseaux sur les arbres, et pas un orgue de Barbarie, pas une cavatine de roues d'omnibus.

Un jour arrive où les cages les mieux fermées s'ouvrent. Qui les a ouvertes ? Est-ce vous ? — Non. — Est-ce vous ? — Non. — Ma cage s'ouvrit donc d'elle-même ! et la perruche prit au vol le grand chemin de l'air.

Quand ces catastrophes domestiques arrivent à Paris, on fait imprimer cinq cents affiches, et on promet *cinquante francs de récompense*. Six mois se passent ; la perruche ne reparaît pas. On gagne cinquante francs. Ils servent à payer les affiches. Tout n'est pas perdu.

Ce procédé n'est pas connu à Saint-Leu. Il y a un enfant qui exécute très bien un solo de tambour, convoque les passants sur la place de la Mairie, sur la place de la Fontaine, devant l'auberge de la Croix-Blanche, leur annonce l'objet perdu, promet une récompense honnête, et indique le domicile où l'on récompensera honnêtement la restitution.

J'eus donc recours à cet enfant ; il joua son rôle comme un homme sérieux ; il indiqua le domicile de la perruche, rue du Château, 32.

On se mit à la recherche de tous côtés.

La société parisienne et artiste au milieu de laquelle je me trouvais à Saint-Leu portait le plus vif intérêt à la perruche, et on désespérait généralement de la revoir.

Les raisons que chacun donnait avaient une apparence spécieuse.

« A Paris, disait-on, le premier commissionnaire du coin trouve une perruche envolée ; cet oiseau ne voit que des maisons et n'entend que des omnibus, il ne demande pas mieux que de se laisser reprendre ; mais dans un village entouré de bois, de jardins et de fontaines une perruche a retrouvé sa vie libre et ses perchoirs naturels. Nous ne la reverrons plus. »

Rien n'est triste à l'œil comme une grande cage qui a perdu son locataire ailé ; on y replace en imagination l'oiseau charmant ; on le voit sautiller sur les barreaux, lustrer ses plumes avec son bec, déployer toutes ses grâces d'ange, tressaillir devant le grain de sucre offert par deux jolis doigts. L'absence couvre de son deuil ce petit Éden grillé. On le regarde à travers des larmes, et au moindre chant aérien on croit que l'enfant prodigue va revenir.

Pendant quinze jours, le crieur exécuta trois fois ses solos de tambour ; personne n'arrivait plus à l'appel ; il faisait sa proclamation dans le désert.

J'entendais dire à chaque instant ces lamentables paroles : « Il faut en prendre le deuil ! »

Heureusement la chasse n'était pas ouverte. Les chasseurs sont sans pitié, les novices surtout ; ils ne sont pas forts sur l'ornithologie ; au point du jour, ils peuvent confondre une perruche et un perdreau, et faire feu. Une sage mesure de police avait remis au 15 septembre l'ouverture de la chasse ; je ne redoutais rien encore de ce côté pendant un mois et demi.

Un jour, nous voyons arriver une députation d'enfants, rouges de sueur ; le plus âgé prit la parole, et dit qu'on avait vu la perruche dans le parc du château de Boissy.

Toute la députation affirma la chose, et elle s'offrit pour me conduire à ce parc.

« Est-il bien éloigné ? » demandai-je.

Un chœur enfantin répondit :

« Trois lieues.

— Trois lieues ! repris-je, c'est un voyage, et la chaleur est trop forte aujourd'hui. »

Je demandai aux enfants cinq minutes de réflexion ; on me les accorda.

En ce moment, je travaillais à mon *Histoire de Constantinople*, et j'étais arrivé au règne de Murad, ou Amurat IV (1635) ; le matin même j'avais écrit cette longue campagne d'Asie, lorsque ce glorieux sultan partit de Scutari pour aller prendre Bagdad, au mois de juillet. Il était jeune et charmant ; il habitait un palais délicieux sur le Bosphore ; il passait pour un dieu parmi les croyants ; il avait dans ses trésors toutes les richesses des *Mille et une Nuits*, et un beau jour il abandonne tout, pour traverser les déserts de feu, les vallons de neige, les fleuves sans pont, les plaines sans eau, pour aller assiéger Bagdad.

Je rougis de ma faiblesse devant un pareil exemple, et, n'ayant rien de ce qu'avait Murad IV, je me mis en campagne, en plein midi, pour assiéger la perruche dans un parc beaucoup moins éloigné que Bagdad.

Les enseignements de l'histoire sont fort utiles dans certaines occasions.

Nous traversions une plaine assez semblable à celle où Lucullus découvrit les cerisiers. Je marchais en tête des enfants, qui maraudaient, selon l'usage des armées à jeun et des écoliers en vacance.

Nous arrivâmes au parc de Boissy. Le jardinier de l'endroit, désireux d'avoir la récompense honnête, me désigna l'arbre où la perruche s'était montrée tous les jours précédents ; il me désigna aussi sur le gazon les grains de mil et les débris de pain, éparpillés par les enfants, qui jouaient le rôle de la Providence ; il me montra même le bassin d'eau limpide où l'oiseau fugitif se désaltérait après ses repas ; il me montra tout enfin, excepté la perruche. Je me rappelai les vers qu'Orphée adresse à Eurydice perdue ; je les chantai sur un air de Rossini ; les échos, qui ne sont jamais en peine de répondre, répondirent seuls à ma voix tout le long de la rivière :

Toto referebant flumine ripae.

Le jardinier inclina la tête en me disant pour adieu l'éternelle phrase des regrets : « Ah ! si vous étiez venu hier ! »

Je n'étais pas venu hier ; le malheur de ce retard était incurable. Il fallut pourtant donner une légère gratification à ces enfants, qui avaient nourri la perruche à leurs frais pendant quinze jours.

A mon retour, je répondis par un silence morne aux questions qu'on m'adressa. Il fut admis unanimement que l'oiseau avait suivi, comme Mme Deshoulières, *les prés fleuris qu'arrose la Seine,* et qu'il arriverait au Havre, si un chasseur ne l'arrêtait pas en chemin.

Quelques jours après, Bernard, le conducteur d'omnibus de Franconville, vint nous annoncer qu'il avait vu la perruche aux Plessis, à très peu de distance de la station. M. Decroix, épicier à Saint-Leu, nous confirma la même chose. Ce fut pour moi un trait de lumière ; je pris le ton inspiré d'un oracle de Delphes et je dis :

« Maintenant, je vous affirme qu'avant un mois la perruche sera rentrée dans ses foyers. »

On me proposa des paris, je les tins, avec la légitime espérance de les gagner.

Un soir, à la veillée sous les arbres, on me demanda si je persistais dans mes paris.

« Plus que jamais, répondis-je, et tout prêt à en engager de nouveaux. »

On voulut connaître la cause secrète de ma conviction inébranlable ; je cédai à ce désir, et je débutai ainsi :

« Je puise ma conviction dans une histoire assez curieuse, qui a eu pour théâtre le musée de Marseille, en 1842. C'est un chapitre d'histoire naturelle inédite, comme toute l'histoire naturelle d'ailleurs... il s'agit d'un chat. »

A ce mot, je fus interrompu comme un député à la tribune. On s'écria, en chœur, qu'il s'agissait d'une perruche, et non d'un chat.

Je calmai d'un geste les interrupteurs et les jeunes interruptrices, et je les priai ensuite de vouloir bien attendre la fin.

Tous se turent, *conticuere omnes,* et je repris gravement :

« En 1842, il y avait, chez le gardien du musée de Marseille, un chat très vieux et très mélancolique ; il avait perdu toutes les habitudes de la petite race féline ; il ne lustrait plus sa fourrure avec sa patte ; il ne prenait plus de jolies poses de sphinx ; il ne s'intéressait plus au sabbat de la cave ; il ne se mettait plus à la fenêtre pour voir passer les chiens : tout lui était indifférent. Il avait l'air de méditer un suicide. A Memphis il y a quatre mille ans, on aurait veillé sur lui ; mais, à notre époque, ces animaux ont perdu leur antique considération ; ils sont accusés de rendre le mal pour le mal ; et on leur préfère les chiens, parce qu'ils rendent une caresse pour un coup de pied. Les chats sont les victimes de leur logique et de leur justice. Quelques personnes, douées encore du sens égyptien, rendent hommage à leurs nobles qualités.

« Aux yeux de certaines gens, les chats ont le tort de vieillir ; dès qu'ils ne sont plus jeunes, ils ne sont plus chats ; alors, on trame contre eux de ténébreux complots ; on les regarde d'un air menaçant, on leur prodigue les insultes, et ces pauvres animaux cherchent un coin sombre pour y traîner les derniers jours de leur vieillesse, et ils laissent lire dans leurs yeux à demi fermés, et sur les rides de leur front, tout ce qu'ils pensent de l'ingratitude des hommes et des caprices des enfants.

« A la suite d'un complot tenu dans le musée, il fut arrêté que le chat de l'établissement, coupable de vieillesse, serait mis dans un sac et confié à un paysan, ami des chiens, lequel se chargerait gratuitement de le précipiter du haut du *Saut-de-Maroc* dans la mer.

« Le Saut-de-Maroc est un rocher à pic, sur le chemin du village de Rove, à trois lieues de Marseille. Il y a une légende sur ce précipice ; je vous la raconterais volontiers, mais si nous nous embrouillons encore dans un épisode, nous ne retrouverons plus la perruche au dénouement.

« Le paysan s'acquitta, sans remords, de cette exécution. A son heure suprême, le chat avait retrouvé toute l'énergie de sa jeunesse ; il se débattit contre le sbire, avec un reste de griffes et de dents ; mais il avait affaire à un agriculteur bronzé sur l'épiderme, qui ne lâcha pas sa proie et la précipita du haut de la montagne, en gardant le sac par esprit d'économie.

« Cette mauvaise action avait été commise dans un musée tout rempli de reliques égyptiennes et surtout de momies de chats, remontant à la domesticité des Pharaons.

« Un an, ou quatorze mois après, pour mieux dire, le gardien du musée, rentrant à minuit, entendit sur l'escalier une plainte aiguë

Il aperçut, dans la plus suppliante des poses...

et intermittente, qui lui causa une certaine émotion. Puis, comme il jetait les yeux, par devoir d'inspection, sur l'embrasure d'une fenêtre intérieure, il aperçut dans la plus suppliante des poses le chat du Saut-de-Maroc... L'heure de la nuit fit croire à une apparition de fantôme; poltron comme tous les gardiens, il allait tomber à genoux et demander grâce, lorsqu'un reste de sentiment viril l'arrêta : il trouva plus honorable d'ouvrir lestement la porte de sa chambre et de s'y réfugier, en s'y protégeant par des signes de croix.

« La nuit fut mauvaise ; il dormit peu, et rêva que le musée était assiégé par des momies lugubres, conduites par Champollion.

« Le lendemain, à l'heure où les fantômes disparaissent devant le soleil, on aperçut le chat nonchalamment posé sur une natte, devant la porte du musée égyptien. Il s'opéra tout de suite une réaction en sa faveur : on lui accorda ses grandes entrées ; on l'accabla de soins ; enfin, on le traita comme un jeune chien, ou comme un jeune chat. Seulement, par intervalles, on entendait cette exclamation de surprise : « Comment diable est-il revenu ! il doit être sorcier ! »

« Le plus étonné de tous fut le paysan bourreau ; il recula de trois pas, croisa les mains au-dessus de sa tête et exécuta ensuite la fameuse pantomime de Talma, précipitant *les Gaulois du haut du Capitole*, dans *Manlius*.

« Les Gaulois ne revinrent pas chez eux : on les avait trop bien précipités.

« Rassuré complètement sur son avenir, le vieux chat rajeunissait à vue d'œil, et se livrait même, par boutades, à des ébats enfantins. Ces êtres, que nous appelons des animaux, parce que nous ne craignons pas la riposte, ont à un suprême degré la conscience du malheur et du bonheur, et prennent toujours des allures et une physionomie conformes à leur état de fortune. Le chat malheureux s'oublie, se résigne, se néglige et adopte les airs d'un philosophe stoïcien, qui fait un perpétuel monologue sur les vicissitudes de la vie ; mais si un rayon vient à luire, il secoue son indolence, cherche le soleil, se pavane sur les murs, relève ses oreilles, s'asseoit fièrement en public, et se réhabilite à ses propres yeux, en détachant de sa fourrure, avec le peigne de sa patte, toutes les souillures de la pauvreté.

« Ainsi faisait le chat du Saut-de-Maroc ; on ne le reconnaissait plus, tellement les soins de la toilette l'avaient remis à neuf.

« A cette époque, j'avais un logement dans le musée de Marseille, et cette histoire se passa sous mes yeux. Je fis tous les efforts possibles d'imagination pour m'expliquer ce retour, après une absence de quatorze mois, et j'en causais même souvent avec le directeur du musée d'histoire naturelle, mon ami Barthélemy Lapommeraye, homme d'esprit, quoique très savant. Nous fîmes même un jour ensemble un pèlerinage au Saut-de-Maroc, et de cette hauteur, en apercevant Marseille si éloignée, si enveloppée de collines, de bastides innombrables et de flots marins, nous comprîmes moins que jamais de quels expédients le chat s'était servi pour regagner sa maison.

« Je me plais à m'acharner à la poursuite d'une idée comme à la poursuite d'un *mat* aux échecs, ou d'un *trick* impossible au whist. Un jour, le hasard d'une succession de pensées me mit sur la voie de la découverte, et je m'écriai, comme l'illustre géomètre : *J'ai trouvé le problème !*

« Les chats, comme les oiseaux, ont dans le sens de l'ouïe une délicatesse de perception dont notre sourde oreille humaine ne peut nous donner aucune idée. Or, le chat du musée, mal précipité du Saut-de-Maroc, se raccrocha probablement aux pins et aux saxifrages qui hérissent la montagne ; revenu de sa frayeur, et tenant à la vie comme tous ceux de sa race, il songea sérieusement à regagner la maison témoin des jeux de son enfance, et d'où il avait été arraché par un ennemi extérieur.

« Ici commence une odyssée qui supprime le génie inventif du héros d'Homère. Ulysse est l'homme des expédients vulgaires auprès de notre chat. Quant à celui du marquis de Carabas, c'est tout simplement un niais. J'aime mieux la façade du Louvre de Perrault.

« Le chat n'avait jamais vu la mer, monstre immense, redouté de tous les animaux de la race féline, surtout des lions. Notre malheureux exilé s'écarta donc au plus vite de cette meute de vagues orageuses qui aboyaient au bas du précipice. Parvenu au sommet calme d'une montagne, il prêta l'oreille et entendit, au lever de l'aurore, un bruit lointain, très connu de lui, le bruit d'une grande ville qui se réveille, le carillon des cloches, les roulements de tambour, le fracas des roues et des charrettes qui se rendent au marché. « La ville est là, de ce côté, a-t-il dit ; marchons vers son bruit ; après, nous verrons. »

« La campagne offre de grandes ressources aux chats pèlerins ; ils vivent de chasse, comme les sauvages Makidas ; le gibier abonde : il y a des sauterelles, des cigales, des rats des champs, des grenouilles, une carte très variée enfin, comme disent les affiches des petits restaurants parisiens. L'eau est à discrétion.

« A côté de ces avantages, il y a de grands inconvénients ; il y a les chasseurs marseillais qui, ne trouvant toujours qu'un gibier absent, se vengent contre le premier chat venu ; il y a les paysans, jaloux de leurs garennes ; il y a les chiens, qui se croient obligés d'aboyer à toutes les diligences et à tous les chevaux qui passent sur la grande route, et rendent ces parages fort dangereux ; mais un vieux chat qui sait se conduire flaire de loin tous ces périls et les tient à distance avec une sûreté infaillible de coup d'œil. Ensuite, le chat est doué d'une patience merveilleuse ; il sait se blottir, tout un jour, dans un asile reconnu sûr, après un long examen de l'ouïe et de l'odorat ; il sait attendre la nuit sombre, mère de la sûreté, et son œil phosphorique, illuminant les ténèbres, le conduit sur des sentiers inconnus de ses ennemis.

« Notre pauvre voyageur a donc franchi, sans encombre, la campagne, toujours guidé par le bruit de la ville, bruit qui s'est fait plus distinct chaque jour. C'était beaucoup, sans doute, d'arriver jusqu'à la limite de l'octroi ; mais il fallait trouver une maison dans une ville de cent soixante mille âmes, qu'on avait traversée une seule fois, et dans un sac.

« Marseille est une ville qui ressemble assez à Constantinople, à cause de l'abondance de ses chiens errants. Tout marin a un chien auquel il est sincèrement attaché ; mais, au moment du départ, il abandonne cet ami fidèle dans une auberge, et l'animal, privé de son maître, passe sa vie à le chercher dans tous les quartiers de Marseille. C'est de la même manière que Constantinople s'est peuplée depuis Mahomet II. Notre chat connaissait ce fléau errant :

car, pendant dix ans, du haut de la fenêtre du musée, il avait vu défiler toutes les espèces canines, depuis le molosse de Laconie jusqu'au *King's Charles*; il fallait donc s'avancer avec une prudence méticuleuse, sonder le terrain à tâtons, éviter le grand jour, ne se confier qu'aux ténèbres, avoir l'œil ouvert sous les soupiraux des caves, vivre frugalement, se contenter de peu, comme le rat d'Horace, enfin, changer de domicile tous les jours avant l'aube, pour se rapprocher davantage de la maison et gagner du terrain vers le but.

« Le moment est venu de dire sur quoi comptait le chat voyageur.

« Un grand fracas, mêlé de tous les bruits, de tous les murmures, de toutes les clameurs, lui avait fait connaître le point de l'horizon où se trouvait la grande ville. Une fois arrivé dans Marseille, il comptait sur un bruit particulier et bien connu, qui devait lui signaler le quartier où fut son berceau. Tant qu'il n'entendait pas ce bruit spécial, il fallait marcher, marcher toujours, loin des chiens, loin des hommes, loin des enfants, loin du jour.

« Le musée de la ville possède une horloge qui a le privilège de sonner toujours quelque chose. Les heures ne lui suffisent pas. Elle sonne les quarts et les huitièmes, et fait même précéder chaque sonnerie d'une légère cavatine d'avertissement. On est prévenu, on écoute.

« Pendant dix ans notre chat voyageur avait entendu retentir cette horloge verbeuse au-dessus de sa tête. A l'âge de la jeunesse, il avait même joué bien de fois avec les plombs de cette horloge. Tant que notre pauvre chat, errant de cave en cave, n'entendait pas la sonnerie du toit paternel, il se disait à lui-même : « Je ne suis pas dans le quartier, allons plus loin. »

« Et, sans impatience, sans découragement, il se remettait en route avec les mêmes précautions, dans les ténèbres, prêtant l'oreille aux horloges, et n'entendant jamais la sienne, celle qu'il aurait reconnue dans un concert de tous les clochers italiens.

« Le hasard, qui ne sert jamais les malheureux, aurait pu conduire plus vite l'animal errant dans une bonne direction, et lui épargner bien des mauvais jours ; mais, en appréciant la durée de l'absence, quatorze mois, il est permis de supposer qu'il aura pris le plus long chemin, et qu'il n'est enfin arrivé dans le quartier du musée qu'après avoir parcouru tous les carrefours de la vieille ville.

« Alexandre, Annibal, Fernand Cortez, Robinson Crusoé, ont dépensé beaucoup moins d'intelligence et de ruses de guerre que ce chat, dans sa campagne de quatorze mois. S'il avait pu écrire son odyssée, il n'y aurait pas de lecture plus émouvante. Le nombre de périls qu'il a conjurés, le nombre de calculs qu'il a faits doivent être prodigieux. Et lorsqu'enfin il a entendu dans le lointain, à minuit, la sonnerie prolongée de son horloge, tout ne finissait pas pour lui ; il avait encore bien du chemin à faire, et beaucoup de batailles à livrer aux chiens. D'abord, il ne fallait pas se laisser emporter étourdiment par une joie dangereuse ; si près du but, il ne fallait pas compromettre la réussite par trop de précipitation. Un homme aurait échoué en pareil cas ; l'animal, sans avoir lu le moindre chapitre sur l'exaltation étourdie, a manœuvré comme le premier jour ; il a maîtrisé les émotions de cette joie fatale qui met un voile sur les yeux et fait échouer au port ; il n'a rien voulu donner au hasard, même à sa dernière étape, à son dernier ruisseau, à son dernier mur, à son dernier pas ; et il est arrivé sain et sauf. Quelle leçon pour l'homme, qui arrive aux sottises par la réflexion, qui apprend les mathématiques pour soutenir que 2 et 2 font 5, et étudie des cartes de géographie pour se briser contre un écueil ! »

Mon histoire finie, on me demanda quel rapport on pouvait établir entre l'odyssée du chat et la perruche envolée. Je répondis que le temps n'était pas venu d'établir ce rapport, mais qu'il viendrait tôt ou tard. On me questionna de nouveau sur la suite de l'histoire du chat du musée, je répondis qu'elle n'avait pas eu de suite, et même qu'elle avait été presque oubliée, à cause d'une autre histoire survenue dans le même établissement et qui absorba l'attention des naturalistes.

La perruche fut oubliée à son tour, et on voulut connaître cette nouvelle histoire.

« Celle-ci, repris-je, n'a aucun rapport avec la perruche envolée, comme j'espère vous le démontrer quand la perruche sera rentrée dans sa cage. »

Un signe général d'incrédulité accueillit cette dernière phrase. Je proposai de nouveaux paris; on se tut, et ce silence attendait l'histoire promise.

II

Castor et Pollux. — Le tombeau de Milon. — Les chiens lazzaroni. — Le crime et le châtiment. — La langue des bêtes. — Revenons à ma perruche.

« Cette fois, dis-je, il s'agit de deux chiens du musée ; on les nommait Castor et Pollux, quoiqu'ils ne fussent pas frères. Castor était un vrai molosse ; Pollux, un jeune caniche de très petite taille. Ils étaient liés d'une étroite amitié, comme les deux frères d'Hélène dont ils portaient les noms. En général, les animaux connaissent l'amitié ; bien plus, quand ils sont unis, ils ne se brouillent pas. Le lion vit avec le chien dans la même cage, et ces deux amis ne se querellent jamais ; ce qui prouve encore la supériorité de l'homme sur les animaux.

« Castor, le molosse, avait contracté l'habitude de faire sa sieste, en été, dans un tombeau de pierre froide, qui est exposé dans le musée, et qui, dit-on, a renfermé les restes de Milon, le meurtrier de Clodius, le client de Marcus Tullius Cicéron, l'illustre exilé de Rome. Excusez cette érudition facile et inopportune.

« Pollux ne faisait pas de sieste, lui ; il s'acquittait de son devoir de gardien ; il se promenait dans le Musée des sarcophages et surveillait les étrangers, pour aboyer, en cas de vol d'antiquités phocéennes. Il était très fier de son emploi, et lorsqu'on fermait les portes du musée, et que tout s'était passé conformément aux lois, il se présentait avec joie devant le concierge, pour recevoir, comme gratification, une caresse de sa main.

« Un jour, à l'heure de la sieste, il n'y avait pas l'ombre d'un étranger devant les sarcophages et les plâtres du musée phocéen. Pollux, ne redoutant aucun vol, sortit sur la place pour se délasser de ses travaux d'inspection, et engager une partie de soubresauts avec quelque jeune chien de son âge, ami du jeu.

« La place du Musée était déserte, à cause d'une chaleur de trente degrés Réaumur ; mais il y avait beaucoup de chiens, selon l'usage. C'était avant l'invention de la charrette municipale qui enlève du pavé l'espèce hydrophobe, dans la chaude saison. Les uns passaient rapidement, comme si des affaires importantes les eussent appelés ailleurs ; les autres se promenaient sans but, comme des péripatéticiens quadrupèdes ; on en voyait sous les arbres, qui dormaient comme des lazzaroni, ou qui se regardaient deux à deux, comme des chiens sculptés sur les pilastres d'un portail. Le jeune Pollux, ne voyant que des amis dans ce club en plein air, cherchait un joueur ; mais son apparence de chien aristocrate réveilla les haines jalouses de cette meute indigente ; on répondit par des grognements sourds à ses propositions amicales, et le plus hargneux de tous tomba, les dents en relief, sur Pollux, le terrassa, et faillit le tuer sur place. Les autres chiens assistèrent à cette scène avec une stoïque tranquillité.

« Pollux s'échappa de la mâchoire de l'assassin, secoua sa toison dévastée, et, en quelques bonds, il avait atteint le seuil de son établissement. Sans s'arrêter devant le concierge, qui ne l'aurait pas compris, il marcha droit à la salle des sarcophages, mit ses deux pattes antérieures sur le tombeau de Milon, et fit sortir de son gosier quelques notes pleines d'expression et de voyelles lamentables.

« Castor se leva lentement, bondit hors du tombeau, aiguisa ses pattes sur les dalles, acheva de se réveiller, jeta un regard oblique sur Pollux, et prit, avec le calme de la force, le chemin de la grande porte du musée. Arrivé sur le seuil, il s'arrêta brusquement, s'assit sur lui-même et attendit Pollux.

« En ce moment, que se passa-t-il ? quel échange de paroles fut fait ? La science ne peut le savoir ; mais voici ce qui advint.

« Castor, après avoir acquis la certitude de ne pas frapper l'innocent pour le coupable, quitta sa pose d'Hercule au repos, et marcha seul, d'un pas tranquille, vers l'assassin de Pollux. Ce ne fut pas un combat, ce fut une exécution ; le coupable roula dans la poussière et l'ensanglanta. Le châtiment donné, Castor reprit le chemin du musée, où Pollux l'accabla de caresses et de cris de joie. Le molosse vengeur accepta ces démonstrations amicales avec froideur, comme pour montrer qu'il ne croyait pas le remerciement nécessaire après un si léger service, et il rentra dans la salle pour achever sa sieste au fond du tombeau de Milon.

« Dans l'*Histoire des chiens célèbres* je ne trouve rien de comparable à cette scène de Castor et Pollux ; il m'a été donné de la voir, et ceux qui l'ont vue comme moi ne peuvent encore l'expliquer. Il faut nécessairement admettre, ce que j'admets, moi, que ces deux chiens avaient une sorte de langue pour se communiquer leurs pensées ; il faut admettre que Pollux a dit à Castor : « Un chien énorme « vient de m'assassiner, là, sur cette place. » Ce n'est pas tout ; il faut admettre une chose encore plus répulsive à la raison ; il faut croire que, sur le seuil du musée, Castor a demandé : « Où est-il ? » et que Pollux a clairement désigné son assassin dans une meute de chiens de toutes tailles et de toutes nuances.

« Pollux aurait répondu :

« C'est ce grand braque, qui a trois taches de feu. »

« Certainement, la langue que murmurent les animaux, lorsqu'ils vivent ensemble, n'a aucun rapport même avec la plus imparfaite des langues primitives des sauvages ; mais elle leur suffit telle qu'elle est pour les besoins de leur association ; son vocabulaire est très borné ; il se compose de quelques modulations plus ou moins vives, qui ont un sens très clair entre deux animaux depuis longtemps amis. Je développerai un jour ce système, en l'appuyant d'observations que j'ai faites et qui le compléteront. Au reste, la sagesse indienne, en inventant les fables et les dialogues d'animaux, a donné à quelques anciens la première idée de ce système ; ainsi, je me garderais bien d'en réclamer les droits d'auteur. »

Après l'histoire de Castor et Pollux, mes amis voulurent remettre l'entretien sur le chapitre de la perruche ; mais une simple observation coupa court au sujet.

« L'histoire de la perruche commence, leur dis-je ; elle se fait ; nous allons la suivre dans l'air. Ainsi, attendons ; préparez vos paris perdus, et parlons de Sébastopol. »

III

Aventures et pérégrinations. — La cloche de Saint-Leu. — Grande nouvelle. — Je prends la pose de Napoléon à Austerlitz. — Une pie. — Duel sur un cerisier. — Les hirondelles. — Insurrection formidable. — Le siège du clocher. — La voix de l'horloge. — Insomnie de ma perruche. — Immense bataille. — Retour à la cage.

En venant se percher sur les arbres des Plessis, la perruche avait fait un grand pas rétrograde ; à mon avis, elle manifestait une tendance évidente à se rapprocher de Saint-Leu. Le souvenir du musée de Marseille ne me laissait aucun doute sur le dénouement.

Les perruches ont un don bien rare chez les hommes; elles savent écouter, elles aiment à écouter. Chez ces oiseaux, le sens de l'ouïe absorbe continuellement, et, s'ils avaient un jeu complet de ressorts dans l'organe de la parole, Dieu sait tout ce qu'ils apprendraient par cœur et tout ce qu'ils rediraient. Malheureusement, le mécanisme de la prononciation est très borné dans leur bec, et leur répertoire est peu varié. Malgré cette insuffisance de moyens, les perruches se croient obligées de prêter une oreille attentive à tous les bruits extérieurs; et ce que les autres animaux écouteurs font par crainte d'un péril, les perruches le font par leur instinct, qui est l'amour de l'audition.

De tous les bruits extérieurs qui frappaient plusieurs fois par jour les oreilles de la perruche notre héroïne, le bruit de la cloche était le plus retentissant. Elle se réveillait au premier *angelus,* elle s'endormait après le dernier. Probablement, elle doit avoir fait quelques tentatives de gosier pour répéter la sonnerie ; mais elle n'a pas réussi : ce qui lui a donné encore plus d'estime et d'affection pour cet inimitable voisin.

Du haut des arbres des Plessis, elle a entendu cette voix de clocher, comme une voix domestique qui l'appelait à sa cage, et elle a obéi, sans prévoir, hélas ! les tribulations qui l'attendaient, et qui ont eu pour témoin tout le village de Saint-Leu.

Au parc de Boissy, elle n'entendait pas la cloche de son village ; aussi a-t-elle fait un assez long séjour sur les arbres de ce château. Pourquoi a-t-elle quitté ce paradis terrestre, où rien ne lui manquait, où rien ne la troublait ? Ici est un mystère, et j'ai essayé de l'approfondir. Son instinct lui disait bien qu'elle était dans le vrai domaine des perruches, dans une belle forêt indienne, sous un ciel chaud ; mais elle cherchait aux environs tout ce que cette nature maternelle devait lui donner, à savoir, des perruches sur les branches, des cannes à sucre, des rizières et des singes pourvoyeurs. Au lieu de cela, qu'a-t-elle vu ? Une bande d'enfants, pris pour des singes, qui émiettaient du pain sur le gazon, et ne montaient jamais sur les arbres. Il y avait de quoi bouleverser un cerveau de perruche. Aussi, pour se délivrer de ce tableau qui troublait son instinct, elle a pris son vol au-dessus des arbres du château, et, ayant aperçu dans le lointain l'oasis des Plessis, au centre d'une plaine de blé mûr, elle a déménagé tout de suite, et c'est là qu'elle a entendu la cloche de Saint-Leu.

Un matin, M. Adrien, l'habile chorégraphe de la Porte-Saint-Martin, arrive et me dit : « Tout le village est en rumeur ; la perruche est dans le clocher de l'église ! »

S'il est permis de comparer les petites choses aux grandes, comme dit le poète divin, je pris la pose stoïque donnée à Napoléon par le peintre Gérard dans le tableau de la *Bataille d'Austerlitz*. Rapp, tout essoufflé, arrive pour annoncer, comme une nouvelle inattendue, la victoire. L'empereur le regarde et semble lui dire : « Je la connaissais avant vous. »

Nous descendîmes sur la place de l'église; la foule y accourait. Saint-Leu n'avait jamais vu de perruche; c'était un événement. Tous

La pie se précipita sur la perruche.

les yeux arpentaient le clocher, depuis la base jusqu'à son coq doré, servant de girouette; mais personne ne voyait une plume verte. Cependant le doute n'était pas permis; plusieurs personnes dignes de foi, entre autres le gardien des tombes de l'église, M. Decroix, son plus proche voisin, et M. Thomas Chassain, propriétaire de l'hôtel de la *Croix blanche,* affirmaient que l'oiseau avait passé la nuit dans la cage du clocher, mais qu'il courait probablement la campagne à cette heure.

La foule s'obstina toujours à regarder le clocher.

Cette conduite de l'oiseau était naturelle; il était accouru à une voix connue, qui lui rappelait tant de festins et de friandises; mais, n'ayant trouvé aucune main généreuse à côté de la voix, il avait bien fallu songer à se mettre en quête du repas du matin. L'appétit de ces oiseaux est impatient du moindre retard.

On sait que le village de Taverny est la continuation de Saint-Leu; ces deux localités pourraient avoir le même nom. Or, ce jour-là, M. Fallet, boulanger à Taverny, se promenant dans son jardin, entendit un grand bruit d'ailes et de feuilles du côté d'un cerisier, et, avançant avec précaution, il assista de très près à un curieux spectacle, dont il nous a fait le compte rendu. Son récit nous permet de supposer que les choses se sont passées comme nous allons les décrire pour les besoins de l'anecdote.

Avec cette promptitude de coup d'œil dont jouissent tous les oiseaux, même dans leur vol le plus rapide, la perruche découvrit un arbre coloré à l'indienne; c'était un cerisier chargé de fruits. Le rouge est l'aimant d'un bec. Notre héroïne s'abattit sur cet arbre, qui lui rappelait le caquier de l'Inde. Elle éprouva sans doute une joie vive en voyant flotter autour d'elle ces grappes savoureuses de rubis, qui promettaient un festin inépuisable. Les oiseaux ont aussi leurs destinées; *habent sua fata.* Le bec de la perruche s'ouvrit et se referma; un frisson la saisit; elle aperçut devant elle un oiseau qui ne parlait pas sa langue. Chez les animaux, comme chez les hommes (avant 1815), tous ceux qui ne parlent pas la même langue sont ennemis. C'était une pie, qui venait exercer son métier de voleuse sur les cerises de M. Fallet. La *gazza ladra* prit la perruche, oiseau inconnu, pour un gendarme vert, et se précipita sur elle pour la poignarder d'un coup de bec. Les deux armes rostrales de ces deux oiseaux ne sont pas de même dimension; c'est le sabre court du dragon croisé avec la lance du Cosaque. Notre perruche soutint bravement l'honneur de son uniforme ; elle se servit d'une branche épaisse comme d'un bouclier, et n'exposant pas une plume au bec de son ennemie, elle dardait vivement le sien, et le retirait avec la promptitude de l'éclair, genre d'escrime qu'aucun maître ne lui avait appris, et qui aurait étonné Grisier. Cette lutte dura un long quart d'heure, et M. Fallet lui donna le même intérêt qu'un Espagnol eût accordé à un combat de taureaux.

Désespérant de vaincre et craignant d'être vaincue, la pie s'en-

Elles bâtissaient leurs nids.

vola vers la forêt, et la perruche, rajustant ses ailes, et ne se croyant pas en sûreté sous les feuilles de cet arbre, chercha un asile à la Chaumette, petit faubourg de Saint-Leu, où les arbres et les eaux ne manquent pas.

Pendant une semaine, la perruche cacha ses jours dans les verts massifs de la Chaumette ; elle craignait les pies ; mais tous les soirs, après l'*angelus*, elle regagnait son gîte du clocher, espérant toujours y trouver sa cage chérie, si follement abandonnée pour cette illusion trompeuse qu'on appelle la liberté des champs.

Elle donnait ainsi à chaque instant un démenti à cette fameuse maxime : *Une liberté orageuse est préférable à un esclavage tranquille*[1] ; son orageuse liberté lui devenait intolérable, et elle aurait donné toute la vallée de Montmorency pour son petit ermitage grillé, où elle recevait tant de caresses, de sucreries, de graines de tournesol, sans le souci du lendemain. Elle avait adopté cette autre maxime du peuple qui passe de l'anarchie à la dictature : *La sécurité vaut mieux que la liberté.*

Hélas ! notre jeune héroïne devait... *mais n'anticipons pas sur les événements,* comme disait le bon Ducray-Duminil, à l'âge d'or du roman in-12, mal imprimé sur papier gris, mais sentimental.

A cause de son éloignement du chemin de fer, le village de Saint-Leu avait alors conservé les privilèges agrestes des hameaux de Gessner et de Florian. Toutes les hirondelles de la vallée de Montmorency, effrayées par les wagons, les sifflets et la fumée noire, s'étaient réfugiées sous les toits paisibles de Saint-Leu. Là, elles goûtaient le repos des anciens jours ; elles bâtissaient leurs nids, établissaient leurs familles, et ne craignaient pas qu'un convoi brutal vînt emporter tous ces bonheurs domestiques, célébrés par Florian. A Saint-Leu, on pouvait encore chanter la romance :

> Que j'aime à voir les hirondelles
> A ma fenêtre, tous les ans, etc.

Dans la grande rue de Saint-Leu, ces jolis oiseaux, si bien décrits par Toussenel, notre grand naturaliste, sont si familiers, qu'ils devenaient dangereux ; sous prétexte d'annoncer la pluie aux agriculteurs, ils rasaient joyeusement la terre, et, dans leur vol étourdi, ils effleuraient d'une aile aiguë les joues et les yeux des passants qui ne sont pas agriculteurs. A cet inconvénient près, rien n'est charmant comme le jeu vif de ces filles de l'air, de ces sylphes d'avril, de ces éclairs ailés.

---

[1]. Malo periculosam libertatem quam quietum servitum.

Les hirondelles se méfient des clochers, et leur instinct maternel a bien raison ; elles savent que, dans les trous de ces édifices,

Un nuage d'hirondelles.

logent ces nocturnes oiseaux de proie qui ravagent les nids, et font pleurer les mères à l'ombre des peupliers, *populea sub umbra*. Les oiseaux sont toujours en pays ennemi, et ils ne sauraient prendre trop de précautions.

Les hirondelles d'âge mûr avaient visité le clocher de Saint-Leu, et le résultat de l'enquête était satisfaisant : un clocher tout neuf, bâti en 1850 ; un bijou de clocher à mettre sous cloche. Pas une crevasse, pas une fissure, pas un domicile pour un hibou. *Nycticorax in domicilio*, comme dit le Psalmiste. Il n'y avait donc rien à craindre pour les nids et les œufs de ce côté, au moins pendant un demi-siècle, et on voyait la mère se réjouir de ses enfants, *matrem filiorum lætantem*.

Tout à coup, une hirondelle, la première de toutes, celle qui n'avait pas fait le printemps, une hirondelle levée avec l'aurore, rase le clocher neuf, et aperçoit un oiseau vert, non classé dans l'ornithologie de Saint-Leu, secouant à l'air ses plumes humides, et aiguisant un bec crochu sur une clef d'ogive. Il fallait bien admettre le péril ; c'était, pour l'hirondelle, un hibou déguisé, un hibou malin, qui se peignait en vert pour tromper l'espion. L'hirondelle sonna l'alarme, et cria le danger sur les toits : une étincelle électrique courut sur deux corniches de nid ; on tint un conseil d'ancêtres, au pied d'une cheminée ; on prêcha la croisade contre l'oiseau de proie du clocher.

La perruche ne se doutait nullement de ces alarmes ; elle cherchait toujours sa cage, et vint se percher sur le toit de l'hôtel de la *Croix blanche*, où s'arrêtaient les omnibus du chemin de fer. Ainsi posée, dans un isolement absolu, elle ressemblait à cet oiseau dont parle l'Écriture, *passer solitarius in tecto*.

A cet instant, une grêle noire d'hirondelles tombe sur le même toit, avec des cris aigus ; tous les enfants de Saint-Leu prennent parti pour la perruche, et battent des mains pour épouvanter les hirondelles. Notre héroïne montre le bec aux oiseaux du printemps, lesquels, ne se croyant pas en force contre un pareil bec, battent en retraite, et vont chercher des renforts pour faire le siège de la perruche. Dans le village, tous les travaux sont abandonnés ; chacun veut assister à la bataille ; on nous envoie une dépêche télégraphique ; nous accourons pour faire entendre notre voix et jouer le rôle de sauveur... La perruche s'effraye de ce concours de peuple, elle plonge du toit, et se perd dans l'épais massif d'un noyer qui est dans la cour de l'hôtel de la *Croix blanche*.

Une perruche sur un noyer chargé de noix crevassées, c'est comme un avare en pleine mine californienne ; notre héroïne ne se possédait pas de joie ; elle avait oublié les pies, les hirondelles, les cerisiers ; elle avait trouvé un restaurant éternel.

On vit courir au même instant un nuage noir sur la ligne des toits : c'était un vol effrayant d'hirondelles ; ces oiseaux montrèrent beaucoup de courage, quand ils ne trouvèrent pas l'ennemi ; ils visitèrent le toit de la *Croix blanche* et sondèrent de l'œil les cheminées ; ce devoir accompli, le vol se dispersa, et chaque famille rentra dans son nid suspendu.

Nous avons pu étudier les hirondelles dans cette occasion, et nous avons compris qu'elles n'avaient nullement l'intention d'attaquer le redoutable oiseau ; leur plan de campagne n'avait au fond rien de belliqueux. Elles voulaient se réunir en masse compacte, effrayer l'ennemi, et le chasser du territoire de Saint-Leu, propriété exclusive des hirondelles.

Si le rare souvenir de la cage n'eût pas troublé de temps en temps notre perruche, son existence commençait à prendre toutes les conditions du bonheur. Que lui manquait-il ? elle avait un noyer, à la fois retraite sûre et table délicate ; et la nuit, elle avait un gîte dans le clocher.

Elle a passé douze jours dans le noyer de la *Croix blanche;* nous allions souvent rôder autour de l'arbre, dans l'espoir de la ramener, en lui faisant entendre des voix amies ; elle ne reconnaissait pas ces voix, qui n'avaient jamais retenti à ses oreilles au grand air de la campagne, et perdaient, autour du noyer, la gamme intérieure du salon.

Les animaux sont tous fort reconnaissants des services rendus. La reconnaissance est fille de l'instinct, l'ingratitude est fille de la raison. Bien plus, les animaux, n'ayant pas, comme nous, la perception nette des objets extérieurs, sont reconnaissants envers tout ce qui les oblige, hommes ou choses. Ainsi, notre perruche regardait son noyer et son clocher comme deux bienfaiteurs; l'un la garantissait contre les dangers de la faim, l'autre contre les dangers de la nuit. Chaque jour augmentait ce sentiment de gratitude ; et l'oiseau, instruit par une longue expérience de douze jours, ayant mieux réglé sa vie, et connaissant mieux ses gîtes et ses chemins, évitait de se montrer au crépuscule du matin et du soir sur les aspérités saillantes du clocher, de peur de provoquer une seconde fois la formidable insurrection des hirondelles de Saint-Leu.

Oui, faites des projets d'avenir en ce monde ; l'imprévu est toujours là embusqué sur votre route, et il bouleverse tout.

Si nous n'avions, comme garants de notre récit, tous les habitants d'un village voisin, nous n'oserions écrire la suite de cette histoire ; d'ailleurs, il y a des péripéties qu'il est impossible d'inventer, si le hasard ne les invente pas. Aucun mensonge de fabuliste ne se glisse dans notre récit. Jamais histoire ne mérita mieux son nom.

Le conseil municipal de Saint-Leu avait voté la dépense d'une horloge magnifique pour le clocher de l'église ; une horloge de ville, une horloge sérieuse, signée Lepaute, comme celle qui a l'honneur de se faire entendre au Louvre, entre les statues de Jean Goujon.

Cette horloge, complément nécessaire de la jolie église de Saint-Leu, devait débuter le jour de la fête du village ; fête charmante, encadrée par la belle place de la Mairie, et ombragée par la forêt voisine, qui prête ses arbres aux promeneurs.

Un soir, après huit heures, la perruche quitte son noyer chéri, et va, selon l'habitude, s'établir sous une corniche du clocher ; elle avait mis le bec sous l'aile, et dormait tranquille, comme au désert sur la pierre d'une pagode inaccessible aux serpents, ces nocturnes ennemis des oiseaux, lorsqu'elle fut réveillée en sursaut par une voix inconnue, qui éclatait sous ses pattes : c'était l'horloge !... Elle sonnait, pour la première fois, neuf heures, et avec cette plénitude de moyens qui accompagne toujours le début d'un ténor vierge de *si bémols,* et d'une horloge encore exempte d'humidité.

L'inconnu est effrayant pour les hommes, et surtout pour les oiseaux. A leur apparition, le feu grégeois, le canon et l'arquebuse à croc ont épouvanté les plus braves. Notre perruche bondit neuf fois sous l'ogive, et trembla convulsivement de toute la longueur de ses plumes. Cependant, comme elle comptait sur l'amitié jusqu'alors si fidèle de son clocher protecteur, elle crut avoir mal entendu, ainsi qu'il arrive souvent chez nous, lorsqu'un ami nous décoche une première épigramme en public. Avant de se brouiller, on attend la seconde. Notre pauvre oiseau attendit donc, et son ami le clocher redevenant muet et bon, elle se rendormit. Au coup de dix heures, elle se réveilla encore en sursaut, et le silence de la nuit augmentant l'intensité du son, elle se crut brutalement expulsée de son asile, et se laissa tomber, demi-morte de frayeur, sur un toit voisin. Cette nuit fut horrible. Pour comble de malheur, les jeunes Parisiens qui sortaient du bal de la fête, traversaient la rue en hurlant avec mélancolie ce qu'on appelle de *gais flonflons*. Il y avait de quoi perdre la tête pour une simple perruche, destinée à la vie des solitudes indiennes. Les douze coups de minuit, éternellement répétés par l'écho de la montagne, complétèrent la désolation du malheureux oiseau. Il lui paraissait désormais impossible de se réconcilier avec un clocher qui la poursuivait dans son repos par une obstination si évidente. Il n'y avait plus d'asile pour elle, plus de protection, plus d'ami. Les premières lueurs de l'aube la trouvèrent pâle d'insomnie et de terreur sur la gouttière de la maison de M. Maréchal.

Le jour qui allait suivre devait continuer les angoisses de la nuit.

Ce fut encore une hirondelle qui donna l'alarme, en apercevant le terrible oiseau dans le domaine sacré des nids. Cette fois, les oiseaux du printemps résolurent de frapper un coup décisif.

On envoya des ambassadeurs aux hirondelles du village de Taverny ; on proposa une ligue offensive et défensive ; il s'agissait des intérêts généraux de la grande banlieue, menacés par un Attila vert, et d'autant plus redoutable qu'il était seul.

Dans un instant, un nuage d'hirondelles couvrit Saint-Leu, et, chose étonnante ! cette armée, la plus nombreuse que les hirondelles aient mise sur pied, n'osa point attaquer la perruche ; c'était toujours le même système, le même plan. L'oiseau, qui ne se croyait pas si redoutable, s'effraya, prit son vol au hasard et se perdit dans un immense tourbillon d'hirondelles ; un calcul de chasseur expert évaluait leur nombre à trois mille. Tout le village était en émoi ; on s'attendait, à chaque instant, à voir la perruche tomber morte du haut du nuage ennemi ; cet étrange combat d'une multitude contre un seul être dura tout un jour ; ce fut un jour férié pour Saint-Leu. On suspendit la récolte des fruits ; on oublia les soins du ménage et de l'agriculture. Tous les yeux, détachés de la terre, regardaient la mêlée orageuse du ciel ; c'était l'inverse des jeux du Cirque ; la lice s'arrondissait dans les sommités de l'air, le drame se jouait sur la tête du parterre. A tout moment, de nouvelles recrues arrivaient, car les cris d'alarme avaient retenti sur les nids de Franconville, de Saint-Prix, d'Ermont et de toute la ligne du chemin de fer. Quand le nuage s'abaissait, on voyait la perruche héroïque distribuant des coups de bec aux téméraires qui l'approchaient de trop près. Il n'y a qu'un exemple d'une pareille défense dans l'histoire : c'est Alexandre le Macédonien luttant seul, dans la ville des Oxydraques, contre une nuée d'ennemis, et encore le héros de Macédoine était cuirassé de pied en cap, ce qui met la comparaison à l'avantage de la perruche de Saint-Leu.

Enfin, notre pauvre héroïne, ayant épuisé ses forces dans une lutte surhumaine, et ne trouvant plus de soutien dans le mécanisme épuisé de ses ailes, fit un effort suprême : elle perça la ligne inférieure de l'ennemi et tomba, en tournoyant, sur le toit de la maison de M. Maréchal. Là, résolue d'attendre la mort, elle enfonça son bec dans une gouttière et se voila de ses ailes, comme César de son manteau.

M. Maréchal prit une échelle, aux applaudissements de tout le village, monta sur le toit de sa maison et s'empara de l'oiseau, sans éprouver la moindre résistance.

Nous n'avons pas assisté à cette lutte dernière ; elle nous a été racontée par M. Lucien Pigny, le propriétaire des bains charmants de Saint-Leu. Nous vîmes, avec joie, arriver M. Adrien et M. Maréchal qui rapportaient la perruche, au milieu de tous les enfants

On nous rapportait la perruche.

du village. L'oiseau fut aussitôt replacé dans sa cage ; il secoua ses plumes, prit un bain d'eau fraîche, poussa un cri joyeux, et, avec cette heureuse insouciance, privilège des oiseaux, il tendit le bec à un grain de sucre, le prit avec sa patte, comme avec une main, et continua sa vie de perruche esclave, absolument comme si rien ne l'avait interrompue dans sa douce sérénité.

La perruche verte avait une compagne, une de ces merveilleuses perruches multicolores dont j'ai promis de parler au commencement de ce chapitre ; c'est à coup sûr l'oiseau le plus éblouissant, après l'incomparable *avis splendida* de l'équateur américain. J'ai souvent cherché une notice sur ces deux raretés de la création dans les livres d'histoire naturelle, et je n'ai rien trouvé ; mais j'ai trouvé partout des notices sur le moineau franc.

Ma perruche multicolore avait reçu le nom d'Elmina ; je l'avais achetée, en pleine zone torride, à Marseille, au mois de juillet, et le vendeur me rendit un grand service en me la cédant pour dix louis. Les cages du port avaient atteint ce maximum de Réaumur qui épouvantait le Germanique Humboldt voyageant entre les tropiques. La perruche rayonnait de joie dans toutes ses plumes ; elle avait son climat, sa lumière, son soleil. Par intervalles, elle exprimait ses extases, en déroulant une gamme d'or, une roulade splendide, dont rien ne peut donner une idée à ceux qui n'ont pas entendu Mme Gueymard. A côté de la perruche se démenaient lourdement, sur des perchoirs, de stupides perroquets verts, qui exécutaient un de ces concerts de cris sauvages qui font le bonheur des sourds.

Nous sommes des barbares, nous, membres du genre humain ; nous sacrifions tout à notre égoïsme, dans l'intérêt voluptaire de nos caprices d'enfants. Voilà une perruche indienne qui s'épanouissait comme une fleur vivante au soleil du Midi, et je la déracine brutalement, et je la transplante, à Paris, rue Bergère, dans une chambre qu'un rayon de soleil ne visita jamais. Cela m'amusait ; telle était mon excuse, l'excuse de tant de crimes autorisés par le Code pénal.

Il faut dire aussi, comme circonstance atténuante, que les soins les plus délicats entourèrent la belle exilée indienne ; les attentions se succédaient tout le jour ; on se mettait en quête de tout ce qui pouvait lui être agréable ; une fille de reine n'aurait pas été traitée avec plus d'égards. Tout cela ne lui rendait pas le soleil. Une nostalgie profonde s'empara d'elle, et menaça de devenir incurable ; elle avait oublié sa roulade d'or, en perdant l'atmosphère du tropique ; seulement, tous les soirs, lorsque la lampe astrale se levait, comme un soleil de salon, dans le voisinage du perchoir, le pauvre oiseau, dupe d'une illusion, saluait cet astre menteur d'une gamme claire, vive, courte, et qui s'éteignait dans les notes tristes. Dès ce moment, ses yeux ne quittaient pas la lampe, et il paraissait absorbé dans ses réflexions.

Dans notre été de Saint-Leu, Elmina exposée au midi, devant un horizon de forêts, retrouva ses beaux jours du port de Marseille ; mais l'évasion de la perruche verte, sa compagne, la fit retomber en mélancolie. Avec cette vue perçante que la nature donne à tous les oiseaux, elle avait suivi dans les airs le vol vagabond de son amie, et elle s'évertuait à trouver dans sa prison une brèche qui lui donnerait la même liberté. Cette obstination à trouver l'impossible l'irritait, et finit par la rendre sauvage et insociable. Elle ne reconnaissait plus aucune voix, aucune main ; elle semblait avoir adopté la devise : *Vivre libre ou mourir*. Elle rejetait hors de sa cage les graines favorites, les friandises aimées, les grains de sucre savoureux ; la pensée du suicide était entrée dans la tête d'un oiseau.

Rentrée à Paris, en octobre, elle avait perdu ses forces, et elle tomba dans une maladie de langueur qui la laissa vivre jusqu'aux premiers froids. Son agonie fut touchante ; elle donna un dernier regard aux personnes qu'elle avait aimées, et ferma les yeux dans un frisson convulsif. Ses belles couleurs, formées de toutes les nuances du prisme, pâlirent et s'éteignirent, comme des rayons sous le souffle de la mort. Nous donnâmes tous un intérêt étrange et poignant à cette merveilleuse créature, victime de l'exil, et morte d'une maladie humaine, cette nostalgie qui vient de la perte de tout ce qui est beau en ce monde, l'azur du ciel, la verdure des bois, la grandeur des horizons, le bruit des eaux vives et la tiède et douce lumière du jour.

Dans une journée de convalescence, qui nous donna quelque

espoir, je lui adressai une poésie de consolation, comme si elle avait pu la comprendre, de même qu'on tient souvent à des enfants des discours au-dessus de la portée de leur intelligence : ce sont alors les hommes qui sont les enfants. La raison et la logique nous font souvent défaut. La morale de ceci est qu'il faut laisser vivre les créatures du bon Dieu dans leur berceau natal, et prendre nos jouets ailleurs.

Lorsque je travaillais avec mon ami Gérard de Nerval à notre grand drame indien, *le Chariot d'enfant,* joué à l'Odéon, mon célèbre collaborateur, poète à l'excès, et assez enclin à adopter les systèmes pythagoriciens des théogonies de l'Inde, soutenait sérieusement que, le soir, pendant notre travail, la perruche bouddhiste paraissait prêter une oreille attentive aux progrès de notre traduction et à nos controverses sur le texte original. Ce drame, en cinq actes en vers, monté par Bocage avec un grand luxe de décors, joué supérieurement par d'excellents artistes, entre autres Mme Laurent et Clarence, eut un immense succès de première représentation, ce qui souvent ne prouve rien pour la question future des recettes. Gérard de Nerval, qui ne vivait que de projets, bâtit l'espoir d'une fortune sur le succès centenaire de notre drame; il le méritait bien, le pauvre garçon, car il avait usé ses forces à ce travail, et le travail, grâce à lui, méritait sans doute la fortune de tant de mélodrames illustres et sans nom. Par malheur, la masse du public ne seconde pas toujours un poète dans les tentatives du théâtre. Gérard, qui se disposait à partir pour le grand Orient avec les droits d'auteur du drame indien, vit son beau rêve s'évanouir, et cet autre exilé du soleil venait tous les matins chez moi pour se consoler avec l'oiseau indien, qu'il honorait à l'égal d'une divinité. Quand la perruche mourut, Gérard fut désolé, et il courut tous les oiseliers de Paris pour trouver sa pareille. Après bien des voyages, il finit par rencontrer une perruche de la même espèce, moins belle pourtant que la défunte, mais le marchand en demanda cinq cents francs. Somme fabuleuse ! Il conçut alors une idée qu'il caressa quinze jours jusqu'à la non-réussite. Il fit des tentatives pour faire reprendre *le Chariot d'enfant,* et acheter la perruche avec les douze pour cent des recettes, qui, cette fois, devaient être infailliblement belles, à cause, disait-il, des progrès énormes qu'avait faits le public dans l'intelligence des choses de l'Inde. Le drame ne fut pas repris : on l'exhumera quelque jour sans doute, mais cette reprise ne ressuscitera pas le pauvre suicidé.

Voici maintenant les vers adressés à Elmina :

A ELMINA

Perruche multicolore.

Quand, sur le perchoir de ta cage,
Tu prends un maintien soucieux,
Tu penses, sans doute, au bocage
Où tu naquis sous d'autres cieux.

Comme tu dois trouver étrange
Tout le fracas que nous faisons,
Toi, fille des déserts du Gange,
Pays des calmes horizons.

Oui, ta surprise est sans pareille,
Lorsque, ouvrant l'œil tous les matins
Dans Paris, tu prêtes l'oreille
A tous ses murmures lointains.

En toi-même tu te recueilles,
Et dis : Que sont-ils devenus
Ce murmure de larges feuilles,
Ce chant de mes oiseaux connus ?

Ces bruits d'eaux vives sous la zone
Que mon soleil de feu dora ?
La cataracte qui résonne
Aux solitudes d'Élora ?

La voix d'un grand fleuve sortie
De la nuit des gouffres béants,
Et sur le rivage engloutie
Dans le flot bleu des Océans?

Le miroir du lac qui se brise
Sous l'aile et le bec du ramier?
Le jeu matinal de la brise
Avec la cime du palmier?

Toute cette vague harmonie
Dont la nature fait sa voix,
Qui se perd sous l'ombre infinie
De mes vallons et de mes bois?

Pauvre oiseau, charmant cénobite
Entre les tiens favorisé;
Oui, tout change quand on habite
Notre pays civilisé.

Ainsi, dans ton Inde chérie,
Au fond des bois et des vallons,
Tu n'entends pas la voix qui crie :
Marchands d'habits et vieux galons!

Tu n'entends pas ces bruits de foule,
Ces pavés que nous écrasons,
Ce féroce omnibus qui roule
Et déracine les maisons;

Et les orgues de Barbarie,
Avec leurs faussets déchirants,
Orchestre affreux qui se marie
A la voix des ténors errants!

La clameur d'une immense ville,
Les échos de tous ses faubourgs,
Une armée au pas qui défile
Avec musique et vingt tambours;

Et sous un ciel qui toujours pleure,
Et chante faux sur tous les tons,
Douze mille fiacres à l'heure
Labourant cent mille piétons !

Oiseau, je veux ouvrir ta cage,
Oui, tu seras libre demain...
Non : il est trop loin ton bocage,
Et tu n'en sais pas le chemin !

LE RAT

L'article Rat. — Une république avec Conseil des Dix. — La maison va s'écrouler. — Sagesse et courage. — Une coalition. — Terrible mêlée. — La tour des rats. — Siège d'une cuisine. — Orgie. — Les tomates mystérieuses. — La souricière. — Prudence maternelle. — Montfaucon et la Chambre des députés. — L'homme se venge. — Pas d'augmentation de loyer. — Une oasis place Saint-Georges. — Heureuse famille. — Un cri imprudent. — Catastrophe.

Un jour, j'ouvris un livre d'histoire naturelle, et je lus ceci, à l'article Rat :

« Cet animal immonde habite les lieux obscurs et souterrains ; il commet de grands ravages ; il est très glouton, et sa voracité est cause presque toujours de sa perte. On le prend aisément au moyen d'un appât quelconque, et à l'aide de pièges nommés souricières. Le chat est l'ennemi acharné du rat. »

Le naturaliste qui a écrit ce portrait a enseigné à tout le monde ce que tout le monde savait ; seulement, on pourrait écrire un volume avec ce qu'il n'a pas dit.

Le rat est peut-être le plus intelligent, le plus rusé, le plus raisonneur de tous les animaux ; c'est ce que démontre l'observation. Un fait généralement admis depuis des siècles est celui-ci : quand une vieille maison menace ruine, les rats déménagent et vont chercher un autre asile pour vivre en sûreté ; car le rat tient à la vie comme un épicurien ; il connaît la mort de réputation, et la regarde comme un malheur.

J'ai observé ce fait, après mille autres, et je le trouve effrayant.

Les rats vivent en république, mais ils reconnaissent l'autorité d'un chef, comme les abeilles. Ordinairement ce chef se nomme lui-même, parce qu'il se juge supérieur à tous les autres. Tout absolu qu'il est, il appelle cependant à ses conseils un certain nombre de vétérans, qui ont droit de remontrance. Ainsi, lorsqu'une vieille masure fait entendre les craquements suprêmes, le chef prête l'oreille, se recueille, et, par un cri aigu de détresse, il appelle son conseil des Dix. On délibère, on discute, on reconnaît qu'il y a péril à demeure, et qu'il faut partir, sans attendre le lendemain. Il doit donc être admis que ces animaux se sont ainsi parlé, dans une langue inconnue : « Voilà une maison qui va s'écrouler, ses ruines vont écraser nos femmes et nos enfants : émigrons. »

Simonide fut préservé par les dieux de la chute d'une vieille maison : les rats sont plus intelligents que cet illustre Grec. Ils n'ont pas besoin d'être avertis par les dieux : ils s'avertissent eux-mêmes, et ne se trompent jamais.

La nuit venue, le chef pousse un cri lugubre, c'est le tocsin. Toutes les familles se resserrent avec effroi. Personne ne fait la moindre observation ; aucun esprit fort n'intervient. Le chef a dit : « Partons ! » Cela suffit ; le chef est infaillible. Des éclaireurs sont envoyés pour voir s'il n'y a pas trop de chats sur la route... L'armée avance avec précaution. Les grands veillent sur les petits. Il est défendu de butiner ; tout maraudeur est puni de mort. On suit les bas-fonds humides, abhorrés des chats ; enfin, les éclaireurs découvrent un soupirail de cave, et flairent aux environs l'odeur d'une grasse cuisine, d'une grange, d'une brasserie, d'une caserne ou d'un pensionnat. Le chef arrive, ouvre ses oreilles et ses narines, et dit : « L'endroit est bon. » Aussitôt la caravane se glisse, sans bruit, dans ce nouveau domicile souterrain, et les ravages commencent tout de suite, mais avec précaution. Les premiers jours, il faut se méfier de l'inconnu : tel est le précepte du rat.

Il est bien entendu que je parle ici du rat géant, et non de ce petit animal qui rôde souvent dans les chambres à coucher, en l'absence des chats.

Le rat de cette grande espèce est un animal terrible ; il craint les chats pour ses enfants, jamais pour lui. De son côté, le chat, dans

Voilà une maison qui va s'écrouler...

sa perspicacité féline, respecte ce rat, et semble ne pas se douter de son existence ; il lui en coûterait trop de s'avouer qu'il le craint. Cette retenue, des deux parts, amène quelquefois de singuliers résultats dans les localités où abondent ces deux espèces ennemies. Les rats et les chats, reconnaissant qu'il y aurait folie à se livrer bataille, sous prétexte d'hospitalité traditionnelle, abjurent leurs instincts, et s'accordent une trêve perpétuelle. On les voit manger au même charnier et boire au même ruisseau ; mais ils n'échangent entre eux aucun regard : ils sont censés ne pas se voir ; de cette manière, ils ne violent pas les lois de la nature, qui les obligent à se battre à la première rencontre. Sage leçon qu'ils donnent aux hommes batailleurs ! « Que gagnerions-nous à ces combats stupides ? pensent ces animaux ennemis ; des coups de dents ! des coups de griffe ! et pourquoi ? Nous ne pouvons pas nous manger après notre mort ; à quoi bon alors s'entre-tuer ou s'écorcher la peau ? Notre instinct est absurde, notre raison vaut mieux. »

Cependant, lorsqu'il s'agit de détruire un chat dangereux et peu raisonnable, ou accusé d'avoir levé une griffe perfide sur l'innocence, les rats ne balancent jamais. On forme alors une coalition de cave ; les plus braves sont choisis ; des espions exercés observent les habitudes de l'ennemi ; un rapport est adressé au chef. Le chat criminel rôde d'habitude dans un endroit désigné. L'embuscade est à son poste. On attend avec cette patience sage qui caractérise les animaux ; on ne brusque rien, on ne remue pas. Le chat vient, sans défiance, faire sa maraude accoutumée ; vingt museaux, armés de dents fines, se précipitent sur lui, comme vingt poignards vivants ; un miaulement court et hurlé retentit dans le souterrain ; le chat bondit, escalade le mur, fait grincer ses griffes sur la voûte pour s'y cramponner, retombe lourdement au milieu de ses ennemis, et, n'espérant plus se sauver par la fuite, et voyant la seule étroite issue du souterrain gardée par de féroces sentinelles, il engage, seul contre tous, un combat héroïque, digne d'une épopée égyptienne. Les rats, qui ont une tactique merveilleuse en toute chose, ont divisé leur petite armée en deux corps : l'un se bat, pendant que l'autre reprend haleine à l'écart ; de sorte que le chat est toujours assailli par des troupes fraîches ; et, après une ardente lutte de plusieurs heures, ayant épuisé ses forces et sa respiration, mordu aux quatre pattes, ravagé dans sa fourrure, raccourci dans sa queue, borgne, boiteux, découragé, il s'affaisse un instant, comme pour prendre une pose de sphinx, et cet instant est décisif ; la troupe des rats donne à la fois et exécute une charge complète ; le chat disparaît sous une masse compacte et ondoyante, comme un canon sous une vague sombre ; il ne reparaîtra plus vivant à la surface, et, au lever du jour, quand le sommelier descendra dans le souterrain, il ne trouvera que le cadavre du vaincu, égorgé par des meurtriers invisibles, qui ont pris la fuite après le crime, pour se soustraire à la vindicte des lois.

Il craint les chats pour ses enfants, non pour lui.

La légende allemande de la *Tour des rats* célèbre une bataille bien autrement formidable. Il ne s'agit plus ici d'un chat, mais d'un malheureux voyageur tombé, par une nuit sombre, dans une embuscade de rats. L'armée des assaillants, il faut le dire avant tout, était innombrable ; depuis l'invasion de Xerxès on n'avait rien vu de pareil. Le voyageur, étourdiment tombé au milieu de ces vagues vivantes, sentit ses cheveux se hérisser, et, secouant avec vigueur d'horribles grappes de rats déjà collées à ses jambes, il prit la fuite, et l'effroi lui donna une extrême agilité. Mais les rats courent comme des lièvres, et plus vite encore quand la colère les anime. Le voyageur remercia le hasard qui lui montra le Rhin, et une petite île très voisine du rivage : c'était une chance inespérée de salut ; il se jeta bravement à la nage, croyant sans doute que les rats ont horreur de l'eau comme les chats. Bien au contraire, ces deux espèces ont des organisations opposées, et c'est précisément ce qui les met dans un antagonisme perpétuel et proverbial. Le voyageur n'en crut pas ses oreilles, lorsqu'il entendit résonner l'eau du fleuve sous une masse effrayante d'immondes nageurs ; il sentait leurs souffles à ses talons, et se voyait menacé d'être dévoré vivant en pleine eau. La petite île du Rhin n'était plus éloignée que d'une largeur de trois brasses ; il fit un suprême effort, et atteignit la grève. Une vieille tour s'élevait au bord de l'île, et ses ruines servaient d'escalier pour arriver au sommet ; ce refuge offrait une dernière chance de salut. Le voyageur escalada cette pyramide de pierres vermoulues, et, parvenu à une certaine hauteur, il s'arrêta pour respirer, ne croyant plus être poursuivi, et regarda du côté du fleuve. Ce qu'il vit était affreux. Une pâle éclaircie tombée des étoiles donnait à ce tableau quelque chose de plus sinistre encore : cela ressemblait à une lugubre plaisanterie de l'enfer. Le sable blanc du rivage avait disparu sous une couche noire et mouvante, et à chaque instant une nouvelle compagnie de nageurs sortait du Rhin, et se mêlait au gros de l'armée. On entendait, par intervalles, de petits cris aigus, comme si des chefs subalternes eussent répété un ordre du général. Le pauvre voyageur écoutait et regardait avec des oreilles glacées, et des yeux vitrés par la terreur. Tout à coup, l'immense colonne fait un mouvement d'attaque, escalade la tour et la couvre de spirales énormes ; il était donc évident que les terribles animaux n'avaient pas perdu la piste de leur victime, et qu'ils allaient la prendre dans un assaut général. L'infortuné voyageur continua de monter jusqu'au sommet de la tour, n'ayant pas d'autre ressource, et il se percha, en stylite, sur la dernière pierre, dans l'espoir, sans doute, d'être pris pour une statue qui couronne un monument, comme on en voit à la cathédrale de Strasbourg. Les rats ne commettent pas de ces erreurs,

La légende des rats.

même à minuit. Ils s'élevaient toujours, comme une marée montante, et ces vagues noires, remuées par une intelligence, avaient quelque chose d'intolérable, même au regard du plus intrépide. Il y a des objets si antipathiques à l'œil qu'ils sont effrayants, et glacent les veines du cœur, même en l'absence du péril ; et il y avait ici les deux choses réunies, antipathie révoltante et péril affreux. Alors le courage est nul, la lutte impossible ; l'homme menacé ressent une langueur mortelle, comme dans un rêve étouffant, et ses pieds roidis ne lui servent plus de soutien, le froid les a pétrifiés. Bientôt la tour en ruine disparut tout à fait sous une épaisse enveloppe d'assiégeants immondes ; les étoiles éclairaient une pyramide de rats, surmontée par un homme. Le malheureux vit l'épouvantable marée vivante arriver à ses pieds, avec des ondulations sinistres ; il donna vainement un reste d'énergie, pour repousser la première vague : des milliers de morsures le saignèrent à la fois, et le firent chanceler sur son piédestal ; puis, il tomba, plutôt terrassé par la peur que par l'ennemi, et son corps roula dans une large crevasse de ruines, où il ne laissa, dit-on, que son squelette, tant elle était nombreuse et dévorante l'armée qui avait envahi la vieille tour du Rhin.

Ces exemples sont rares dans l'histoire des rats, car ces animaux ne se coalisent pas contre l'homme ; il faut qu'ils éprouvent un besoin raisonné de vengeance pour se porter à ces extrémités terribles. Ils ont cela de commun avec les éléphants, animaux pacifiques et inoffensifs, mais si redoutables quand leur justice est provoquée. La colonie d'éléphants qui, depuis Adam, habite les bois et les vallons de Williarkarma, en Afrique, avait toujours vécu en bonne intelligence avec la tribu sauvage qui habite l'île du lac des Makidas. Un jour, la soif de l'or ayant pénétré dans cette île vierge, un sauvage se fit chasseur d'ivoire, pour commencer un commerce avec les Européens de la baie d'Agoa. Un éléphant fut tué et dépouillé de ses défenses. Aussitôt, tous les colosses africains, justement révoltés de cette action atroce, marchèrent sur la colonie, traversèrent le lac et fauchèrent, à coups de trompe, toutes les huttes des Makidas. La légende allemande de la Tour des rats a omis sans doute un chapitre important : le voyageur dévoré sur les ruines était coupable de quelque méfait, commis envers toute une peuplade inoffensive. Le sentiment de la justice est écrit dans le cœur des animaux intelligents, et il y reste toujours gravé ; l'homme seul l'efface quelquefois.

De ces hauteurs épiques nous descendrons aux accidents ordinaires de la vie des rats ; c'est là que leur intelligence brille et confond l'observateur. Un de mes amis, naturaliste amateur, m'a fait assister à des expériences fort curieuses. Nous étions favorisés par le voisinage d'une brasserie, dont les caves étaient le quartier général d'une armée de rats. Ces animaux, malgré leur bon sens rare, ont des passions excessives de convoitise, et ne ressemblent plus à l'antique rat d'Horace, toujours content de peu, *contentus parvo* ; les rats se sont civilisés en vivant sous l'homme. Or, ceux que je viens de mettre en scène, ne se contentant point du large festin offert par une brasserie hospitalière, tournaient leur ambition vers le mur d'une cuisine contiguë, remplie de provoquantes exhalaisons. Il s'agissait de faire une brèche ; le rat est ingénieur de naissance ; il percerait un bastion d'Anvers, si la Hollande y avait entassé tous ses fromages. Voici comment procèdent ces animaux, pour s'introduire dans une place forte ou une cuisine. Ils se rangent sur une ligne ; le premier, ou le chef, attaque l'épiderme du mur avec ses dents, comme nous ferions avec un vilebrequin, et, après avoir enlevé sa portion de plâtre, de brique ou de moellon, il cède la place au second, qui la cède au troisième, ainsi de suite jusqu'au dernier. Chacun fait son œuvre, à tâche égale ; les vieillards seuls ne participent qu'au bénéfice de la curée ; ils se tiennent à l'écart, pendant les opérations du siège, et donnent des conseils si des obstacles surviennent. La brèche faite, le chef se dévoue pour explorer la localité envahie, et s'assurer si aucun péril ne menace son peuple ; il examine chaque chose en détail, et les reliefs de comestibles surtout ; plusieurs observateurs pensent, et je suis du nombre, que le chef choisit des auxiliaires de confiance, et nomme quelquefois une commission de notables pour l'aider dans cette inspection délicate, qui engage si fortement sa responsabilité. Le signal de l'invasion est ensuite donné par un petit cri joyeux, semblable à celui que fait entendre un magister lorsqu'il lance ses élèves dans l'enclos de la récréation. A ce signal, toute l'armée entre en bon ordre, et commence une orgie gastronomique, dont le festin de Trimalcion donne une faible idée. Le festin dure toute la nuit, et dans les plus profondes ténèbres. La subtilité des odorats fonctionne comme une seconde vue. Les hommes seuls ont besoin du jour pour y voir clair.

Dans cette cuisine, voisine de la brasserie, mon ami le naturaliste aligna sur la corniche du manteau de la cheminée douze tomates, dont six très habilement empoisonnées ; les bonnes alternaient avec les mauvaises. Le lendemain, nous trouvâmes six tomates, les mauvaises. Orfila n'aurait pas mieux fait. Ce résultat nous démontra clairement que les tomates avaient été soumises à un examen de toxicologie ; les experts avaient dit : « Voilà douze tomates suspectes, dans leur alignement trop régulier ; les hommes sont souvent bêtes quand ils dressent des pièges ; ces tomates n'étaient pas là hier soir : il y a un mystère là-dessous. Sondons ce mystère, dans l'intérêt de l'hygiène publique. »

Ayant sondé le mystère, les experts ont indubitablement ajouté ceci dans leur rapport : « Six de ces tomates sont pures ; les six autres renferment du poison. Le poison est une substance qui glace le sang et tue. Que personne ne touche à ces fruits ; ils renferment la mort ! »

Et personne n'a touché aux six tomates perfides. Ce résultat est effrayant ; les réflexions qu'il fait naître en foule confondent l'esprit. Si c'est l'instinct, et non l'intelligence raisonnée, qui éloigne les rats des nourritures vénéneuses, il faut convenir que la nature a, pour ces êtres hideux et malfaisants, des complaisances bien singulières. Elle a refusé cet instinct conservateur à ces innombrables familles de pauvres paysans qui, tous les ans, en automne, s'empoisonnent avec de fausses oronges cueillies dans les bois. Décidément, comme dit Jean-Baptiste Rousseau, l'instinct qui conduit les animaux serait-il supérieur à la raison qui égare les hommes ? Ce serait désolant !

Une expérience d'un autre genre a été faite en ma présence, et celle-ci prouve que les rats ont le génie de la logique et de l'invention. Le castor du Canada, qui bâtit en se servant de sa queue comme d'une truelle, n'est pas étonnant, parce qu'il fait et refait toujours la même chose, comme le premier castor. L'animal étonnant est celui qui, un beau jour, dans une circonstance imprévue, s'éloigne de ses instincts de race et de ses traditions de famille, et invente quelque procédé ingénieux pour se tirer d'un mauvais pas. L'oiseau qui jette des pierres, pour boire dans un vase dont l'eau est trop profonde, fait une chose qui n'est pas dans les habitudes de sa race, et il étonne l'observateur. L'abeille qui découvre un colimaçon dans sa ruche de verre, le tue et l'ensevelit sous une couche de cire, pour prévenir la putréfaction, fait une chose exceptionnelle qui nous étonne beaucoup aussi. L'invention n'est pas donnée par l'instinct, mais par le raisonnement logique.

On entendait, depuis quelques heures, un petit bruit continu, qui venait du pied d'une cloison, dans une cuisine de salle basse. Il était impossible de se méprendre sur la nature de ce bruit : une dent fine et rongeuse ouvrait une brèche. Le soir venu, le bruit était si rapproché, si distinct, qu'une invasion paraissait imminente. Un très mince épiderme de plâtre séparait à peine en ce moment la cave de la cuisine, et un ébranlement imperceptible indiquait déjà le point précis où l'issue de communication allait s'arrondir. Devant ce point, on plaça une énorme souricière, avec ses appâts provocateurs ; sa large ouverture devait encadrer la brèche, à la chute des derniers grains de maçonnerie. Cela fait, on sortit ; on ferma la cuisine, pour laisser les événements s'accomplir dans le silence et l'obscurité.

Le lendemain, la cuisine offrait en diminutif l'image d'une ville prise d'assaut. Tout avait été bouleversé, ravagé, mis au pillage. La souricière était toujours placée devant le mur ; on l'examina, elle était vide. La brèche avait été largement ouverte, mais fermée ensuite avec beaucoup de soin. A un mètre plus loin, une autre brèche avait été pratiquée dans la nuit ; c'est par celle-là que l'invasion avait eu lieu.

Il y avait tout un mystère inexplicable au fond d'une chose si simple en apparence. On comprenait très bien que les rats, apercevant une énorme souricière devant leur brèche, avaient renoncé à pénétrer dans la cuisine par un côté si dangereux, et que leurs efforts de mineurs s'étaient tout de suite tournés sur un autre point, pour ne pas renvoyer leur orgie à la nuit suivante ; mais pourquoi, dans leur empressement qui devait absorber toutes leurs pensées d'invasion, avaient-ils cru devoir perdre un temps précieux à fermer hermétiquement la première brèche ouverte devant la souricière ? Un hasard heureux servit à expliquer ce mystère, au moment où nous désespérions de trouver quelque chose de satisfaisant. Cette cuisine de salle basse, abandonnée depuis longtemps, recevait par son soupirail la poussière que le vent soulevait sur la route où s'élevait la brasserie. Les rats avaient laissé sur cette nappe unie une multitude de vestiges de pattes, croisés et mêlés confusément ; mais, en un certain endroit plus éloigné du centre de l'orgie, les vestiges, étant plus rares, devenaient plus distincts, et attestaient que la jeune et innocente progéniture des rats avait suivi les grands-parents dans cette expédition nocturne. Il y avait donc une foule d'enfants inexpérimentés au milieu de tant de pères instruits aux choses de la vie. Or, voici ce qui était arrivé. La brèche ouverte, les vétérans aperçurent la souricière perfide, et ils sourirent de pitié, en se faisant une triste idée de l'intelligence humaine. « Comment, pensèrent ces vieux rats narquois, comment notre ennemi l'homme peut-il s'imaginer que nous allons tomber étourdiment dans un piège aussi stupide ? une souricière ! Ah ! il y a bien longtemps que nous connaissons ces grossières machines et leur morceau de lard ! Nous ne mettrons pas le pied sur cette trappe, et l'homme en sera pour ses frais de préparatifs maladroits. »

Après avoir ainsi déploré la stérilité d'invention qui règne dans le cerveau de l'homme, les rats, ne voyant plus dans cette souricière qu'un obstacle au passage, et non un piège dangereux, résolurent de percer le mur et de faire brèche sur un autre point : car ils pensaient bien que l'homme n'avait pas aligné des souricières sur toute la longueur du mur. Les dents rongeuses se mirent donc avec ardeur à l'œuvre, et l'autre trou fut fait entre deux soleils, comme disent les ingénieurs d'un siège. Tout à coup les vétérans se ravisèrent, et les mères émues se dirent avec un juste effroi : « Oui, nous connaissons très bien les souricières, nous, et nous nous en moquons comme d'un chat empaillé ; mais nos pauvres petits ne les connaissent pas comme nous ; ils font l'école buissonnière à la queue de l'armée ; ce sont des traînards étourdis, et quand ils arriveront devant la première brèche ouverte, ils s'y jetteront sot-

Tout avait été ravagé.

tement, et la souricière les dévorera ! Évitons une catastrophe qui plongerait dans le deuil tant de familles. Inventons ! »

Ce cri maternel fut entendu, et c'est alors que les vétérans eurent l'admirable idée de fermer avec soin la première brèche, sans avoir égard au temps perdu, le salut des pauvres petits l'emportant sur toute autre considération. S'il n'y avait eu, dans l'armée d'expédition, que de vieux routiers, on aurait jugé inutile de barricader le premier trou. Quand cette sage précaution eut été prise, il n'y avait plus de danger pour l'innocence ; on pouvait se livrer à toute la joie de la saturnale nocturne, sans la troubler par un souci.

Le fait est là, dans toute son évidence, et justifie le raisonnement que nous mettons dans la pensée, dans les signes, et peut-être dans la parole de ces animaux.

Maintenant, de ces petits détails d'observation passons à une chose effrayante, qui donnera une terreur rétrospective à tous les Parisiens nerveux. Paris, cette capitale de la civilisation, du luxe et des arts, a échappé par miracle à une invasion de rats. Si la police eût prolongé son sommeil quelques années encore, c'en était fait de cette capitale qui a triomphé de l'invasion des Huns, des Normands et des Cosaques du Don. Entre la barrière du faubourg Saint-Martin et Belleville, aux portes mêmes de Paris, on trouvait l'ignoble charnier de Montfaucon. Attila campait à nos portes ! des millions de rats énormes, dont les aïeux florissaient sous Louis XI, avaient établi leur quartier général à Montfaucon, et aucune force humaine ne semblait pouvoir chasser ces innombrables assiégeants d'un repaire dont ils étaient les légitimes possesseurs, grâce à la loi de la prescription emphytéotique, ce bail naturel consacré par le temps. Sous Louis-Philippe, le mal était arrivé à son comble, et la légalité constitutionnelle balançait. Les nouvelles devenaient chaque jour plus alarmantes. Le faubourg Saint-Martin se mettait sous la protection des chats, comme un faubourg égyptien de Memphis ; Belleville craignait de devenir la Ratopolis de la fable. Ces deux localités faisaient des pétitions à la Chambre des députés, le samedi ; la Chambre répondait, comme la fable :

> Prend-on cette assemblée
> Pour conseil tenu par les chats ?

Et on passait à l'ordre du jour. Bien plus, les rapports de police annonçaient qu'une horrible et formidable alliance venait d'être contractée entre les armées de Montfaucon et des fossés de Vincennes, autre quartier général d'innombrables rats des champs. On avait surpris des émissaires sur la chaussée de Saint-Mandé. Enfin une troisième armée, campée dans les canaux souterrains de Paris, entretenait aussi des intelligences avec Vincennes et Montfaucon.

Pas un jour de plus ne devait être perdu. Nous allions devenir tous, non pas Cosaques, mais rats : ce qui eût été le comble de la décadence et de l'humiliation ! Heureusement, la Chambre ne fut pas consultée ; la police assuma sur sa tête toute la responsabilité de l'acte, et en paya les frais. Une nuit, des escouades libératrices partirent de la rue de Jérusalem, et marchèrent sur Montfaucon. On cerna le quartier général ; on bourra de poudre à canon toutes les issues ; on établit toute sorte de machines incendiaires sur la vaste étendue du charnier, et, au signal donné, on mit la mèche allumée sur le volcan. La suprême nuit d'Ilium n'a rien vu de pareil ! Homère, qui a chanté le combat des rats et des grenouilles, pourrait seul décrire cette immense destruction. Tout périt ; tout fut brûlé, asphyxié. Le quartier général fut changé en sépulcre, et Paris respira... Aujourd'hui, lorsque, par une belle soirée de printemps, le rentier du faubourg Saint-Martin va cueillir des lilas à Romainville, il traverse une plaine désolée, inculte, sauvage, comme le désert de Ninive et de Babylone ; c'est le champ où fut Montfaucon ; et le rentier se réjouit dans son cœur. Cependant la leçon ne doit pas être perdue pour l'avenir. La nature a voulu que ces animaux eussent l'exorbitant privilège de se multiplier à l'infini, et de réparer ainsi leurs pertes en peu de temps. A cette heure, Montfaucon peut-être n'est que déplacé, il n'est pas détruit. La sagesse des Égyptiens doit nous instruire : ils voyaient dans les rats la huitième plaie de leur pays, après les sauterelles, et pour entretenir chez les peuples cette crainte salutaire, ils avaient élevé les chats au rang des dieux.

La démolition universelle du vieux Paris a jeté une perturbation profonde dans le peuple souterrain des rats. Pour un naturaliste, rien ne serait curieux comme cette histoire, si elle pouvait être connue, mais le secret la couvrira toujours. On peut toutefois se former une idée vague de ces migrations d'innombrables familles, qui, surprises par l'agile marteau des démolisseurs, cherchaient un refuge de cave en cave, sans trouver un asile sûr. Qu'importait autrefois qu'une maison s'écroulât ! on courait s'installer dans la voisine ; mais quel parti prendre avec une ville qui s'écroule en masse ! C'est la fin du monde des rats. Eh bien, l'espèce est si ingénieuse et si vivace, qu'en peu d'années elle aura réparé ses pertes. Seulement, au lieu d'habiter les vieilles maisons, les rats travailleront dans les neuves. Le luxe de l'immeuble sera tout à leur profit ; les Parisiens seuls souffriront de l'élévation du prix des loyers. Déjà, dans certains quartiers opulents, les chats donnent des signes d'inquiétude, et semblent annoncer que le doux règne des souris va disparaître pour eux, et qu'un ennemi avec lequel on ne joue pas de la griffe, ouvre une brèche dans les terrains des sous-sols, et montre des dents qui ne redoutent pas les pattes de velours. Cette tristesse des chats riches annonce donc un nouvel ordre de choses. Je finirai par un fait-Paris qui se rattache à cette grave question.

Ce drame, dont j'ai suivi les péripéties, se passe sur les terrains de ce charmant hôtel de la rue Saint-Georges qui montre au passant une fraîche nymphée, à travers une grille. Derrière la maison, s'étend une pelouse de jardin, et à gauche, il y a un grand espace de terre en friche, dont le mur longe la rue d'Aumale.

Un rat de la grande espèce, chassé par les démolitions et les constructions de la rue Taitbout, cherchant un asile pour lui et sa famille, découvrit le terrain à bâtir, planté de vieux arbres et favorisé du silence, et se dit probablement : « Ce lieu est bon. »

Il installa sa famille dans une taupinière abandonnée, et recommanda la plus grande prudence aux petits.

Ensuite, il poussa ses reconnaissances aux environs, et parut satisfait de ses découvertes. Tout annonçait l'opulence : une cuisine grasse, des communications faciles ; un seul chat paraissait faire partie de la domesticité, mais quel chat ! une ombre féline, un squelette recouvert de quelques poils rudes, un intrus qui n'avait pas l'air d'être chez lui, et qui traînait ses soucis le long des murs dépouillés, n'osant folâtrer sur la pelouse, de peur d'être assommé par un jardinier jaloux, ou un cuisinier ennemi des chats.

Notre rat fit cette réflexion : « Ce sera mieux qu'un campement, ce sera un domicile pour nous. »

Et il se montra joyeux à sa famille, au retour de son expédition.

La nuit venue, quand il entendit se fermer les portes intérieures, et qu'il vit s'éteindre les lumières aux vitres, il traversa le jardin pour faire une descente à l'office. Chemin faisant, il rencontra le chat mélancolique et le mit en déroute. Un soupirail était ouvert et faisait issue sur la cuisine ; le rat descendit dans ces nouvelles propriétés, et découvrit une desserte à rassasier un lion.

Après avoir satisfait son appétit et songé aux besoins de sa famille, il voulut examiner le voisinage, pour s'assurer une retraite, en cas d'expropriation. Il découvrit, du haut d'un mur de clôture, un fort joli hôtel, entouré de lilas, et dont la cuisine exhalait un parfum ministériel ; c'était la maison de M. Thiers, l'homme le plus heureux de Paris, depuis qu'il fait des histoires et ne fait plus de discours.

Le rat trouva cette succursale de son goût, et se promit bien de la donner à ses enfants lorsqu'il les établirait. Il était donc sûr du présent et de l'avenir, après avoir traversé la longue et terrible révolution de la rue Taitbout.

Une chose reste toujours comme supplément dans le rêve des heureux ; quand on n'a plus rien à désirer, on s'ingénie à désirer encore, dans le désœuvrement et l'ennui que donne la fortune. Notre rat écoutait toujours, dans le calme des nuits, le murmure charmant que faisaient deux fontaines : celle de la place Saint-Georges et celle de la nymphée voisine. Ce duo le ravissait de joie, et son ambition se tourna tout à coup vers ces deux sources d'eau vive, dont la saveur devait réjouir une langue sensuelle, après les festins de cuisine marseillaise et bordelaise donnés par M. Thiers et son voisin financier. Il y avait bien, à l'extrémité de la pelouse, une petite flaque d'eau douce, tourmentée par des poissons rouges ; mais la délicatesse du sybarite demandait mieux qu'une eau dormante et corrompue par des racines de nénuphar et d'iris. Il fallait à tout prix arriver à la nymphée harmonieuse, et y conduire les enfants lorsqu'ils auraient l'âge de raison.

Guidé par son ouïe infaillible, le rat ambitieux trouva bientôt une issue souterraine qui lui montra au bout un soupirail ouvert sur la nymphée. Il examina le terrain avec sa prudence accoutumée et ne découvrit rien d'alarmant ; il prêta l'oreille, et n'entendit d'autre bruit que le roulement des dernières voitures qui remontent la colline ardue de Notre-Dame de Lorette. Il sauta sur le bassin de la fontaine, et se désaltéra avec excès.

Cette fois, il reconnut que sa fortune était complètement faite : bon gîte, bonne cuisine, bonne cave, voisins charmants et hospitaliers ; dans son extase de parvenu, il poussa involontairement un de ces cris aigus qui sont l'expression de la béatitude sensuelle dans le vocabulaire des rats.

Ce cri fut entendu.

Le concierge avait pour associé un chat de la forte espèce ; ce n'était pas un de ces angoras honoraires qui vivent de sommeil et d'oisiveté sur une chaise ; c'était un chat vigoureux, d'un gris luisant, posé sur quatre pattes d'acier, ornées de griffes de panthère. Son œil rond n'accusait jamais une velléité de somnolence ; sa figure était un peu bourgeoise, mais empreinte de gravité ; il recevait les caresses des visiteurs froidement, mais sans incivilité apparente ; il avait la conscience de sa haute position ; il savait qu'il était chat d'une *bonne porte,* et se croyait même un peu portier.

Cette nuit-là, il dormait de ce sommeil léger qui, chez les chats, est une veille continue ; au cri poussé par le rat, il bondit comme un zouave dans la tranchée, au moment de l'alerte nocturne, et reconnut la taille colossale de l'ennemi à l'expansion de la note. S'il avait pu demander le cordon S.V.P. à son associé de la loge, il aurait fait une sortie dans la nymphée à la faveur des ténèbres amies ; il fallait renvoyer l'expédition à l'autre nuit, et dresser un plan.

A l'ouverture de la loge, le chat, ne voulant pas donner l'alarme dans la maison, prit devant témoins cette attitude d'insouciance nonchalante qui semble exclure toute pensée de péril ; il ne se hâta pas de sortir ; il ne changea rien à ses habitudes matinales ; il reçut les visites des fournisseurs de la maison ; il daigna même jouer au jeu des pattes avec le chien du boulanger, un ami de neuf ans ; bref, il ne commit aucune étourderie délatrice, et ne laissa rien transpirer des secrets de la nuit.

Le soir, un peu avant la fermeture de la loge, il se retira dans son alcôve ordinaire, et fit vingt tours sur lui-même comme s'il eût cherché la meilleure position pour faire sa bonne nuit ; après quoi, il longea lentement le mur ténébreux, franchit le seuil de la porte, et se blottit probablement dans l'endroit le plus favorable du petit jardin.

Moitié par intuition, moitié par raisonnement, nous avons pu ainsi reconstruire après le drame tout ce qu'il nous a été impossible de voir auparavant, lorsque rien ne pouvait éveiller un soupçon.

Que s'est-il passé dans cette nuit affreuse ? C'est ce qu'il est impossible de dire, les détails manquent ; mais on peut affirmer que la nymphée a vu un duel homérique digne d'un poète.

La femme du concierge est une de ces innombrables Égyptiennes de Paris qui accordent aux chats un culte de latrie ; il est vrai qu'en aucun lieu du monde il n'y a de plus beaux chats qu'à Paris ; c'est ce qui donne, je crois, à cette ville la première place dans la civilisation ; c'est la Memphis moderne, et toutes les femmes des concierges sont ravies de bonheur, lorsqu'elles entrent, le dimanche, dans cette curieuse salle du musée égyptien du Louvre, salle toute remplie de chats en bronze, et qu'elles lisent sur la porte cette inscription en lettres d'or : *Salle des Dieux*. Jugez du désespoir de l'Égyptienne de la rue Saint-Georges, lorsque, en ouvrant la loge, elle vit son chat favori couvert de blessures et inondé de sang ; elle mit d'abord cet assassinat sur le compte du cuisinier voisin, et jura d'en tirer vengeance ; mais le sage et juste animal, ne voulant pas égarer les représailles sur une tête innocente, regarda sa maîtresse d'un œil significatif, et s'achemina vers un angle de la nymphée, où gisait, sur le gazon, le corps de l'ennemi.

Notre glorieux vainqueur a reçu les soins d'un vétérinaire spécial, et sa constitution aidant, il a été sur pattes une semaine après sa victoire ; et ce n'est qu'alors qu'on a découvert un autre massacre dans le terrain en friche ; il paraît que le chat s'était mis à suivre à la piste la route de son ennemi, et que la série des émanations félines l'avait conduit jusqu'à la taupinière, où il avait accompli son œuvre d'extermination sur toute la famille des envahisseurs.

Hélas ! bientôt les chats ne pourront suffire à protéger la ville de Paris contre les Huns de la cave, et l'Académie des sciences devrait enfin s'occuper de cette grave question, et faire découvrir un secret qui détruise un fléau descendu de Montfaucon au centre des quartiers les plus opulents.

LE DERNIER TIGRE

I

Le tigre et la locomotive. — Expropriation pour cause d'utilité publique. — Portrait physique et moral. — Scènes de famille. — Nez à trompe avec un éléphant. — Un repas d'opéra comique. — Jack et Katrina. — M. Hodges, candidat à la députation du West-Kent. — Combien coûte la conscience d'un gardien au Zoological-Garden. — Lutte homérique. — La vertu est toujours récompensée.

Hâtons-nous : un monstre moderne, inconnu de Cuvier, va bientôt dévorer le dernier individu des races félines. La locomotive, avec sa crinière de flamme et de fumée, va faire retentir de ses mugissements les derniers domaines du tigre, dans les montagnes de Ravana ; ce superbe animal va passer à l'état de sphinx : on ne le verra plus qu'en pendules et en supports de cheminées, et après deux mille ans, lorsque les derniers tigres empaillés auront rendu aux éléments destructeurs leur *conserve* taxidermique, on élèvera des doutes sur l'existence de leur espèce, comme on fait pour la licorne. La ménagerie des locomotives augmente chaque jour son personnel et gagne du terrain. Les derniers et tout récents exploits de nos marins en Sénégambie ont fait mugir la vapeur sous le péristyle du plateau de Dembo et du mont Lupata, dernier asile des bêtes fauves, locataires d'Adam, menacées d'expropriation, après soixante siècles, pour cause d'utilité publique. Si, en 1799, le canon de lord Cornwallis a rejeté bien loin du Mysore les races félines, étonnées d'entendre des coups de tonnerre en plein soleil, que va-t-il arriver, lorsque les locomotives parties de Bombay et d'Hyderabad se lanceront à tous crins de fumée, comme des volcans à roulettes, sur les routes ferrées ouvertes du Malabar au Coromandel ? Déjà les tigres et les lions ne pouvaient vivre dans le voisinage de l'Océan, parce qu'ils reconnaissaient dans le monstre hérissé d'écume et doué de la formidable voix des tempêtes un monstre plus terrible que l'éléphant ; que vont-ils penser, les pauvres tigres du Tinnwely et de Ravana, lorsqu'ils verront passer, sur la lisière de leurs propriétés rurales, de gigantesques chapelets de wagons, remorqués par des monstres de flammes, et escortés de tremblements de terre ? Une mortelle nostalgie saisira ces quadrupèdes, déjà fort mélancoliques de leur naturel ; ils oublieront le chemin de l'abreuvoir où se rendaient les timides gazelles ; ils ne viendront plus s'asseoir, en convives affamés, à ces restaurants de la nature ; ils se réfugieront au sommet des montagnes arides, où manquent l'eau et la chair fraîche, et ces anachorètes félins, ennemis des longs jeûnes, expireront de faim et de soif, en désespérant d'attaquer les monstres volcaniques des convois *express-trains* de Golconde et de Madras. Ce sera une perte pour la zoologie et un bénéfice pour l'humanité.

Chose remarquable ! le cataclysme de la matière avait préparé à l'homme une planète habitable, en détruisant les grands sauriens, le mosasaurus, l'ichthyosaurus, le dinothérium, le mastodonte et autres colosses, qui n'auraient pas permis l'établissement du moindre paradis terrestre au jeune Adam et à ses successeurs. Six mille ans après, le cataclysme de la civilisation va détruire toutes les races félines, pour favoriser les déménagements des émigrés septentrionaux, chassés de leur pays par l'encombrement des villes et la cherté des loyers. C'est que les tigres, ces êtres délicats, ces épicuriens velus, ces sybarites du désert, n'avaient pas choisi les plus mauvaises places pour s'établir. Quoique revêtus de chaudes fourrures, ils n'auraient pas suivi un Pierre le Grand de leur

La locomotive, avec sa crinière de flamme et de fumée.

espèce, fondant une tigrerie sur la Néva ; ils laissaient faire ces bêtises géographiques aux hommes doués de raison, et ils choisissaient, eux, les plus belles zones de la verdure, de l'ombre, des eaux et du soleil ; il leur fallait les sources des grands fleuves, les abris des forêts vierges, les lacs encadrés de palmiers, les grottes tapissées de roses sauvages, les vallées recueillies, les cimes baignées dans l'azur, les tapis de gazons de velours, les paysages solitaires, les cascades inconnues, les nuits tièdes, les délices de l'air pur, la vie de la liberté. Ils laissaient à Londres sa Cité noire, sa fumée de houille, sa rosée de charbon, son ciel plat, sa rivière fétide ; ils laissaient à Paris son faubourg Mouffetard et ses méandres de ruelles infectes, où l'air, la lumière, le soleil ne circulaient pas. Pour des tigres, le calcul n'était point bête ; ils avaient pris la part de Dieu dans le domaine d'Adam, ils nous laissaient la part du diable. Cette ironie féline, ce monopole absurde devait enfin cesser. L'Angleterre, menacée par les exhalaisons de la Tamise, et voyant chaque jour arriver dans sa ménagerie du Zoological-Garden des tigres superbes, reluisant de santé, a songé aux chrétiens des faubourgs de la Tamise, à tant de malheureux en péril de mort ou de faim, depuis Westminster jusqu'à London-Bridge, et elle va féconder les immenses jachères du Bengale et sillonner de rails de fer tout le domaine des antiques ménageries fondées par Adam. Si la guerre ne tue plus les hommes, il faut que la paix les fasse vivre. Les vastes terrains d'Adam sont aux enchères ; les lots sont innombrables ; la mise à prix ne dépasse pas la fortune d'un mendiant. On lit dans Rousseau cette phrase : *Le premier qui a dit : Ce champ est à moi, fut le fondateur de la société*. On ne demande pas d'autre monnaie à ces enchères du paradis terrestre ; tous ceux qui oseront dire : *Ce champ est à moi*, deviendront propriétaires de droit et de fait ; le notaire sera le soleil. Une seule opposition se fera entendre du côté des ménageries, dans les jungles où se tient le bureau des hypothèques félines ; mais des huissiers, munis de carabines et de balles coniques, purgeront bientôt ces hypothèques, et délivreront le domaine de ses vieilles servitudes. Le dernier tigre ressemblera un peu à certaine maison isolée qui s'est acharnée si longtemps à rester debout sur la place du Carrousel. Un jour est venu, et la dernière maison du Carrousel a disparu, comme ont disparu le dernier réverbère et le dernier coucou de Versailles ; comme a disparu la dernière diligence paresseuse du Bourbonnais ; comme disparaîtront la dernière masure du vieux Paris et le dernier tigre des gorges de Ravana.

Je ne désigne pas par le mot *tigre* ce grand chat farouche et marqueté qui joue à l'écureuil dans la cage du Jardin des Plantes, et cherche du matin au soir, avec conviction, une issue pour s'échapper à travers les barreaux. Celui-ci appartient à l'espèce léopard ou panthère. Je ne veux parler en ce moment que du tigre du Bengale, le plus terrible, le plus beau, le plus gracieux des quadrupèdes ; car, sans vouloir médire du lion de l'Atlas, son air paterne, son attitude un peu bourgeoise, sa crinière jouant la perruque et sa ressemblance avec un vieux colonel en retraite du premier Empire lui ont toujours fait tort dans l'esprit des vrais connaisseurs. Le grand tigre indien ne fait aucune concession au mauvais goût ; ce n'est pas lui qui garderait une boule sous une patte pour décorer le portail d'un jardin : l'esprit de l'indépendance sauvage l'anime de la pointe de sa moustache à la pointe ondoyante de sa queue ; il marche avec cette allure superbe remarquée chez le roi mahratte Aureng-Zeb ; il porte la tête haute et fière, comme un bonze irréprochable ; il a des regards foudroyants et fixes qui inspirent la terreur ; il se donne au repos d'adorables attitudes de sphinx monumental ; il ne commet jamais dans ses mouvements une faute contre l'élégance et la correction. Le sentiment de la ligne pure est inné chez lui. C'est le gentilhomme de la haute race féline. Sa toilette est irréprochable ; rien de beau et de doux à l'œil comme sa robe fauve et luisante, zébrée de noir ; sa moustache d'aiguilles fines, et tout l'ensemble de son corps, où la souplesse de l'acier flexible se combine avec la grâce molle du velours. En voyant ce merveilleux animal, on éprouve le regret de ne pouvoir l'assujettir aux familiarités de la vie domestique et entrer en rela-

L'éléphant n'est pas bête à s'effrayer.

tions de chatteries avec lui. C'est un vrai désespoir pour le zoologue. Tout ce qu'on peut obtenir de sa fierté farouche se résume à peu de chose ; quand il est condamné à la dure prison de la cage de fer, il paraît quelquefois sensible à un bon procédé, à une plainte d'amateur de tigres, et surtout à un cadeau de chair vivante ; en échange d'un coq ou d'un lapin, il accorde un éclair de regard débonnaire, et il permet à son généreux visiteur de toucher un bout de patte, un tronçon de queue, un pouce de velours rayé. Si l'amitié s'établit et si les cadeaux de coqs vivants se multiplient, on peut espérer mieux : la main généreuse peut se hasarder sur la tête du prisonnier redoutable ; mais je ne conseillerai à personne cette hardiesse, bien qu'elle m'ait toujours réussi ; car il faut avoir la perception exacte du moment où cette fantaisie peut être exercée sans péril pour la main. Un étourdi visiteur de ménagerie, un novice en observation pourrait bien laisser à ce jeu un coq et son bras.

À l'état de liberté, le tigre est rebelle à toute séduction : c'est un foyer vivant de colère perpétuelle ; il est entouré de pièges et d'ennemis, et son odorat, subtil comme celui de l'éléphant, lui dénonce à chaque minute le passage d'un dangereux voisin ou d'un rival. Cette inquiétude le ronge nuit et jour, mais ne le maigrit pas : c'est son naturel ; s'il était joyeux un instant, il ne serait plus tigre. Au jeune âge, il a toutes les gentillesses des individus de la race féline ; il joue pour le plaisir de jouer, sans se soucier d'amuser des témoins ; si un grand singe ennuyé, perché sur un cocotier, et faisant l'office d'homme, lui jette une noix, le tigriot s'empare de ce hochet de la nature, le fait rouler à petits coups de griffes, bondit après lui, se démène en soubresauts, et réjouit sa bonne mère qui regarde ces doux ébats avec des yeux humides, et le singe fait retentir les échos de la solitude des bruyants éclats de son hilarité. Le père ne daigne même pas assister à ces touchantes scènes de famille ; il a oublié sa femme et ses enfants ; il rôde aux environs pour troubler de jeunes ménages, ou flairer dans l'air ces émanations hostiles qui annoncent un lion ou un éléphant. La nuit venue, on entend résonner, sous la voûte épaisse des arbres, ce formidable coup de tam-tam qui est le salut adressé par le lion aux ténèbres amies. Le tigre frémit sur toute la longueur de sa fourrure, et faisant un calcul de latitude et de longitude, en se réglant sur le plus ou moins de sonorité du cri léonin, il va chercher l'abreuvoir des gazelles sous une zone éloignée du domicile de son redoutable ennemi. L'éléphant lui donne moins de souci ; l'éléphant n'est pas batailleur de sa nature ; il n'attaque pas, et ne demande pas mieux que de vivre en paix avec tout le monde. L'éléphant et le lion ne vivent pas en bons camarades, mais ils ne se font jamais la guerre ; si, par hasard, ils se rencontrent nez à trompe, ils s'honorent mutuellement d'un regard oblique, comme deux maîtres d'armes, et vont chacun de son côté vaquer à leurs affaires ou à leurs plaisirs, sans engager un duel. L'éléphant ne se comporte pas avec cette diplomatie en face d'un tigre étourdi, égaré dans un champ de cannes à sucre sauvages : il soupçonne d'abord le tigre d'aimer ces friandises végétales, et de vouloir conquérir ce restaurant de la nature pour lui et pour les siens. L'éléphant tombe dans une erreur grossière, mais quel être admirablement organisé ne commet pas une erreur en ce monde ? Si l'intelligence de l'éléphant était parfaite, nous aurions trop à rougir. Ainsi surpris à l'improviste sur le vestibule du restaurant, le tigre voudrait bien s'en aller, mais l'amour-propre le retient ; puis la colère domine la peur, et en examinant de plus près l'odieuse laideur de son informe ennemi et la lourde masse du colosse, il se confie à son agilité merveilleuse, à ses griffes d'acier, à sa mâchoire de poignards, et il ose engager le combat. Toutefois la prudence native lui conseille quelques préliminaires sur lesquels il compte beaucoup. Aplati sur son ventre, ridant son mufle, abaissant ses oreilles, imprimant à sa queue des ondulations vigoureuses, il miaule en majeur sur un ton rauque, comme un orgue détraqué par un sacristain mélomane, et fait jaillir de ses lèvres de foudroyantes fusées d'effluves félins, comme fait, sur des notes moindres, un chat menacé par un chien. En pareil cas, le chien reste souvent interdit, ou répond par une plainte gutturale, ou bat en retraite, avec des allures de distraction, comme si d'importantes affaires le réclamaient ailleurs. Mais l'éléphant n'est pas bête à s'effrayer de ces gammes et de ces points d'orgue ; il s'incruste comme une citadelle sur le terrain, met ses deux défenses en arrêt, comme deux lances, élève sa trompe comme une massue verticale et attend son ennemi. Le tigre s'épuise en contorsions, en

Le tigre arrivé au paroxysme de la colère.

frétillements, en éclaboussures de salive, en grimaces épouvantables, et arrive enfin au paroxysme de la colère, en voyant l'imperturbable immobilité du monstre colossal qui le regarde avec de petits yeux espiègles. La folie éclate dans le cerveau brûlé du tigre, et, dans un accès d'irritation invincible, il se balance sur ses quatre jarrets d'acier pour se donner un élan furibond, et tombe sur son ennemi. Aussitôt deux défenses l'arrêtent au vol, le font tourner sur lui-même comme un écureuil, un coup de trompe l'assomme, et un pied de pilastre l'écrase. Ces trois opérations d'exécuteur ont la durée de l'éclair. Cela fait, l'éléphant déracine tranquillement une canne à sucre, en joue avec sa trompe comme un tambour-major, et va rejoindre sa famille et ses amis avec ce calme de conscience que donne l'accomplissement d'une bonne action.

Une coalition de tigres viendrait peut-être à bout d'un éléphant, mais cette race intraitable, née pour l'isolement, n'a aucune idée naturelle de la coalition. Jamais on n'a vu trois tigres faire le serment des trois Suisses, ou de trois députés de l'opposition, pour renverser un éléphant. La coalition est une idée humaine. Deux tigres, un mâle et sa femelle d'occasion, se réunissent bien quelquefois, dans un intérêt de famille, contre l'ennemi commun, et ils sont assommés et écrasés comme un seul, mais le troisième agresseur ne se montre pas ; il assiste souvent de loin à la lutte, et fait des vœux pour l'éléphant, par esprit de méchanceté native et incurable. A Rome, au cirque de Titus, un chrétien livré aux bêtes se réfugiait sur la cime d'un éléphant, au milieu d'une arène remplie de panthères d'Afrique, et le noble animal, dévoué par instinct à l'homme, cueillait du bout de sa trompe, et l'une après l'autre, ces bêtes mouchetées, et les écrasait avec délicatesse. Ce jeu amusait beaucoup les éléphants et le public, mais ne sauvait pas le chrétien.

En 1837, j'étais à Londres, et j'arrivai au Zoological-Garden au moment où les employés racontaient un fait des plus curieux qui venait de se passer. Un Anglais seul pouvait inventer un amusement de ce genre.

A cette époque, la ménagerie du Zoological-Garden était la plus complète et la plus belle du monde ; elle a guéri du spleen national plus d'un malade réputé incurable. On y remarquait, entre autres superbes fauves, deux tigres du Bengale d'une taille magnifique, reluisant de santé comme au désert, et nourris, à l'anglaise, de chairs vivantes, seul régime qui convienne à ces animaux ; ils aiment sentir la chair mourir sous la dent. A notre Jardin des Plantes de Paris, le budget ne permet pas ce luxe gastronomique.

On sert toujours aux tigres, vers quatre heures, un entre-côte de je ne sais quoi, mort depuis trois jours, et que l'animal délicat se résigne à mâchonner pour ne pas mourir de faim. Aussi faisons-nous à Paris une énorme consommation de tigres. En 1828, sous le ministère réparateur de Martignac, on a même destitué deux belluaires qui gardaient l'entre-côte pour leurs femmes et leurs enfants, et servaient aux pauvres tigres un mets de carton peint, comme aux repas de l'Opéra-Comique. 1830 emporta cet abus ; mais le festin de quatre heures n'a jamais été beaucoup plus gras. Après cette parenthèse, revenons à nos moutons, c'est-à-dire aux deux tigres du Zoological-Garden, nourris comme des lords.

Le mâle se nommait Jack, et la femelle Katrina. Ils *s'aimaient d'amour tendre*, comme deux pigeons de fable, et paraissaient heureux dans leur cage. Ce bonheur déplut à M. Hodges, candidat à la députation du West-Kent, qui, peut-être, n'était pas aussi heureux en ménage.

Ces deux tigres avaient pour voisin de cage un admirable lion, nommé Theseus, qui rugissait régulièrement comme une pendule de Cox, au crépuscule, pour remplir son devoir. Les deux tigres frémissaient alors sur toute la longueur de l'épine dorsale, en entendant la gamme vespertine du voisin, seule chose qui troublât leur félicité domestique. Hélas ! en ce monde, même pour les tigres, le bonheur n'est jamais parfait ; il faut en prendre son parti.

M. Hodges, fidèle habitué du jardin, comme moi, fit une découverte ; il remarqua que les deux cages étaient séparées par une petite porte fermée à deux verrous, chose d'ailleurs assez commune dans l'ameublement d'une ménagerie, et une idée anglaise éclata dans son cerveau.

A neuf heures du matin, le Zoological-Garden est désert ; les amateurs, toujours fort rares, n'arrivent qu'à l'heure du *lunch*. Les domestiques n'entrent pas. Ainsi le veut la liberté.

Le belluaire était occupé au balayage des cages et paraissait ennuyé d'un métier trop vil pour un Anglais. Cependant il faisait son devoir, mais il balayait mal.

M. Hodges avait étudié les mœurs de ce belluaire, et il lui adressa cette question :

« Que gagnez-vous à ce métier?

— Cinquante livres, répondit le belluaire avec un soupir.

— C'est bien peu, reprit M. Hodges avec commisération.

— Ces *rascals* sont plus heureux que moi! dit le gardien en désignant les deux tigres.

— Eh bien, ajouta M. Hodges, je veux vous rendre plus heureux que deux tigres, moi.

— Ah! milord, fit le belluaire, je ne suis pas ambitieux; je ne demande que d'être heureux comme un animal.

— Vous le serez... A quelle heure êtes-vous libre?

— Le soir à six heures.

— Et bien, trouvez-vous ce soir, à six heures, à Charing-Cross, devant la galerie ; je vous rendrai heureux. »

Le belluaire regarda fixement la bonne et fraîche figure de M. Hodges, et promit d'être exact.

A six heures, M. Hodges conduisit le belluaire chez M. Clyton, notaire dans Agar street, et lui assura, par acte public, une rente viagère de cent livres.

Et descendant d'Agar street au Strand voisin, M. Hodges donna, comme gratification, un billet de cinquante livres au belluaire interdit, en ajoutant ces paroles :

« Demain vous en aurez autant.

— Si je n'ai qu'à recevoir et ne rien faire, dit le gardien, j'aime assez ce nouveau métier.

— Ah! voici ce que vous avez à faire, reprit M. Hodges; presque rien... Demain, à neuf heures du matin, je viendrai au Zoological-Garden et, en me voyant arriver, vous ouvrirez la petite porte de communication du lion et des deux tigres. Voilà tout. »

Le sentiment du devoir fit reculer le gardien, mais il finit par accepter.

« Vous serez mis à la porte, ajouta M. Hodges, mais vous voyez que j'ai préparé votre dédommagement. Cent livres de rente au lieu de cinquante, et mes gratifications. De plus, vous serez oisif, comme un bourgeois d'Highgate, et vous ne serez plus un *groom* de tigres, et vous vous promènerez tout le jour de Temple-Bar à Charing-Cross. »

Assemblez tous les Français millionnaires de Paris, faites-les présider par M. de Rothschild, et vous ne les déciderez jamais à se cotiser pour se donner le plaisir que M. Hodges va savourer le lendemain.

A neuf heures, la porte de communication fut ouverte par le belluaire, esclave de son nouveau devoir.

M. Hodges s'assit à l'amphithéâtre, et n'aurait pas vendu sa stalle mille livres sterling.

Jack et Katrina dormaient du sommeil de l'innocence, en faisant des rêves de Bengale et d'abreuvoirs de gazelles. Le bruit des verrous les réveilla. Jack étira ses quatre pattes, exhala un long bâillement orné de trilles, et fit un brusque mouvement de surprise, en découvrant du nouveau dans sa cage. Le nouveau étonne toujours les individus des races félines. Un chat domestique a fait l'inventaire de tous les meubles de sa maison ; il les sait par cœur, et si on introduit la moindre nouveauté dans le domaine de ses maîtres, il la découvre du premier coup d'œil et va la flairer avec une certaine inquiétude, comme un objet suspect. Les tigres ont toutes les mœurs des chats, mais sur les plus larges proportions ; dans les régions tropicales, toute chose, morte ou vivante, subit la loi de cette progression. Le soleil de l'équateur se complaît dans ces ironies contre le Nord. Là-bas, notre chat est un tigre ; notre caniche un lion ; notre pin un palmier ; notre couleuvre un boa ; notre huître une perle ; notre lézard un crocodile ; notre noix un coco ; notre cheval un éléphant ; notre rivière une mer roulante ; notre fièvre un fléau ; notre zéphir un ouragan ; notre artichaut un aloès ; notre lune un soleil de nuit.

Rentrons en cage.

Jack hasarda un pas, puis deux, puis trois vers l'ouverture suspecte, allongea son mufle, et la teinte fauve de sa fourrure changea de couleur sous l'impression d'une frayeur convulsive non encore éprouvée. Ses oreilles s'aplatirent et disparurent ; la peau de son mufle se contracta, et, n'osant ni avancer, ni reculer, il garda une pose immobile comme un tigre empaillé.

Katrina, sa femelle, lui adressa un imperceptible miaulement de tendresse qui ressemblait à une interrogation, et, s'étonnant de la

M. Hodges au Jardin zoologique de Londres.

surdité de son mari, elle vint se placer à côté de lui, regarda pardessus sa tête, et poussa une clameur stridente et lamentable qui signifiait : Nous sommes perdus !

Le lion était couché nonchalamment et regardait cette étrange apparition avec le calme de l'Hercule au repos. Il n'y avait sur son auguste face ni surprise, ni peur ; il savait que deux tigres étaient ses voisins, et cela paraissait fort peu l'inquiéter ; mais enfin il s'irrita de leur obstination insolemment curieuse, il se mit sur ses quatre pieds, secoua sa crinière et s'avança lentement vers ses deux formidables ennemis.

Les tigres exécutèrent un duo de gammes stridentes arrosées

Le combat s'engagea avec furie.

d'écume et reculèrent avec précaution, la queue retirée sous le ventre ; ils vinrent se blottir dans un angle de leur cage, l'un collé contre l'autre, pour doubler leurs forces par l'union.

Le lion encadra son énorme tête dans l'ouverture, et examina la chambre à coucher des deux voisins ; puis il se recueillit et pensa.

Que pensa-t-il ? On ne peut que hasarder des conjectures sur une pensée de lion ; mais, à coup sûr, ce noble et intelligent animal fonctionne spirituellement du cerveau, comme le premier homme venu.

Il s'imagina probablement que le maître de la ménagerie, touché des malheurs d'un lion prisonnier, d'un lion réduit à quatre pieds carrés de logement, lui roi des vastes déserts, avait enfin agrandi sa cage royale ; mais que ce supplément de location étant usurpé par deux infâmes tigres, il fallait le conquérir à coups de griffes et de dents.

Ceci étant admis, le lion marcha fièrement vers les usurpateurs.

Les tigres sont courageux dès qu'il ne leur est plus permis d'être poltrons ; ils ont, comme beaucoup de héros humains, la redoutable intrépidité de la peur. D'ailleurs, en cette rencontre, ceux-ci étaient deux contre un : raison de plus pour combattre et marcher en avant, lorsqu'on ne peut plus reculer.

Deux miaulements sortis de deux poitrails d'airain éclatèrent comme une *Marseillaise* de tigres ; un rugissement noté par Verdi fit la partie de basse dans le trio, et le combat s'engagea avec une furie dont le plus terrible épisode de Solferino ne peut donner une idée aux pâles humains. Les trois combattants se déchiraient, se mordaient, se broyaient dans toutes les attitudes, debout comme des lutteurs, couchés comme des reptiles, racornis comme des maîtres d'armes siciliens, puis formant un seul groupe de leurs trois corps, mêlant leurs mufles, leurs poils, leurs queues, leurs moustaches, et composant ainsi de tout cet ensemble un monstre sans nom. Les griffes labouraient les chairs ; les dents arrachaient des lambeaux de fourrure ; les queues fouettaient l'air avec un bruit de lanières ; le sang ruisselait à flots ; la cage tremblait ; un triple rugissement éclatait sans intervalles de repos. Une morne consternation régnait aux environs chez le peuple fauve de la ménagerie. Les autres lions et les autres tigres de l'établissement bondissaient dans leurs cages et secouaient les barreaux de fer pour se faire une issue et voler au secours d'un frère dont ils reconnaissaient la voix. Bientôt le chœur des monstres devint général ; on eût dit que tous les fauves exécutants des nocturnes concerts de l'Afrique avaient été engagés à Londres par M. Lumley, et qu'ils faisaient une répétition en rase campagne avant de débuter à Covent-Garden. A cet effroyable vacarme, on accourut de Kensington et de Hyde-Park ; la foule des curieux s'augmentait à chaque minute ; les combats de coqs et de boxeurs étaient éclipsés par cette lutte prodigieuse, par ce duel de monstres antédiluviens. Le belluaire, effrayé de son apostasie, et prenant pitié de ses pensionnaires, avait fait rougir à la forge le fer d'une lance, et, bravement posté devant la grille de la cage, il piquait au tison le lion et les tigres pour leur faire lâcher prise et les ramener à leur domicile respectif ; mais les animaux, ainsi lardés par le feu, et attribuant cette morsure enflammée à l'ennemi, redoublaient de rage et creusaient avec plus d'énergie les chairs avec les griffes et les dents.

Après une heure de combat, les trois animaux tombèrent, en se donnant leurs derniers coups de griffes, et en exhalant des râles d'agonie ; il n'y avait plus de force pour la lutte, plus de sang pour la vie, plus de souffle pour les rugissements. Les deux tigres moururent dans l'après-midi ; le lion vécut encore quelques jours.

Le directeur du Zoological-Garden récompensa la belle conduite du gardien en augmentant ses honoraires ; ils furent élevés à soixante-quinze livres. Cet honnête employé toucha le premier trimestre et donna sa démission, motivée sur l'état de sa santé, gravement compromise par les émotions de la bataille féline. Cette raison parut concluante, et le directeur, touché de cette infortune gagnée au service public, promit au belluaire de le faire inscrire sur la liste des serviteurs invalides pensionnés.

Disons à l'éloge de M. Hodges qu'il a gardé le plus profond secret sur cette affaire et n'a réclamé aucune restitution. Le *Times* et le *Morning-Chronicle* ont accablé d'éloges le gardien fidèle et l'ont proposé au monde anglais comme le modèle des serviteurs.

II

Chasse au tigre. — A travers le soupirail d'une cave. — Un Vésuve artificiel.

Un soir, au Théâtre-Italien, dans un entr'acte des *Puritains*, en 1835, nous causions tigres, sir William Bentinck, alors gouverneur de l'Inde, et moi. Il arrivait de Londres pour retourner à Calcutta, et j'avais eu l'honneur de le rencontrer au Louvre, chez le noble duc de Choiseul, qui m'honorait de son amitié. Sir William me conta une histoire qui peut donner un curieux chapitre à cette histoire naturelle en action. C'est une chasse au tigre, avec son cérémonial accoutumé.

Un jémidar de la campagne de Calcutta entra un jour au palais du gouverneur et dit aux domestiques ces simples paroles : « Ce matin, au lever du soleil, j'ai vu deux tigres dans les ruines de la pagode de Senipoor. »

En Angleterre, on annonce le voisinage de deux renards ; dans les châteaux de France, on annonce le voisinage de deux lièvres ; aux bastides de Marseille, on annonce le voisinage de deux alouettes ; et, en Angleterre et en France, on se réjouit de ces bonnes nouvelles, et toutes les mains d'hommes prennent des fusils à deux coups.

Au bruit que fit l'apparition de ces deux tigres dans les antichambres, sir William Bentinck fit prendre des informations, et, la nouvelle paraissant officielle, une partie de chasse fut arrêtée pour le lendemain.

Il faut dire, pour expliquer la joie qui éclatait dans les antichambres et les salons du palais, que le tigre se faisait rare dans la banlieue de Calcutta, et toujours par les raisons données au début de ce chapitre. Il y a tant de fracas industriel autour de Calcutta, ce Londres indien, tant de bruit de machines, tant de nuages de vapeur, tant d'exercices de polygone, que les infortunés tigres se sont éloignés de cette zone, où ils florissaient sous le règne de lord Cornwallis. Un tigre, aujourd'hui, signalé à deux milles de Calcutta, est l'oiseau rare, l'*avis rara* des anciens.

Les grandes dames du palais du gouverneur battirent des mains en s'écriant : « Quel bonheur! nous verrons des tigres en rase campagne! Dans les cages de nos jardins de ville, ils sont toujours un peu empaillés. »

En tête de ces amazones on distinguait lady Bentinck, digne femme de l'illustre gouverneur; lady Harrisson, Mrs. Feneran, lady Kennet, et la jeune et charmante miss Anna, nièce de sir William.

Il faut dire aussi que l'ennui est encore plus intolérable à Calcutta que dans un château du Devonshire, au mois de janvier, lorsque les baronnets quittent l'édredon chaud de leurs lits pour chasser le renard sur la neige, dans une atmosphère de brouillards. Il faut bien s'ennuyer pour faire tant d'honneur à un renard !

Le lendemain, les chasseurs et les belles Dianes chasseresses partirent de Calcutta deux heures avant le lever du soleil. Ils étaient tous à cheval. Les *kansamans*, ou domestiques indiens exercés à ces terribles expéditions, fermaient la marche. On arriva bientôt au Baghaderi, villa du gouverneur, par une longue avenue de *cassuarinas*, arbres à feuilles légères, qui frissonnent au moindre souffle, et, comme les pins italiens, imitent les murmures de la mer.

Les *mahouts* (cornacs) avaient déjà préparé les éléphants, cavalerie de chasse qui destitue les chevaux, et les réduit à l'état de comparses. Les cornacs ordonnèrent à ces colosses dociles de ployer les genoux; on appliqua des échelles sur ces collines vivantes, et les chasseurs, hommes et femmes, montèrent et s'assirent sur les coussins des *howdahs,* incrustés comme des *cabs* sans roues sur le dos des éléphants.

Quand tout le monde fut installé à la cime des colosses, les cornacs adressèrent aux éléphants une courte allocution en indien; car les éléphants s'obstinent à ne pas vouloir comprendre l'anglais, en haine de l'occupation. *Outh, hasté, jee!* leur dirent-ils; ce qui signifie : « Doucement, tout doucement, mes petits[1] ! »

Après cette allocution, les cornacs, prenant un ton plus sévère, parlèrent ainsi aux éléphants : « Éléphants, soyez bien sages; ne jouez pas avec votre trompe, comportez-vous avec prudence, ne volez rien dans les jardins d'autrui. Si nous sommes contents de vous, nous vous donnerons de bonnes herbes fraîches au retour. »

J'ai traduit littéralement cette allocution d'usage dans le bel ouvrage du comte Édouard de Waren, officier anglais.

Le jémidar conducteur de la chasse fit d'habiles dispositions pour diriger la marche dans une direction prudente, et par des détours savamment combinés, selon les règles de la stratégie indienne. Cette science consiste à ne pas permettre à la brise matinale d'apporter les émanations humaines aux subtiles narines du gibier. Il faut donc serpenter en marches et contre-marches, de manière à s'avancer toujours contre le vent; par luxe de précautions, car avec les tigres on n'en saurait trop prendre, la caravane des chasseurs, évitant les sentiers battus et découverts, traversait des massifs de noyers, de muscades, de girofliers, de cardamomes, arbres de parfums, qui assaisonnent l'air de fortes épices et neutralisent les émanations délatrices exhalées des corps humains et des carapaces des éléphants.

Les deux tigres dénoncés par le jémidar s'étaient endormis, après le lever du soleil, dans une crevasse des ruines de la pagode de Senipoor.

[1]. Ces détails sont de la plus scrupuleuse exactitude, et m'ont tous été donnés par sir William Bentinck.

Mais pourquoi, dira-t-on, les tigres ont-ils l'habitude d'élire domicile dans des ruines?

C'est que probablement les tigres raisonnent ainsi : « Les ruines attestent que l'homme, notre ennemi, a été chassé de cet endroit. Si l'homme eût été le maître ici, sa demeure serait encore intacte. S'il a été violemment expulsé de ce domaine, il n'y reparaîtra plus ; donc le refuge est excellent pour des tigres, puisqu'il est mauvais pour l'homme. »

Ce raisonnement n'est peut-être pas formulé ainsi, selon les règles du syllogisme, dans la cervelle des tigres, mais qu'importe ! Attachons-nous au résultat et au fait, et trouvons mieux si nous pouvons.

Les éléphants ont beau prendre les plus minutieuses précautions pour se donner un pied léger, et dissimuler leur marche à la fine oreille des tigres : ils restent éléphants et lourds, et donnent toujours au terrain un ébranlement délateur, surtout lorsqu'ils sont en grand nombre. Les tigres ne dorment que d'un œil, et même leurs narines et leurs oreilles ne sont jamais endormies. Nos deux anachorètes de Senipoor entendirent dans leur sommeil un léger tremblement de terre; et ils se réveillèrent en sursaut, comme des Napolitains par une nuit de Vésuve en éruption.

Les deux animaux, saisis de stupéfaction, se placèrent côte à côte et exécutèrent en sourdine un duo de notes crochues, de plaintes glauques, de gammes stridentes, musique naturelle d'une protestation contre un injuste envahissement d'usurpateurs.

Un cercle d'éléphants bloquait les deux tigres dans une circonférence hérissée de trompes, de dents d'ivoire et de carabines ; un cercle formé de citadelles, un étouffoir de destruction.

Le jémidar agita le *flag* d'Albion ; les chasseurs mirent le doigt aux détentes des carabines ; les jeunes femmes savouraient la poignante volupté des mortelles émotions, et riaient de ce rire nerveux que donne le paroxysme de la terreur.

Les deux tigres se concertèrent et adoptèrent aussitôt une résolution énergique, au milieu de ce cercle qui se rétrécissait toujours, et qui semblait devoir prendre, en se diminuant, les proportions d'un lacet d'étrangleur.

Ils s'élancèrent du sommet des ruines, en décrivant deux arcs dans les airs.

Cinquante coups de carabine éclatèrent à la fois. Les jeunes femmes mirent leurs mains sur leurs yeux et frissonnèrent sous un soleil torride, comme si elles eussent chassé aux phoques chez les Lapons.

Aucune balle n'avait atteint les tigres ; à force d'agilité, d'adresse, de spirales, ils se rendaient comme invisibles dans l'irradiation éblouissante du soleil indien ; le feu de mousqueterie continuait, et les balles atteignaient toujours la portion d'air où le gibier n'était plus. Les bonds de ces deux animaux étaient multipliés dans un tourbillonnement si rapide, que les chasseurs croyaient voir une meute de tigres dans un cercle d'éléphants.

La rage, arrivée au dernier degré dans la tête brûlée des tigres, leur infusa le courage des lions. Le mâle osa bravement attaquer l'éléphant sur lequel miss Anna était assise.

« Courage, Kindly ! cria le cornac à l'éléphant.

— Courage, Kindly ! » dit la jeune fille avec une voix charmante qui parut émouvoir le colosse.

Et le cornac piqua de la pointe de sa hallebarde d'acier la plaie vive entretenue au col des éléphants ; c'est le coup d'éperon.

Kindly reçut le tigre follement agresseur avec les deux poignards de ses défenses ; il l'enleva comme un agneau accroché au clou des abattoirs, le fit retomber sur l'herbe, et d'un coup de trompe il l'assomma.

L'autre tigre, connaissant peut-être par expérience le procédé trop expéditif des éléphants, ne cherchait qu'à franchir le cercle par une issue d'occasion ; il courait au vol, en décrivant une ligne circulaire, comme un cheval de cirque, et les balles tombaient toujours sur son ombre et manquaient le corps.

Sir William Bentinck choisissait avec plaisir ces terribles chasses pour donner aux indigènes un exemple du dandysme anglais.

L'effet produit était toujours immense chez les Indiens, et l'on s'entretenait un mois après la chasse de l'intrépidité calme du gouverneur en face de ce péril qui glaçait de terreur les adeptes de Brahma.

Depuis le moment de l'attaque des tigres, sir William lisait le *Times*, arrivé le matin par l'*India mail*. Il gardait la pose calme du lecteur attentif, comme s'il eût été assis à la *library* de Westminster-Club. L'article *Latest Intelligence* paraissait le préoccuper beaucoup, au moment où la plaine retentissait des rugissements des tigres. Lady Kennet, qui m'a raconté ce détail, assise à côté du gouverneur, lui dit :

« Sir William, le dernier tigre fait mine de vouloir attaquer le général en chef.

— Ah ! ceci est de l'insolence ! » dit le noble gouverneur.

Il laissa tomber son lorgnon, serra son journal, prit sa carabine et l'arma.

Le tigre était à dix pas, et, par des ondulations brusques, il se préparait à fondre d'un seul bond sur l'éléphant du gouverneur. Deux blessures reçues augmentaient la rage du monstre, en lui donnant le mépris de la mort. Il se dressa sur ses pattes de derrière pour mourir en héros sur la brèche d'un éléphant, et reçut la balle de sir William Bentinck en plein poitrail découvert.

Le cirque battit des mains, et sir William reprit son journal avec le plus grand sang-froid.

Les domestiques placèrent les deux cadavres sur un brancard, et ils ornent, comme tapis et trophée, la *bed-room* de lady Kennet.

Les Indiens chasseurs de tigres n'ont pas abandonné depuis longtemps l'usage de la flèche et de l'arc, et ils se servaient presque aussi habilement de cette arme qu'ils se servent aujourd'hui de nos armes à feu. Toutefois, ces animaux, doués d'une merveilleuse subtilité d'odorat, sentent l'odeur de la poudre à une grande distance, et tombent moins étourdiment dans les embuscades, comme ils faisaient autrefois, quand ils étaient cernés par des chasseurs armés de flèches. Les batailles du Décan, la civilisation, la vapeur, ont bouleversé toutes les habitudes de ces animaux et les ont rendus plus dangereux pour l'homme. Dans leurs beaux jours, ils avaient une vie réglée et une nourriture saine et abondante, sur laquelle ils comptaient chaque nuit. Les pionniers, les colons, les nababs, les planteurs, ont fondé des habitations et opéré des défrichements sur des domaines déserts. Les lacs solitaires où les gazelles allaient boire sont devenus de charmantes pièces d'eau où les éléphants domestiques nagent, dans le voisinage d'une riche habitation. Autant de restaurants perdus pour les tigres ! De là des haines féroces contre les usurpateurs blancs et les Européens spoliateurs. Aussi, faisant à leur manière un raisonnement fondé sur la prescription et les droits acquis, les tigres se sont mis quelquefois en chasse pour dévorer ces pâles voleurs européens, qui bâtissent des *chattirams* au bord des lacs et épouvantent les gazelles. Deux exemples historiques, choisis entre mille, donneront une idée de l'audace de ces monstres, qui autrefois se tenaient à distance de l'homme et ne se mesuraient avec lui que dans le cas de légitime défense.

M. Thomas, négociant de Marseille, avait fondé une indigoterie sur les bords de la rivière Caveri, en côte de Coromandel. Une charmante maison de plaisance et un jardin étaient contigus à l'usine. Un mur fort élevé protégeait l'habitation contre les attaques nocturnes des hommes féroces et des animaux de même naturel. Un soir, à l'heure des premières étoiles, cet industriel descendit dans son jardin pour respirer un peu de fraîcheur sous les arbres, et, comme il avançait avec l'insouciance de la sécurité, il s'arrêta court et fut saisi de ce frisson qui agita Robinson Crusoé devant un vestige humain imprimé sur le sable d'une île déserte. Deux escarboucles luisaient dans les hautes herbes et à une hauteur qui dépassait de beaucoup la taille des chats.

« C'est un tigre ! » pensa M. Thomas ; et ses cheveux se hérissèrent.

En effet, il ne se trompait pas. C'était probablement un habitué, un convive d'un lac, sur lequel flottait une gondole pour les amusements de la famille. Cette gondole avait suffi pour mettre à tout jamais en fuite les gazelles du pays; et la disette régnait dans les jungles voisines et poussait les tigres à de dures extrémités.

En ce terrible moment, notre industriel marseillais aurait bien voulu noyer sa gondole et rendre le lac à ses anciens habitués fauves; mais il fallait accepter le péril tel qu'il était, sans essayer de parlementer avec l'ennemi et de lui faire de honteuses concessions.

Le planteur prit le seul parti possible, celui de la prudence : il recula, mais avec lenteur; et le tigre, aussi prudent que l'homme, avança en imitant les mêmes précautions. Arrivé sur le seuil de sa porte, M. Thomas fit un bond en arrière et la ferma, et au même instant le tigre fit un bond aussi, mais prodigieux, et ses griffes retentirent sur le bois de la porte, comme quatre marteaux d'airain.

Enfermé chez lui, M. Thomas reprit courage et courut à son arsenal de carabines; il choisit sa meilleure arme et vint s'embusquer derrière la forte grille du soupirail de la cave. Le tigre stupide (un lion ne commettrait pas cette sottise) se mit à rôder devant la façade de la maison pour trouver une issue. Les deux chiens de garde pleuraient et n'osaient aboyer, quoiqu'ils fussent à l'abri. Le tigre écoutait ces lamentations, flairait ces émanations canines, et, comme dit La Fontaine :

> Il se réjouissait à l'odeur de la viande
> Mise à menus morceaux, et qu'il croyait friande.

Enfin, à force de rôder devant la façade, il découvrit le soupirail de la cave, et, n'ayant jamais vu de grille de fer dans ses jungles natales, il ne désespéra pas de briser avec ses dents ce frêle obstacle qui lui fermait l'entrée d'une maison remplie de gibier humain. A son premier essai, il reçut entre les yeux une balle qui l'étendit roide mort.

Au lever du soleil, M. Thomas, peu rassuré contre les tigres, malgré son mur de clôture, voulut se rendre raison de l'attaque nocturne, et, après un long examen, il devina le procédé dont l'ennemi s'était servi pour pénétrer dans la place. Le tigre avait

Il prépara dans son jardin un volcan artificiel.

grimpé, comme un grand chat qu'il était, sur un érable très rapproché du mur, et d'une branche supérieure il s'était élancé dans le jardin. On pouvait aisément remédier à cet inconvénient par un moyen fort simple, en coupant l'arbre à sa racine ; mais notre industriel marseillais se méfiait, après cette crise, des tigres ingénieurs qui pouvaient très bien découvrir d'autres moyens d'attaque, et, satisfait de sa fortune acquise avec son commerce d'écailles et de sang-de-dragon, il résolut de vendre son indigoterie et d'acheter à Marseille une belle bastide dans une campagne où les tigres sont représentés par des chats. La découverte qu'il fit une heure après le maintint dans cette bonne résolution : en continuant son inspection, il aperçut, non loin de l'érable, dans un massif de hautes herbes, deux petits et charmants tigres, endormis du sommeil de l'innocence, et tenant encore sous leurs pattes une noix de coco, avec laquelle ils avaient probablement joué toute la nuit, pendant que leur bonne mère leur cherchait un peu de nourriture dans le domaine des voleurs blancs. Si la faim est mauvaise conseillère pour les hommes, *malesuada fames,* que doit-elle être pour les tigres, privés de raison et non d'appétit ! Un sentiment honorable avait poussé la bête fauve dans le jardin de l'indigoterie ; mais, s'il y avait aux environs plusieurs mères de famille de tigres, ayant toutes deux enfants sur les pattes et un devoir honorable à remplir, la place n'était plus tenable ; il fallait émigrer promptement, sous peine de servir de pâture à d'innocents appétits.

M. Thomas vendit son indigoterie à la maison Palmer, de Batavia, qui faisait, à cette époque, le monopole des belles propriétés à Java et sur la côte de Coromandel. Le nouvel acquéreur de la plantation du Caveri a, dit-on, passé de bien mauvaises nuits avec les tigres ; mais il a fini par les mettre en déroute, en inventant un système de défense qui consterna les fauves agresseurs et les refoula pour toujours dans les montagnes de l'horizon. Il prépara dans son jardin un volcan artificiel, chargé de poudre, de limaille de fer et de pièces pyrotechniques. Une traînée de poudre fut ménagée jusqu'au soupirail de la cave ; deux gazelles furent attachées à un arbre du jardin, et, l'arbre ayant été coupé, une petite brèche fut ouverte du côté de la rivière pour faciliter l'invasion. Les plaintes des gazelles captives attirèrent trois tigres et leurs familles, et au moment où les féroces envahisseurs tombaient sur les gazelles, le Vésuve artificiel éclata. Les familles félines laissèrent plus d'un poil dans cette explosion, mais heureusement les tigres ne furent pas tués : car la leçon eût été perdue s'il y avait eu destruction générale. Aucun mufle n'a reparu depuis cette époque, et l'indigoterie de l'acquéreur hollandais, l'inventeur du volcan, est encore une des plus florissantes de la côte de Coromandel.

M. Thomas est venu fonder à Marseille un comptoir de commission pour l'Inde. Il avait fait bâtir et habitait une belle maison presque en face du musée. J'ai vu, et l'on voit encore dans la pièce principale du comptoir la tête du tigre, avec un trou au front. C'est un noble trophée de famille.

HISTOIRES D'ÉLÉPHANTS

Le peuple-roi manque d'éléphants. — Mon ami Jémidar. — Comment il est dangereux de porter un fricandeau à un tigre, quand on doit faire visite à un éléphant. — Lord William Bentinck et M. de Jouy. — Histoire d'Harrisson. — Un engagement malheureux. L'éléphantopole du désert. — De méchants voisins. — Deux coups de feu. — Roi des éléphants. — Visite de trois lions. — De branche en branche.

A la bataille d'Héraclée, Pyrrhus, roi d'Épire, avait une cavalerie d'éléphants; lorsque tous les escadrons à trompe chargèrent les Romains, la terre trembla et faillit se crevasser.

Aux cirques de Titus, à Rome, et de l'empereur Gallus, à Arles, les belluaires gardaient un troupeau de quelques centaines d'éléphants. Le peuple romain faisait une énorme consommation de ces colosses. Quand la provision s'épuisait, les édiles, chargés des plaisirs populaires, écrivaient au préfet d'Afrique ces lignes concises : « Le peuple-roi manque d'éléphants. » Aussitôt le bon préfet commandait des chasses, des pièges, des trappes, et au bout d'un mois il envoyait, par les galères d'Ostie, d'Anxur, de Marseille, une centaine d'éléphants, comme avant-garde, pour faire prendre patience au peuple-roi.

Voyez comme les temps sont changés ! Hélas ! cette noble race d'animaux menace de s'éteindre, et de passer à l'état de sphinx. Depuis la bataille d'Héraclée et depuis les jeux du cirque, l'éléphant est devenu une chose rare. On fait payer pour voir un de ces colosses; ils ne courent plus les rues comme autrefois. Si nos édiles écrivaient au gouverneur de l'Algérie de leur envoyer trois éléphants, le gouverneur croirait que nos édiles sont devenus fous.

Laissez avancer l'ère nouvelle de la vapeur et des chemins de fer; laissez envahir par la civilisation les forêts et les vallons vierges, et l'éléphant disparaîtra comme le mastodonte, son aïeul. Nos neveux iront admirer ces colosses au Jardin zoologique, mais ils seront immobiles et empaillés.

C'est le moment de parler avec détails de ces êtres que je n'ose appeler des animaux, et de remplir quelques lacunes laissées par les naturalistes. « On écrira le dernier mot sur l'homme, a dit un sage Indien, sur l'éléphant jamais. » Disons au moins l'avant-dernier mot.

Un naturaliste de profession croit avoir tout dit, lorsqu'il a écrit cette phrase : « L'éléphant est un animal gigantesque, et même le plus grand de la création. Il est difforme, et d'un aspect repoussant. Sa peau est rugueuse. Il a de larges oreilles, de petits yeux, et une trompe à la place du nez. Il est frugivore, d'un naturel doux, et susceptible d'éducation. »

Au moment où les éléphants vont disparaître, il est donc plus que jamais urgent de parler d'eux en termes plus convenables. Il ne faut pas induire nos neveux en erreur ou leur donner des renseignements incomplets.

Les éléphants ont toujours été pour moi l'objet d'une étude spéciale. J'ai compté plusieurs bons amis dans cette noble espèce, et aux temps heureux où j'avais des loisirs, je passais tous les jours quatre ou cinq heures au Jardin des Plantes, dans la société d'un éléphant. Le colosse daignait me remarquer dans la foule de ses courtisans, ce qui excitait souvent des jalousies sourdes; car la faveur des grands a ses orages partout.

Dans l'été de 1832, l'amitié d'un éléphant faillit me coûter cher : c'était un être magnifique, nommé Jémidar, comme celui de mon roman de *la Floride*. Dieu me garde de vouloir calomnier ce pauvre Jémidar, en disant que je dépensais tous les jours, pour entretenir son amitié, environ deux francs de gâteaux et de fruits. Les animaux, hélas! ne sont pas des hommes, il faut les séduire par des largesses. Jémidar me reconnaissait de fort loin et au seul bruit de mes pas : il dédaignait tout à coup les avares badauds qui lui offraient, par dérision, des feuilles de marronnier, et il élevait sa

Pyrrhus, roi d'Épire, avait une cavalerie d'éléphants.

trompe au-dessus de la palissade pour signaler mon arrivée. Les badauds m'ouvraient un passage, et le festin commençait. Quand les provisions étaient épuisées, je faisais le signe qui veut dire : « Il n'y a plus rien. » L'éléphant baissait sa trompe, en signe de résignation, puis il daignait me prendre mon chapeau, ou ma canne, ou mon mouchoir, et s'en amusait, comme un enfant avec des joujoux.

Rien n'avait altéré notre amitié depuis le 15 mai jusqu'au 26 août. On aurait pu se brouiller avec vingt hommes, en si peu de temps.

Le 27 août, le ciel était magnifique et un soleil africain donnait la joie aux familles félines du Jardin des Plantes. Un belluaire, que j'avais séduit, à l'insu du ministre des menus plaisirs du roi, me fit un signe, à la porte des artistes de la ménagerie, la porte interdite au public. J'approchai, et le belluaire me dit :

« Venez voir le tigre Jack, il est superbe aujourd'hui, il est guéri de son *spleen*. »

Jack était aussi un de mes bons amis, jamais le Jardin des Plantes n'a nourri un plus beau tigre du Bengale. Il me savait gré de quelques lapins et de trois jeunes coqs que je lui avais donnés dans sa convalescence, et il m'accueillait toujours très bien. Ce jour-là, je fus mieux reçu que de coutume ; Jack se fit chat pour me plaire ; il me permit toute sorte de familiarités ; j'eus même la hardiesse de le caresser et de passer ma main dans son poil fauve, comme j'eusse fait avec un angora. Après un quart d'heure donné à ces jeux innocents, je quittai la ménagerie féline, je gratifiai le belluaire et je fis chez les femmes étalagistes du Jardin mes emplettes ordinaires pour l'éléphant Jémidar.

Rendez vingt visites à votre meilleur ami, il ne vous recevra jamais de la même manière. Vous le trouverez quelquefois maussade, inquiet, soucieux ; et si vous lui demandez ce qu'il a, il vous répondra : « Je n'ai rien. » Il n'aura peut-être rien, en effet ; les hommes ont des lubies. Ce sont des êtres raisonnables, voilà la seule excuse qu'ils peuvent donner.

Cette fois, l'éléphant Jémidar me reçut très mal. Il prit le premier gâteau offert et le lança dans la mare ; je lui présentai une pomme, et le fruit alla rejoindre le gâteau. Ses petits yeux se fixaient sur moi avec une expression étrange ; ses oreilles s'agitaient comme des éventails ; sa trompe avait pris le mouvement d'un balancier. Je lui montrai une nouvelle pomme... Oh ! cette fois, il poussa un mugissement caverneux qui me fit frémir, et il sembla me dire avec ses yeux : « Comment oses-tu te présenter devant moi ! »

J'avais commis quelque crime de lèse-éléphant, car il ne m'était pas permis de supposer une lubie chez un être sans raison. Mais quel était mon crime ? Voilà la question que je me posai vainement en me mettant à l'écart vers les animaux frugivores.

La disgrâce qui vient des grands a toujours quelque chose de fort amer. Je comprends le poëte Racine, tué sur place par un sévère coup d'œil de Louis XIV. Ainsi blessé, je me mis à errer comme une ombre vaine dans les bocages élyséens du chêne de Daubenton, et je demandai un adoucissement à la botanique. La nuit qui suivit ce jour ne fut pas calme. Je fis des rêves affreux ; il me semblait, dans mon sommeil, que j'étais l'intrépide voyageur Levaillant, aventuré au désert des grands Namaquois, et que, cherchant le *turracus albus,* comme lui, je me rencontrais, comme lui, nez à trompe avec un éléphant. Le frisson glacial des rêves fiévreux me saisit, et je me réveillai en sursaut, me débattant contre une trompe qui m'étranglait.

L'imagination est habile à se consoler dans les chagrins extrêmes. Je me décidai à faire une nouvelle tentative pour rentrer en faveur. Hélas ! à cette époque, je connaissais peu le cœur des éléphants ! Je mettais ces êtres juste au niveau de la race humaine ; je soupçonnais mon ami d'être atteint d'un de ces caprices qui tourmentent si souvent les affections dans notre chétive espèce, et qui proviennent d'une cause frivole, ou même d'une cause absente. Le sage Pan-o-péi me disait, dans son livre indien, que les éléphants étaient des dieux qu'on apaisait par des présents, et que l'éléphant Irivalti, cher à Indra, ayant déraciné dans un accès de colère, et d'un coup de trompe, le manguier sacré, avait repris la douceur d'un agneau devant une gerbe de cannes à sucre, offerte par la belle Sursuti. Le difficile pour moi, en ce moment, était de trouver une gerbe de cannes à sucre, plus rare à Paris qu'une botte d'asperges. Il y a bien quelques cannes saccharines dans une serre chaude du Jardin des Plantes, et je fus tenté un instant de corrompre le gardien, ce qui me paraissait facile, car nous étions alors dans une époque de corruption parlementaire, disait-on de toutes parts ; mais la peur de rencontrer un phénomène incorruptible, et d'être poursuivi à la sixième Chambre, comme suborneur maladroit, me retint sur le seuil vitré de la serre chaude. Je ne corrompis personne, et je résolus de remplacer la gerbe de cannes par un magnifique présent acheté chez un pâtissier des environs.

Le raisonnement qui fonctionnait dans mon esprit me paraissait assez juste. « Si, me disais-je, si les Indiens qui veulent apaiser des éléphants trouvaient le pâtissier Félix, du passage des Panoramas, dans les forêts du Bengale, ils aimeraient mieux offrir une gerbe de friandises feuilletées avec l'art parisien qu'une botte de cannes, pour apaiser la colère d'un éléphant ; ce serait de meilleur goût et d'un effet plus sûr. » Hélas ! l'homme se trompe sans cesse lorsqu'il veut raisonner avec l'éléphant. J'arrivai donc chargé de présents culinaires, fier comme l'ambassadeur d'Artaxercès chargé de corrompre Hippocrate, et, chemin faisant, j'eus encore la pensée fatale de donner à mon tigre favori un fricandeau cru ; je dis aujourd'hui pensée fatale, mais combien j'étais loin alors d'en comprendre la fatalité !

Cette fois et dès qu'il me reconnut, l'éléphant poussa un cri sourd qui ébranla ses vastes cavernes ; *gemitumque dedere caverna*. comme dit Virgile ; j'eus beau lui montrer mes pâtisseries, il me fit signe qu'il me redoutait même dans mes présents, et, pour ne plus voir un nain odieux, il s'enferma dans son palais et ne daigna plus reparaître au grand air.

Désespéré de mon malheur et me disant, comme à l'Opéra-Comique : *Quel est donc ce mystère ?* je m'acheminai tristement vers la fosse illustrée par Martin, et je lançai ma pâtisserie aux ours. Ces stupides quadrupèdes ne firent aucune façon, et dévorèrent tout en un clin d'œil.

Huit jours après cette aventure, j'étais, selon mon habitude, dans la loge du duc de Choiseul, aux Italiens. On jouait *Sémiramide* de Rossini le divin. Dans un entr'acte, le noble duc me fit l'honneur de me présenter à lord William Bentinck, alors roi de l'Inde après le soleil. Lord William était une de mes idoles ; j'avais suivi ce héros dans toutes ses merveilleuses expéditions de guerre et dans toutes ses chasses au tigre et à l'éléphant, en les lisant dans le *Courrier de Bombay*, bien entendu : car je n'ai jamais été, malheureusement, assez riche pour réaliser mes rêves indiens. Nous causâmes zoologie indienne avec lord William, et, par je ne sais quelle transition maladroite, je vins à raconter mon histoire de l'éléphant qui m'avait disgracié. Le noble Anglais prit la peine de réfléchir, et eut la bonté de me dire :

« Je viens de Calcutta pour donner mon vote à lord Bathurst, dans une question de cabinet ; je ne fais que traverser Paris, il faut que je reparte pour Calcutta ; demain j'ai accepté à déjeuner chez l'honorable duc, au Louvre ; j'espère vous y rencontrer ; M. Parmentier m'a dit que vous y venez tous les matins. »

Lord William ne me dit pas un mot sur l'éléphant, ce qui m'étonna peu. Je connais les Anglais ; ils ne veulent jamais se compromettre par une réponse trop prompte. J'attendis donc le déjeuner du lendemain.

Au coup de onze heures de l'horloge du Louvre, on se mettait à table chez le duc de Choiseul. Il n'y avait jamais une minute de retard. Le soleil réglait Lepaute, et Lepaute réglait le gouverneur du palais. J'aime l'exactitude de la table, la seule vraiment nécessaire à la vie, la seule qui nous permette d'être inexacts impunément en toute autre chose. Aussi, pendant cinq ans, je n'ai jamais manqué un déjeuner au Louvre. Hélas ! ces beaux jours sont passés et ne reviendront plus ! Le millionnaire ne déjeune plus : *il mange un morceau sur le pouce* et court à ses affaires. Qui songe, parmi nos Lucullus, à réunir tous les matins quinze convives causeurs, pour discuter à table toutes les questions littéraires et artistiques du moment ? La matière a tué l'esprit. Le bon duc de Choiseul avait inventé ces charmantes séances gastronomiques du matin, et il ne trouvera jamais d'imitateur dans cette capitale, où la richesse est devenue la mère de l'ennui.

Lord William avait daigné oublier le bill de son ami lord Bathurst, pour penser à mon éléphant. Lorsque nous prîmes place à la table du Louvre, chez le duc de Choiseul, il me dit en souriant :

« Vous devez avoir oublié quelque chose d'essentiel dans le récit que vous m'avez fait ?

— Mylord, lui dis-je, mon récit est exact au dernier point. Si j'ai péché, ce n'est pas par omission, à coup sûr, c'est par luxe de détails.

— Eh bien, reprit le noble Anglais, j'ai passé la moitié de ma vie au milieu des éléphants ; j'ai chassé le tigre avec eux ; je les ai étudiés dans leurs mœurs sauvages et domestiques, et je ne comprends pas votre disgrâce. Cependant, comme cette disgrâce est évidente, je parierais mille livres qu'elle est juste, et que c'est l'homme qui a tort, comme toujours, dans un démêlé avec l'éléphant. »

En ce moment, M. de Jouy entra dans la salle à manger.

« Vous êtes toujours en retard, lui dit en riant M. de Choiseul ; on voit bien que vous demeurez dans la maison. Lord William demeure à Calcutta, et il est arrivé au coup de onze heures. »

M. de Jouy était alors conservateur de la bibliothèque du Louvre ; aussi arrivait-il toujours à onze heures et quart.

Le célèbre ermite de la Chaussée-d'Antin s'assit à côté de lord William, mais avec une certaine répugnance ; car il se souvenait toujours de sa tragédie de *Tippo-Saïb*, et il se croyait perpétuellement obligé à détester les Anglais et la *perfide Albion*.

Toutefois M. de Jouy était homme du monde avant tout, et, après le premier mouvement du tragique national, il se montra charmant et très poli envers l'illustre gouverneur des Indes. La conversation devint même du plus haut intérêt entre les deux convives : car M. de Jouy, qui avait servi glorieusement dans les guerres de l'Inde et vu de près lord Cornwallis sur les champs de bataille de Mysore, avait beaucoup de souvenirs à exhumer de la presqu'île du Bengale ; et il ne tarissait pas.

Au dessert, il était devenu l'ami intime de lord William, absolument comme si la tragédie anglophobe de *Tippo-Saïb* n'eût pas existé.

Au coup de midi, on passa dans la salle de billard, selon l'usage. M. Duperray, qui fut secrétaire de Mirabeau, et M. le marquis de Giambone se mirent à faire des carambolages, comme deux jeunes gens de quatre-vingt-cinq ans ; et, dans une de ces profondes embrasures qui s'évasent aux murs du Louvre, lord William et M. de Jouy continuèrent leur entretien sur l'Inde. Depuis l'enfance, âge d'or de l'homme, j'ai toujours écouté avidement les récits des voyageurs asiatiques. D'autres sont nés pour avoir des chevaux ; les chevaux m'ont toujours paru vulgaires : j'étais né pour avoir des éléphants et un *chattiram* en bois d'érable, au bord d'un lac. N'ayant jamais possédé ces choses et ayant perdu l'espoir de les posséder, ma vie n'a pas été faite ; le sort m'a condamné à l'exil en naissant. C'est un malheur irréparable ; j'ai voulu écrire cet éternel regret une seule fois. Le voilà écrit ; n'en parlons plus.

Au milieu de l'entretien engagé entre l'auteur de *la Vestale* et le gouverneur des Indes, une phrase me frappa, celle-ci :

« L'éléphant a presque tous les instincts du chien ; surtout il aime l'homme et *déteste le tigre : c'est un énorme chien ennemi d'un énorme chat.* »

Ce fut pour moi comme un trait de lumière.

« L'éléphant a l'odorat cent fois plus subtil que celui du chien, me dis-je, et celui qui m'a disgracié a probablement flairé sur ma main les récentes émanations du tigre, que je venais de régaler de lapins, de coqs et de fricandeau cru ! *Dis-moi qui tu hantes, je te dirai qui tu es !* Ce proverbe est connu de l'éléphant ; son instinct du moins le formule ainsi : « Quel est donc, aura pensé celui-ci, quel est donc ce nain fourbe qui caresse d'une main un tigre et de l'autre un éléphant ? Arrière ! l'ami des tigres est mon ennemi ! » Oui, poursuivis-je en moi-même, tel était mon crime ! un flair infaillible m'avait trahi. Ma main déloyale, encore toute parfumée des odeurs félines, avait osé offrir des dons à Jémidar ! Voilà pourquoi le colosse me redoutait même dans mes présents, *et dona ferentem ;* il voyait dans ma galanterie une lâche trahison. Si j'avais eu le malheur de commettre une pareille félonie en plein désert africain,

Jémidar m'aurait saisi comme Hercule saisit Lycas, et il m'aurait envoyé promener à vingt toises au-dessus du niveau de la terre. Heureusement, la civilisation, les lois et les gardiens du Jardin des Plantes m'avaient protégé. Le colosse intelligent savait bien que l'homicide, toléré au désert, est défendu à Paris ; il s'était donc contenté de me lancer des regards foudroyants et de me retirer son amitié.

« *Je l'ai trouvé ! je l'ai trouvé !* m'écriai-je, comme le plus illustre des chercheurs, et je fis tout de suite à lord William Bentinck l'aveu de mes largesses au tigre Jack.

— Ah ! me dit-il, vous voyez bien que vous aviez oublié un détail, et le plus important ! Oui, vous avez enfin deviné le motif de la brouille, et vous ne rentrerez jamais en grâce, je vous en réponds. L'éléphant a une excellente qualité, il ne pardonne point ; le pardon lui semble un encouragement donné aux fautes. Puisque vous avez la raison, ne péchez pas !

— Voilà une morale bien austère, mylord, lui dis-je ; par bonheur elle ne vient pas de Dieu.

— C'est que Dieu seul, reprit lord William, sonde l'abîme des âmes et connaît la valeur d'un repentir. »

Et tout de suite la conversation tomba sur les éléphants, et se prolongea jusqu'à cinq heures du soir. L'excellent duc de Choiseul n'assista pas, ce jour-là, à la séance de la Chambre des pairs, pour écouter lord William et M. de Jouy faisant un cours de haute zoologie, comme deux mages de l'antique ville d'Éléphantine, dont on ne voit plus que les ruines au bord du Nil.

Ce qui me fut conté par cet illustre voyageur, je le conte à mon tour, mais pas aussi bien. Je ne donne que la traduction d'un texte très original.

Un industriel anglais, nommé Harrisson, forma en 1802 une société d'exploitation pour le commerce de l'ivoire mort et fossile. Le comptoir était établi à Sourabaïa.

On enrégimenta cent chasseurs très habiles au tir, et ils furent envoyés sur un vaisseau à la baie d'Agoa, avec ordre de s'avancer dans les terres et de cerner les éléphants du côté de ces déserts sauvages qui avoisinent le lac des Makidas, et qui sont hérissés partout de cannes à sucre plantées par la nature, cette sage pourvoyeuse des éléphants.

Harrisson voulut commander lui-même la première expédition. C'était un Anglais de trente-quatre ans, né dans l'Inde, et possédant tous les instincts et toutes les facultés puissantes de l'homme sauvage et de l'homme civilisé; aussi inspirait-il une grande confiance aux aventuriers de sa suite. On se précipitait sur ses traces avec une ardeur aveugle, parce qu'on savait qu'il y avait toujours réussite de gloire et profit d'argent.

Un jour que le vent soufflait du mont Lupata, cette arête du monde, nos chasseurs, ne craignant point d'être trahis par les exhalaisons humaines, si subtilement flairées par les éléphants, malgré les distances, se hasardèrent à pénétrer dans une forêt clairsemée, dont les lianes touffues et arrondies en voûte, comme des corridors naturels, annonçaient le passage fréquent des colosses de la création. Sur une longueur de trois ou quatre milles, on ne découvrit rien; mais bientôt, à travers une immense éclaircie, on aperçut trois éléphants, immobiles comme ceux des temples souterrains de l'Inde, et qui paraissaient être les éclaireurs de toute la colonie de Williakarma. Un de ces colosses donna tout à coup des signes d'inquiétude, comme s'il eût senti le sol s'agiter sous les pas d'ennemis inconnus, et il poussa un cri sourd et prolongé, comme pour ordonner la retraite. L'intrépide Harrisson dit à l'oreille de son voisin : « C'est une mine d'ivoire qui est devant nous ! » Et il se mit avec prudence à la poursuite de la mine.

Par un de ces caprices si fréquents de la nature africaine, la végétation s'arrêta devant les chasseurs, et une affreuse aridité leur montra soudainement des roches à pic, des abîmes sans fond, des vallées de granit sombre, un horizon nu et désolé, qui ressemblait à l'immense cratère d'un volcan récemment éteint dans une convulsion géologique. A l'entrée d'un vallon fort étroit, on voyait des masses grises ressemblant assez à d'énormes débris de rocs tombés de la montagne ; mais, lorsque le soleil, sortant des nuages, les éclairait, il n'y avait plus d'erreur d'optique, on découvrait la vie sous ce granit faux ; c'était l'immobile avant-garde des éléphants de Williakarma.

Harrisson, qui se croyait un général habile, parce qu'il était courageux, fit alors un mauvais calcul de stratégie. Trompé par la configuration du terrain et ne connaissant pas les bizarreries géologiques de l'Afrique intérieure, il pensa que le troupeau éléphantin s'était stupidement retranché dans une sorte de corridor sans issue, dans une impasse de granit, et qu'on pouvait aisément faucher toute une moisson d'ivoire, en la refoulant à coups de carabine jusqu'aux extrêmes profondeurs. C'était bien mal juger les éléphants. Les Romains du consul Pontius ont commis, dans les défilés de Caudium, la faute prévue par notre chasseur anglais ; mais des éléphants sont mieux avisés que des Romains. Le vallon avait une issue et communiquait avec la chaîne de Lupata, comme le passage Jouffroy sert de transition de la rue Grange-Batelière au boulevard.

« Commençons par l'avant-garde, pensa le chef Harrisson, et ensuite nous attaquerons toute la bande par les deux versants du vallon, en tirant du haut en bas. »

Et donnant aux chasseurs le signal convenu, il fit feu, et cent carabines éclatèrent à la fois pour tuer trois éléphants.

Jamais ce fracas de salpêtre inventé par l'homme n'avait retenti dans cette zone ; les échos de la solitude le répétèrent à l'infini, et toute sorte de cris sauvages, de chants d'oiseaux, de rugissements fauves se mêlèrent aux échos et firent parler à l'Afrique intérieure une langue inconnue aux héritiers de Sem, de Cham et de Japhet.

A ce fracas des solitudes succéda bientôt un ouragan épouvantable, qui n'était autre chose que le concert de la colère des éléphants, légitimes locataires de ce désert, révoltés contre une odieuse usurpation. L'indignation de ces colosses vibrait dans l'air et agitait l'épiderme des chasseurs, comme un effluve d'étincelles électriques. Les plus braves tremblaient et n'osaient pas recharger leurs armes ; le seul Harrisson gardait son sang-froid et cherchait à distinguer l'ennemi à travers l'épaisse fumée des carabines. Une éclaircie montra bientôt à la troupe des chasseurs six éléphants qui exécutaient une charge à fond contre les chercheurs d'ivoire. Ce fut alors un sauve-qui-peut général ; Harrisson voulut rallier les

L'éléphant cueillit délicatement Harrisson.

fuyards, mais la terreur panique n'a pas d'oreilles ; l'armée abandonna son chef et disparut dans le labyrinthe des bois.

Les éléphants, quoique plus agiles que les chevaux, vérité que les maquignons ne veulent pas admettre, dédaignèrent de poursuivre leurs ennemis. Le gibier ne voulut pas chasser au chasseur : ils se contentèrent de cerner Harrisson dans un carré de trompes, pour l'empêcher de fuir. Un des colosses avait été blessé à l'oreille, c'est-à-dire au défaut de la cuirasse, et l'éléphant, comme le lion, ne commet jamais une erreur en pareil cas ; il distingue toujours la main lointaine qui l'a frappé. Harrisson était le seul coupable ; toutes les autres carabines n'avaient donné que de la fumée et du bruit.

L'éléphant blessé marcha gravement vers son assassin, et la lenteur de son pas se serait changée en galop, si Harrisson eût pris la fuite. Dans ce moment terrible, le cœur manquerait au plus brave ; aussi la détermination que le chasseur prit, à défaut d'autre, ne peut être flétrie comme un acte de lâcheté : en voyant marcher le colosse dans sa direction, et en suivant d'un œil effaré les ondulations d'une trompe menaçante, Harrisson tomba sur ses genoux, joignit les mains et prit un air suppliant, comme il aurait fait devant un roi absolu pour demander sa grâce ou un sursis. On dit que les lions sont sensibles aux démonstrations de la politesse ; quelques voyageurs ont avancé ce fait, et M. Bègue me l'a confirmé de vive voix ; ainsi on ne doit pas être étonné si les éléphants comprennent le repentir et sont susceptibles de magnanimité. L'éléphant s'arrêta devant Harrisson et parut réfléchir quelques minutes. La réflexion marche vite dans le vaste cerveau de ces colosses. Le chasseur récitait sa prière d'agonie et recommandait son âme à Dieu. Les autres éléphants se tenaient à distance et observaient tout avec leurs petits yeux. Cette grande scène du désert n'avait pour témoin que le soleil, qui serait le plus curieux des historiens, s'il pouvait écrire tout ce qu'il a vu en égoïste muet.

L'éléphant cueillit délicatement Harrisson du bout de sa trompe, et lui faisant décrire un cercle dans l'air, il le plaça sur son cou à califourchon ; après quoi, le géant quadrupède poussa un petit cri et marcha vers le vallon.

Les autres suivirent, comme s'ils eussent deviné la pensée de leur ami.

Harrisson, portant sa carabine en bandoulière, et perché sur le colosse, continuait sa prière d'agonisant ; car il présumait bien que le sursis seul avait été accordé et que son exécution devait avoir lieu plus tard, en présence de toute la colonie, pour amuser ces grands oisifs du désert.

Encore une de ces erreurs que l'homme commet, lorsqu'il ose mettre la routine de ses usages en parallèle avec le bon sens des colosses de la création. On calomnierait leur intelligence en les supposant capables de tuer un homme en place de Grève, pour distraire des éléphants badauds. Au reste, Harrisson était bien excusable s'il se trompait en un si terrible moment ; il n'était pas assis, comme Buffon, avec ses dentelles, sur un bon fauteuil d'acajou dans un cabinet de travail, devant une gravure de Lejay représentant un éléphant et son cornac ; le malheureux chasseur payait de sa personne les erreurs de ses observations géologiques ; on doit l'excuser.

Il faut subir ce qu'on ne peut empêcher ; Harrisson se laissa donc conduire par son invincible ennemi.

L'éléphant traversa le vallon, et, marchant toujours du pas assuré d'un homme qui connaît son terrain, il entra dans une forêt magnifique, percée de corridors sombres, à hauteur d'éléphant, et qui paraissait être le domaine central de la colonie. Si le chasseur n'eût pas été agonisant, il aurait admiré cette nature primitive qui l'entourait de ses merveilles. Les arbres, contemporains des premiers jours de la création, formaient partout des voûtes impénétrables et retentissaient de chants d'oiseaux ; les sources d'eau vive jaillissaient dans les mousses et formaient de petits lacs profonds ou des ruisseaux gazouilleurs ; mille fleurs inconnues, et filles de l'ardente flore africaine, décoraient le tronc des arbres en arabesques superbes, et embaumaient la solitude ; une fraîcheur exquise réjouissait l'âme et le corps, et faisait douter, sous le tropique, de l'existence du soleil. Hélas ! un criminel conduit au supplice ne pouvait guère jouir de tant de plaisirs et de tant de splendeurs !

On arriva dans une immense rotonde de verdure, où vivaient de nombreuses familles d'éléphants au milieu d'une paix profonde, et bien loin des tigres et des lions, voisins peu redoutables, mais très ennuyeux. Les mères paraissaient prendre un vif plaisir à contempler les joyeux ébats de leurs petits enfants sur la pelouse épaisse ou dans les eaux fraîches d'un lac, tout émaillé de fleurs de nénufar ; les pères, plus graves, s'occupaient de leurs devoirs domestiques ; ils détachaient avec leurs trompes les fruits de l'arbre à pain, que les fils ne pouvaient encore atteindre, et on en voyait revenir plusieurs portant des gerbes de cannes à sucre au magasin des provisions. La plus parfaite harmonie régnait dans ce petit État sauvage, où tout le monde était en même temps roi et esclave de son devoir.

L'éléphant blessé déposa mollement son prisonnier sur le gazon, et fut reçu par ses frères avec de grandes démonstrations de joie. Ces colosses, qui n'avaient jamais vu des hommes, ne daignèrent pas remarquer le nain qu'on apportait à la colonie, ce qui froissa très peu en ce moment l'amour-propre d'Harrisson. Le chasseur, libre de ses mouvements, regarda autour de lui pour découvrir le méandre étroit et tortueux qui pourrait favoriser sa fuite ; mais il s'aperçut tout de suite que le mot d'ordre avait été donné ; quatre éléphants le gardaient à vue, trompe haute et défenses en arrêt, comme des sentinelles munies d'une consigne, et prêtes à faire feu sur un prisonnier fugitif.

Sur le gazon où le chasseur prisonnier du gibier s'assit pour faire acte de résignation, les fruits de l'arbre à pain, les cannes saccharines et tous les excellents produits des vergers sauvages étaient amoncelés en abondance ; un ruisseau d'eau vive coulait auprès ; on ne craignait donc pas de mourir de faim ou de soif dans cette éléphantopole du désert ; mais une autre mort était toujours imminente ; il est si aisé à un colossal exécuteur de ce pays de donner un petit coup de trompe sur le nez d'un chasseur, et tout est fini ; on n'en revient pas.

Harrisson redoutait donc toujours ce léger accident, mais peu à peu il se rassurait en voyant les dispositions bienveillantes de la troupe ; il se hasarda même à faire son premier repas, car il mourait de faim et de soif. Aucun éléphant ne troubla le chasseur dans

Quatre éléphants le gardaient...

cet acte si important de la vie ; ceux qui s'étaient le plus rapprochés de la nappe verte où s'étalait le repas frugal paraissaient, au contraire, fort joyeux de voir leur hôte satisfaire largement les exigences de sa soif et de son appétit. Tout marchait assez bien ; mais l'homme n'étant jamais content de son sort, depuis l'Éden, Harrisson, rassasié et rassuré, se creusa la tête pour deviner l'intention des éléphants ; car ces animaux, très bien observés par lui, ont toujours un but et ne font rien pour le plaisir de ne faire rien.

Une certaine agitation se manifesta bientôt dans la troupe, et un bruit de pas lourds ébranla le gazon où reposait le chasseur. Quelques éléphants, qui semblaient être les notables de la colonie, secouèrent leurs trompes, en poussant des murmures caverneux. Les plus jeunes continuaient à folâtrer étourdiment sur l'herbe, comme les enfants du tableau des *Sabines* ; mais les grands-parents se montraient fort soucieux.

Au reste, tout ce mouvement n'avait pas l'air de se faire contre le chasseur, ce qui redoubla ses craintes : «car, pensait Harrisson, il est impossible d'admettre que tant de colosses se démènent ainsi pour procéder à l'exécution d'un nain de mon espèce ; il s'agit donc d'une chose bien plus grave : c'est une invasion de bêtes fauves que les trompes subtiles ont flairée ; je vais assister à une bataille de lions et d'éléphants, et, dans la mêlée, ce serait un miracle impossible si je ne recevais pas un coup de trompe ou de griffe ; il faut donc profiter de l'émotion générale et m'esquiver. Cette fois, on ne me remarquera pas. »

Ayant ainsi pensé, Harrisson rampa sur l'herbe, comme un serpent rusé, pour gagner la porte du corridor ; aussitôt, ses geôliers s'avancèrent la trompe haute, mais avec des allures courtoises, et lui firent comprendre que ce projet d'évasion était découvert et qu'il fallait y renoncer sous peine de mort.

« Voilà qui est étrange ! pensa le chasseur ; comment se fait-il que, dans un moment si solennel et à l'approche d'une bataille formidable, comme les bulletins de l'histoire n'en ont jamais décrit, ces éléphants daignent encore s'occuper de moi ? »

Alors il prit une attitude très humble, et témoigna par des gestes que son intention n'était pas de s'évader.

Avec des éléphants, on peut, à tout hasard, exprimer sa pensée en pantomime ; qui sait ! ils comprennent peut-être mieux les gestes que les hommes ; peut-être expliqueraient-ils un ballet d'action mieux que le parterre de l'Opéra.

On entendait toujours trembler la terre sous des pieds invisibles, mais trop lourds pour faire supposer une invasion léonine, si l'observateur eût été calme. Les éléphants tournaient leurs regards dans la direction du bruit, et leur attitude était plus inquiète que menaçante. Quelle énigme pour un naturaliste compromis !

Enfin un éléphant sortit d'un corridor, puis un autre, et un troisième ; ces nouveaux venus furent reçus avec de vives expansions de joie, et, au même instant, des cris stridents, assez semblables à des éclats de rire infernaux, éclatèrent sur les arbres de la rotonde. Harrisson comprit alors le genre d'invasion que redoutaient les éléphants : une armée de gros singes venaient de s'abattre sur les rameaux voisins, et exécutaient un concert intolérable ; puis ces horribles quadrumanes cueillaient des noix de coco et les lançaient à la tête des éléphants avec une adresse de *clowns,* et les éclats de rire redoublaient sur toute la ligne. C'était vraiment un spectacle digne de pitié de voir ces nobles animaux ainsi tourmentés dans leur vie paisible par ces ignobles histrions des bois, ces Zoïles quadrumanes, toujours sûrs de l'impunité.

En pareil moment, on ne peut faire des réflexions trop longues, mais la pensée fébrile fonctionne très vite et se résume en élixir. Notre chasseur se dit avec tristesse :

« Voilà l'humanité ! Nous les croyons heureux, ces bons éléphants, au milieu de leurs forêts recueillies, sur le bord de leurs étangs, tous paisibles et sages ; jouissant de leur force et ne s'en servant jamais contre les voisins ; tous vivant au sein de leurs familles ; patriarches muets qui ont eu le privilège de ne parler aucune langue, ce qui les dispense de la calomnie et de l'insulte ; eh bien, il est écrit que le bonheur sera l'éternel absent de cette terre! Les singes se sont créés ou ont été créés par l'enfer pour troubler ces graves et doux philosophes dans leurs jeux, leurs repas, leurs amitiés. On s'est souvent demandé à quoi servent ces

Une armée de gros singes envahissait les rameaux.

grands singes. Ils servent à cela : ils empoisonnent la vie des éléphants. »

Telle fut la réflexion du chasseur; les naturalistes officiels la trouveront paradoxale, ce qui lui donne une grande chance d'être vraie au premier jour.

Le tumulte criard et railleur qui désolait en ce moment cette belle solitude n'était pas arrivé à son comble. Des nuées d'histrions ailés semblaient tomber des nues pour faire leur partie dans l'horrible concert des histrions quadrumanes : c'était une invasion auxiliaire, celle des perroquets de toutes les formes, de toutes les nuances, de tous les idiomes connus au désert. Ces oiseaux parasites suivaient les singes, leurs pourvoyeurs, pour ramasser les débris des noix cassées par des mâchoires de fer, et payer la carte du repas en imitant tous les cris, tous les bruits, toutes les gammes des animaux et de la solitude. Cette tempête stridente, formée par les cris des quadrumanes et les imitations des perroquets, désolait l'ouïe délicate de ces pauvres éléphants, et obligeait même les plus jeunes à suspendre leurs jeux enfantins. On verrait en miniature une pareille perturbation, si tout à coup les boursiers faisaient irruption au Conservatoire, et criaient en chœur la cote du trois pour cent lorsque l'orchestre exécute la symphonie en *ut mineur*.

Ce fut alors que l'éléphant blessé par Harrisson s'avança vers le chasseur, et lui donna un regard dont il serait impossible de rendre l'expression.

En sa qualité d'homme, le chasseur ne comprit pas tout d'abord la muette supplique de l'éléphant ; il réfléchissait, regardait la cime des arbres et le gazon, et ne trouvait rien, ce qui excitait de petits frissons d'impatience chez le colosse « : Que l'homme est bête ! » aurait-il dit s'il avait pu parler.

Et si l'éléphant, doué de la parole, et connaissant l'histoire ancienne, eût ajouté quelque chose à son exclamation si injurieuse pour l'intelligence humaine, il aurait dit : « En l'an 281, Pyrrhus, roi d'Épire, ne se croyant pas assez fort pour attaquer les Romains, appela des éléphants à son aide, et, avec le secours des colosses, nos aïeux, il battit les Romains à la bataille d'Héraclée ; eh bien, stupide Harrisson, si je t'ai pardonné ma blessure, si je ne t'ai pas assommé d'un coup de trompe, si je t'ai conduit ici, parmi nous, crois-tu que ce soit pour te montrer comme une curiosité à mes frères? Tu ne devines pas mon intention? me crois-tu moins intelligent que Pyrrhus, roi d'Épire? Nous avons besoin de toi pour mettre en fuite ces singes qui nous font passer la vie dure et nous empêchent de goûter les joies de la famille. Allons! toi, si adroit pour blesser un éléphant et commettre une mauvaise action, sers-toi de ton arme, qui a une portée plus longue qu'une trompe,

Harrisson fit feu coup sur coup, deux fois.

sers-toi de ton adresse pour rendre service à d'honnêtes gens, indignement persécutés. »

La bonne idée illumina soudainement le cerveau de Harrisson ; enfin, il venait de comprendre ! et l'expression de la fierté satisfaite colora son visage ; il allait rendre un immense service à des éléphants, ses amis !

A son tour, le chasseur essaya de se faire deviner par son interlocuteur ; car, redoutant la colère des singes, il avait besoin d'un retranchement solide et d'un abri qui lui permît de faire feu avec impunité sur les maraudeurs. L'éléphant comprit tout de suite le chasseur, et il le plaça entre ses deux défenses et sous sa trompe levée. Protégé par cette fortification inabordable, Harrisson prit sa carabine à deux coups, choisit les deux chefs quadrumanes qui se balançaient à l'extrémité d'une longue branche, bordée d'une arabesque de perroquets, avec des cris et des grimaces de démons, et il fit feu coup sur coup, deux fois.

On entendit un cri seul, mais formidable ; un cri suivi brusquement d'un silence absolu, comme si les êtres qui l'avaient poussé eussent été à la même minute étouffés par une strangulation électrique. Une immense nuée de perroquets s'éleva sur la cime des arbres comme une coupole peinte, qui se divisa tout de suite en mille lambeaux, comme si un coup de vent l'eût fait écrouler dans les airs. Ce fut un de ces spectacles merveilleux que l'Afrique intérieure garde pour elle, ou ne livre qu'aux héroïques adeptes qui osent la surprendre dans le redoutable mystère de ses ombres ou de ses rayons.

Les échos inépuisables de la chaîne du Lupata s'acharnèrent sur cette double détonation, en la répétant à l'infini, et les colonies de lions éparses dans les cavernes de l'artère du globe répondirent par des rugissements à ce premier bruit de la conquête et de la civilisation.

Le chasseur Harrisson n'avait pas égaré ses deux coups de carabine ; les deux singes tombèrent morts sur le gazon. Deux éléphants accoururent, les saisirent avec les lèvres de la trompe, et les lancèrent adroitement vers les branches supérieures, comme pour les livrer à l'examen de leur famille et de leurs amis. Ce fut alors une explosion de lamentations lugubres et presque humaines ; on aurait cru entendre tout un peuple gémissant en chœur sur la mort d'un souverain adoré. Mais le chasseur ne se laissa point attendrir par cette désolation de singes, et, rechargeant sa carabine, il recommença son œuvre de destruction, en choisissant toujours dans la vile populace les notables et les meneurs. Après chaque double décharge, les trompes, toujours adroites, cueillaient les morts et les envoyaient aux branches, où ils tombaient entre les bras des vivants désolés. Il fallut alors songer à la retraite ; les plus poltrons donnèrent un signal aigu, le sauve-qui-peut des quadrumanes ; bientôt les massifs des arbres furent secoués dans toutes leurs feuilles, comme si une tempête intérieure les eût traversés au milieu du calme de l'air, et les gémissements lugubres de ce peuple en deuil s'éteignirent par dégradations à travers la solitude, en réveillant dans les buissons et les antres les familles de monstres qui, depuis la création du monde, n'avaient jamais été troublées dans leur paisible sommeil du milieu du jour.

Harisson, en sa qualité d'homme, prit une pose de triomphateur, comme s'il se fût préparé à recevoir les hommages des éléphants, ses obligés.

Les colosses, modestes par leur nature, n'eurent pas l'air de remarquer l'attitude orgueilleuse de Harisson, et ils exprimèrent leur reconnaissance envers leur libérateur en lui offrant les plus beaux fruits qui étaient à la portée d'une trompe, et qui, suspendus aux extrémités des branches flexibles, ne pouvaient être cueillis par une main.

La joie éclata au sein de la colonie éléphantine ; les mères caressaient leurs enfants ; les fiancés formaient à l'écart des projets de bonheur, qu'aucun singe jaloux ne pouvait plus troubler ; les vieillards se promettaient une mort tranquille ; les petits colosses se livraient à toute sorte d'espiègleries charmantes ; ils cueillaient des fleurs, ils fauchaient le gazon, ils aspiraient l'eau du lac et la lançaient en gerbes à la voûte des arbres ; les mères, heureuses, contemplaient ce doux spectacle avec de petits yeux humides, et bénissaient l'adroit Pyrrhus qui leur donnait ces doux loisirs.

Après les premières heures accordées aux satisfactions de l'orgueil, Harisson réfléchit et tomba en tristesse. Ne craignant pas de parler haut, il s'adressa ce monologue, pour écouter sa voix à défaut d'autre :

« Tout a bien marché, j'en conviens ; me voilà roi d'un

royaume d'éléphants, mes obligés, qui vont me tourmenter de leur reconnaissance et m'emprisonner dans le cercle de leur affection, un cercle de Popilius, orné de trompes infranchissables. Que vais-je devenir, dans mon bonheur? Manger des fruits doux et boire des eaux douces toute la vie ; c'est un régime intolérable pour un Anglais. Vivre seul, à trente ans, au milieu de cette société de quadrupèdes, me paraît aussi chose impossible. J'ai d'ailleurs un besoin inexprimable de raconter à des humains ces choses merveilleuses, et si je meurs ici, il me sera impossible d'écrire mon histoire et de l'envoyer à sir William Bentinck. Il faut donc songer à m'évader avec précaution. Un gentleman n'est pas fait pour garder toute sa vie un troupeau d'éléphants, et le défendre contre des singes. Rentrons chez les miens et choisissons le vent favorable et la plus noire des nuits.

Les éléphants avaient deviné déjà la pensée du chasseur ; pourtant ils mirent une délicatesse infinie dans leur rôle de geôliers ; ils avaient l'air de se placer comme par hasard à toutes les avenues ouvertes, et ils ne laissaient sans gardiens que les murs épais et inextricables que la forêt élevait partout ailleurs dans sa sauvage virginité.

L'esprit de négoce et d'industrie donnait par moments une distraction salutaire aux soucis du chasseur ; il avait là devant ses yeux une fortune, une mine d'ivoire, qu'il évaluait à seize mille livres sterling ; jamais chasseur n'avait vu autant d'ivoire se promener devant ses yeux ; c'était un supplice de Tantale. Les défenses de ces colosses étaient d'une blancheur pure et d'une dimension peu commune ; on les aurait payées à prix d'or, à *National-Galery*, ou sur les marchés de Batavia ; mais il était impossible de les arracher à leurs propriétaires naturels ; la toison d'or conquise par les Argonautes paraissait un jeu d'enfant au chasseur Harrisson.

Un éléphant qui veillait avec soin, quoique d'un œil fermé, sur une éclaircie de l'ouest, poussa un cri sourd et releva ses oreilles, ce qui parut donner de l'inquiétude à ses frères. Les vieillards, qui faisaient la sieste dans une petite rotonde très obscure, sortirent et parurent se concerter, après avoir écouté dans la direction des montagnes. Notre chasseur observait ces mouvements, et toujours plein de foi dans l'infaillible instinct de ces colosses, il pensa que l'armée des singes s'était remise en campagne avec des renforts, et qu'il était appelé à rendre de nouveaux services à ses amis.

Il ne demeura pas longtemps dans cette conjecture, et crut à un danger plus sérieux, lorsqu'il vit les dispositions de défense prises par les éléphants.

Ces colosses se rangèrent en bataille sur la partie du bois menacée par un ennemi encore invisible, et ils éloignèrent les vieillards et les enfants. Harrisson profita de ce conseil indirect, et se plaça dans les rangs des invalides, mais dans une position qui lui permît de bien voir l'étrange événement qui allait se passer.

Un murmure rauque sortit de toutes les gueules colossales, toutes les trompes se levèrent, comme des massues d'Hercule, toutes les défenses se tendirent horizontalement vers le même point.

Trois mufles énormes, ornés de crinières ondoyantes, se montrèrent entre les premiers arbres, et prirent une immobilité de têtes de sphinx : trois magnifiques lions, envoyés probablement en éclaireurs pour examiner ce coin du désert, où venaient de se passer des choses et d'éclater des bruits inconnus aux traditions des grandes races félines. Les lions sont doués de ce vrai courage dédaigné par l'homme, ce courage calculateur qui s'allie si bien avec la prudence et exclut la fanfaronnade et la témérité, deux défauts humains qui souvent engendrent les héros. Il n'y a point de héros chez les lions ; tous sont courageux au même degré, ce qui n'humilie personne. En prêtant l'oreille à des bruits inouïs, les nobles locataires des cavernes adamiques du mont Lupata éprouvèrent deux sentiments à la fois, l'étonnement et la curiosité : eux aussi avaient de jeunes familles et des vieillards à défendre contre une invasion pleine de mystères et un ennemi dont le rugissement inconnu épouvantait même les oiseaux ; alors trois lions de bonne volonté, les trois premiers venus, avaient allongé dans la plaine leurs pieds superbes, et couru à la découverte de l'incompréhensible événement.

L'éléphant déteste le tigre ; c'est en grand la haine du chien contre le chat ; mais l'éléphant respecte et honore le lion ; il connaît les instincts généreux et la sagesse de ce noble animal, roi des solitudes. De son côté, le lion, ne se croyant pas de force à lutter contre ce colosse à trompe, évite avec prudence les coins du désert où vivent les éléphants, et si le hasard de la maraude fait rencontrer quelquefois deux individus de l'une et l'autre espèce, il n'y a jamais la moindre rixe ; les deux passants ont l'air de ne pas se connaître ou de ne pas se voir ; aucun ne fait un signe de suzeraineté ou n'exhale une note d'insulte ; aucun d'eux ne précipite sa marche pour ne pas compromettre sa dignité personnelle ; ils suivent leur chemin, comme s'ils n'eussent rencontré personne, et s'applaudissent tout bas de s'être respectés mutuellement, comme on doit faire entre honnêtes gens divisés par l'opinion.

Les trois lions éclaireurs ne s'attendaient pas à voir un troupeau d'éléphants dans cette partie du désert, où venaient d'éclater tant de mystères, et ils essayaient de se rendre compte de l'énigme, en examinant le terrain. Leur dignité de lions ne leur permettait pas aussi de prendre soudainement la fuite après une mission sans résultat : ils restèrent donc quelque temps immobiles, pour prouver que toute une colonie éléphantine ne les épouvantait pas, et, cette dette payée à leur honneur national, ils reprirent à pas lents le chemin des cavernes du Lupata.

Les éléphants gardèrent leurs rangs de bataille, un quart d'heure encore après le départ des lions. Quant au chasseur, il éprouva cette terreur nerveuse que la présence du lion libre donne au plus brave ; il sentit se paralyser dans sa poitrine le mécanisme de la respiration. Puis une idée triste domina son esprit : il croyait avoir acquis la certitude que des lions rôdaient autour de son domicile, et la fuite lui paraissait donc plus impossible ou plus dangereuse que jamais ; le chasseur était gardé à l'intérieur par des éléphants et à l'extérieur par des lions. Essayez de sortir de prison avec de tels geôliers !

La résignation est, après l'espérance, le plus précieux don que Dieu ait fait à nos âmes. Le chasseur se résigna, et confia dès ce

Les colosses ne témoignaient plus aucune inquiétude.

jour à la Providence le soin de faire sa vie. Il lui restait, comme espoir, la ressource de gagner la confiance des éléphants pour la tromper à la première occasion. Cette ruse, fille d'un sentiment humain, et probablement inconnue des animaux, lui parut devoir être son unique moyen de salut. Toutes ses pensées se concentrèrent alors sur ce but, très légitime d'ailleurs en pareil cas. Il se dévoua donc au service et à l'amusement des colosses ; il donna des soins aux enfants et aux infirmes ; il nagea dans le lac sur leur dos ; il prépara les cannes à sucre en les dépouillant d'une écorce qui contrariait les pauvres petits ; il en fit des gerbes qu'il plongea dans le bassin d'une source, ce qui donnait à l'eau un goût d'une douceur exquise, fort aimée des éléphants sensuels. Aussi de quelle reconnaissance était-il entouré par ces êtres si bons ! La colonie ne comptait pas un ingrat ; il n'y avait qu'un homme, un seul, le bienfaiteur : l'ingratitude ne trouvait donc aucune chance de se montrer au grand et au petit jour. Par malheur, le pauvre Harrisson maigrissait horriblement, après chaque repas trop frugal ; il n'était pas de la constitution des anachorètes de la Thébaïde, et les racines, les fruits, l'eau claire ne pouvaient plus suffire à le retenir debout sur ses pieds. Il fallait donc employer le peu de force qui lui restait encore à soutenir la fatigue d'une évasion.

Tout en rendant ses services aux éléphants, Harrisson les avait habitués à le voir grimper sur les arbres pour chercher des nids de perroquets comme amusement. Il passait quelquefois une heure dans les sombres massifs de verdure que rendent encore plus épais les lianes et les fleurs, déroulés du pied du tronc à la cime. Les éléphants regardaient Harrisson comme un colon de leur famille, et tout en conservant par habitude leurs mesures de prudence contre une évasion, ils n'osaient plus le soupçonner dans son projet de fuite : il paraissait si heureux de vivre au milieu de leur famille ! Les colosses ne témoignaient même plus aucune inquiétude, lorsqu'ils perdaient leur ami pendant une heure dans les sombres massifs des arbres ; et d'ailleurs il n'était pas admissible à leur instinct ou à leur raison que l'homme pouvait prendre le chemin de l'air pour s'évader, le chemin des oiseaux. Heureusement le chasseur Harrisson connaissait la méthode indienne de traverser une forêt épaisse sans toucher la terre. Un soir, un peu avant le coucher du soleil et après un repas aussi substantiel que possible, le chasseur fit son ascension accoutumée aux branches hautes, et, décidé cette fois à périr ou par la griffe d'un lion, ou par la trompe d'un ami, il suivit un chemin de rameaux avec l'agilité du désespoir, et arriva bientôt sur la lisière, à l'entrée du vallon stérile. Là il ne s'arrêta qu'un moment pour laver dans un ruisseau ses pieds nus et ses mains déchirées par la voie douloureuse qu'il avait suivie sur les arbres, et marcha vers l'est d'un pas rapide, en se guidant à la lumière des constellations, ces boussoles naturelles du désert. Lui seul pourrait décrire tous les incidents de cette marche brûlante qui ne s'arrêta qu'à la baie d'Agoa, où faisait relâche pour son aiguade un navire providentiel, le *Bird,* en destination pour Surate. On devine que le chasseur fut accueilli avec des transports de joie par ses compatriotes, surtout lorsque le chasseur eut commencé le prologue de son récit merveilleux. Harrisson ne fit à Surate qu'un séjour de quatre mois; il fut appelé au palais du gouverneur, à Calcutta, par sir William Bentinck, et nommé chef de la grande vénerie, avec les honoraires annuels de cinq cents livres, un peu plus de douze mille francs. C'était bien gagné.

ÉLÉPHANTS ET MONSTRES

I

L'IDYLLE

Les Hollandais ont travaillé soixante ans pour enlever aux Portugais leurs possessions indiennes; mais on trouve encore des descendants d'Alphonse d'Albuquerque sur la terre conquise par le drapeau de Lisbonne en 1498. Ainsi la famille de Luiz Rivarès, établie entre Meerut et Moradabad, fait remonter son origine à Vasco de Gama. Les fils des marins et des conquérants sont devenus industriels cultivateurs, selon la loi du progrès.

L'usine d'indigo de Luiz Rivarès s'élève sur la dernière pente d'un charmant vallon, arrosé par la petite rivière nommée *Hindus*. C'est une oasis d'arbres, de fleurs, d'eaux vives, au centre d'une campagne immense, où croît abondamment le riz *benafouli*, le meilleur riz de l'Inde. Sur l'horizon de cette vaste rizière, on voit se dérouler les lignes sombres de la forêt de Wilharma. Une colline, ou, pour mieux dire, une éminence rocheuse sépare l'usine de l'habitation du planteur anglais John Windham. Les deux voisins et leurs familles vivent en bonne intelligence. Au désert, deux voisins sont toujours deux amis. C'est une leçon donnée aux villes. Si j'avais un roman à écrire, je choisirais ce paysage indien ; mais aujourd'hui l'histoire m'a devancé, elle a choisi pour moi : elle a même fait davantage, elle m'a ôté les soucis de l'invention jusque dans les moindres détails. Quand l'histoire veut s'en donner la peine, elle humilie toutes les imaginations des romanciers.

Dans nos campagnes d'Europe, rien ne peut donner une idée du tableau que je vais essayer de peindre, et qui se reproduisait tous les jours, à quelques variantes près, dans la grande salle verte de l'usine de Luiz Rivarès, à l'heure de midi, quand l'excessive chaleur suspendait les travaux.

Cette grande salle verte n'est pas l'œuvre d'un maçon et d'un architecte ; la nature en a construit les quatre murs et le lambris avec une massive association de tous les arbres des tropiques : un grand ruisseau la traverse dans toute sa longueur en babillant sur un lit de cailloux, et va former plus loin, sous des voûtes sombres, un lac, où les travailleurs indiens nagent et jouent avec deux éléphants domestiques. La même main qui a construit les murs et arrondi le plafond a tissu le plus doux des tapis, avec des gazons et des fleurs. On voit que la bonne nature a destiné ce beau travail de broderie au repos des travailleurs, dans un jour crépusculaire qui invite au sommeil : ce n'est pas un lieu de promenade, mais un lit.

C'est la nuit du milieu du jour : deux jeunes filles indiennes veillent seules, assises sur une escarpolette, et elles chantent sur un mode plaintif, et à voix contenue, le célèbre *Chant des rizières*, cité avec éloge dans le second volume des *Excursions de Skinner*.

Ce chant monotone, comme toute mélopée orientale, entretenait le sommeil des maîtres et des serviteurs, dans l'alcôve de la *sieste* indienne ; mais quand le silence se fit, un jeune homme se réveilla comme en sursaut, et dit en frappant du poing un échiquier placé sur les herbes :

« Bon ! nous nous sommes endormis sur la démonstration du *gambit muzio !* »

On eût dit que deux étoiles se levaient...

A cette exclamation, un autre jeune homme se réveilla, en disant :

« Je ne dors pas, j'écoutais... Nous en étions au septième coup du *gambit*, mon cher maître Hébert.

— Tout juste! reprit Hébert; je savais bien, moi aussi, que je ne dormais pas... Ce sont ces jeunes filles qui nous magnétisent avec leur *requiem* de Brahma... Eh! mes belles enfants, Leïla, Naddya, balancez-vous sur l'escarpolette, si cela vous amuse, mais ne chantez plus. Vous recommencerez à minuit... A présent, mon cher capitaine Volsy, je suis à vous... *Le pion du roi, une case...* Prenez garde, c'est très rusé, ce que je vous fais là.

— Mais, dit Volsy, vous sacrifiez ce pion?

— Oui ; eh bien! hasardez-vous, prenez-le et vous verrez.

— Alors je ne le prends pas.

— Encore plus mauvais jeu pour vous.

— Au diable le *gambit muzio*! dit Volsy, en ravageant l'échiquier; docteur Hébert, vous me dégoûterez de ce jeu avec vos *gambits!*

— Est-il vif cet Anglais! dit Hébert... Êtes-vous bien sûr d'être un Anglais, mon cher Volsy?

— Hébert, mon ami, vous n'avez pas, vous, la gravité de votre profession de médecin. En Europe, vous ne trouveriez pas un malade qui voulût se laisser guérir par vous.

— Tiens! dit Hébert en se levant, vous me rappelez que ce pauvre fakir Waly m'attend dans son cabanon.

— Mais quelle rage vous pousse à guérir des fakirs, docteur Hébert Colomb?

— Oui, vous êtes Anglais, Volsy, je n'en doute plus maintenant; vous êtes même digne d'entrer dans le conseil des Dix de la Compagnie des Indes. Vous regardez un fakir comme un insecte de plus dans le pays des insectes; vous l'écraseriez froidement, s'il gênait votre talon.

— Je l'écarterais...

— Vous l'écraseriez ! moi, je le guéris. Un fakir est un homme...

— C'est un fou.

— Non ; il est méthodiste dans son espèce, comme votre William Bart. Pour un Indien, le méthodiste est un fou, et la Compagnie des Indes, qui est méthodiste, est folle. N'a-t-elle pas destitué lord Ellenborough, comme païen, à cause des portes de Sennauth ?

— Elle a bien fait.

— Mon cher Volsy, la destitution de lord Ellenborough, après sa glorieuse et intelligente campagne de 1842, est la plus grande faute de la Compagnie : vous le reconnaîtrez plus tard.

— Cela tourne au sérieux, mon cher docteur Hébert ; le fakir est plus amusant.

— Eh bien, soit, capitaine !... Là, voyons, n'ai-je pas fait une bonne œuvre, orgueil à part ? Ce pauvre diable avait juré de s'enfoncer une pointe d'acier dans le flanc droit, toutes les fois que l'heure sonnerait à l'horloge de l'usine. J'ai fait arrêter la sonnerie avec la permission de Luiz Rivarès, et le fakir, craignant de déplaire à son dieu, ne se saigne plus. Il met le silence de l'horloge sur le compte de Brahma. Sa raison est saine maintenant ; il ne me reste que ses blessures à guérir.

— Bon courage, dit Volsy en riant ; encore deux ou trois cures pareilles, et le roi de Delhi vous nommera médecin en chef des fakirs.

— J'accepterais, et je rendrais un fameux service à l'Angleterre indienne. Ces fakirs sont vos ennemis les plus dangereux ; ils continuent les Thugs, qui ont failli vous enlever le Bengale, dans la guerre du Nizam. Il faut tout craindre de ces hommes qui ne craignent rien. Les fakirs se font un jeu des mutilations, des suicides, des martyres ; ils meurent en riant sous les roues du char sacré, parce qu'ils vont revivre, disent-ils, dans le céleste jardin *Mandana*. Si leur fanatisme devient un jour national, si la contagion gagne les cipayes, Dieu sait ce qui adviendra.

— Bon ! dit Volsy avec un éclat de rire, nous voilà retombés dans le sérieux !

— Eh bien, voulez-vous du plaisant, mon cher Volsy?

— Oui, docteur, j'en ai besoin comme remède; le thermomètre marque trente degrés à l'ombre, et nous commettons la sottise de nous échauffer !

— Volsy, savez-vous ce que j'ai trouvé dans le cabanon du fakir Waly?... Une Bible en anglais ! une Bible fausse comme la fable du *Ramaïana !*

— C'est William Bart qui l'a déposée chez le fakir...

— Parbleu ! je le sais bien ! interrompit le docteur Hébert; concevez-vous la manie de cet enragé méthodiste? Il se promène dans l'Inde, avec un ballot de Bibles apocryphes, et il en laisse un exemplaire dans chaque gîte où il boit un verre d'eau.

— Voyons, dit Volsy, quel grand mal trouvez-vous à cela ?

— Un grand mal et un grand ridicule, mon cher Volsy. Commençons par le ridicule. Donner une Bible *knowledge* à des Indiens qui savent lire, comme on le fait au collège religieux de Pulopinang, je le conçois et je l'approuve ; mais donner un livre anglais quelconque à de pauvres diables qui ne connaissent pas même la première lettre de l'alphabet indien, voilà le ridicule et l'absurde! Passons au mal. Leur fanatisme s'irrite devant ce livre, ou cette chose mystérieuse qui tombe avec préméditation d'une main anglaise. *Ils vous craignent même dans vos présents;* et quand le colporteur est sorti de la cabane, tout fier d'avoir encore placé un exemplaire, l'Indien illettré chasse le livre du bout de son pied, creuse un trou profond, l'ensevelit, et va faire ses ablutions pour laver ses souillures. Puis, il prend un air solennel, regarde le chemin qu'a suivi le méthodiste, et il le maudit avec tous les anathèmes connus dans sa caste. Un jour peut venir où l'assassinat remplacera la malédiction. »

Volsy riait beaucoup en écoutant le docteur Hébert, et, s'asseyant sur le gazon, il dit, en replaçant les pièces sur l'échiquier :

« Eh bien, mon cher Hébert, j'aime encore mieux le *gambit muzio;* voyons, donnez-moi une dernière leçon, je serai plus docile, et ensuite je vous laisse à votre fakir bien-aimé. »

Le docteur haussa les épaules, pantomime qui signifiait : « Vous êtes un Anglais incorrigible dans votre entêtement » et, refusant d'obéir au geste et à l'invitation de Volsy, il fit quelques pas pour s'éloigner dans la direction de la cabane du fakir. Tout à coup, il s'arrêta, comme s'il eût changé d'idée, et, donnant un sourire à Volsy, il parut consentir à poursuivre sa leçon de *gambit*.

« Oh! je ne suis pas dupe de votre conversion, dit Volsy en riant; j'ai vu remuer les branches à la porte de la salle verte. Les anges arrivent. »

En effet, on eût dit que deux étoiles se levaient dans la direction indiquée par le doigt de Volsy; elles illuminèrent la voûte de verdure et donnèrent soudainement un charme inexprimable à cette vaste alcôve d'arbres, de gazons, d'eaux vives et de fleurs. Paula et Amata, les deux filles de Luiz Rivarès, entraient avec une nonchalance adorable, et répondaient par un imperceptible mouvement de tête au respectueux salut d'Hébert et de Volsy. Le croisement de deux races avait favorisé, on ne peut mieux, ces deux jeunes filles. Paula était brune, Amata blonde; cette différence permettait de les reconnaître : car la beauté de la plus jeune copiant avec exactitude la beauté de l'aînée, les méprises et les erreurs auraient pu naître, même au sein de leur famille; on les distinguait donc à la nuance de leurs cheveux. Cette puissante nature indienne, qui infiltre la sève de son soleil dans ses plantes et ses fleurs, a souvent pour les femmes les mêmes complaisances maternelles; alors les beautés créoles semblent emprunter à la flore indienne ses trésors de luxe et d'éclat; elles grandissent et se développent dans un épanouissement superbe, comme les vivantes sœurs des aloès et des palmiers.

Bien que cette histoire commence avec l'année 1857, la vérité nous force à dire que le costume de ces deux jeunes filles était l'extrême antithèse des modes du temps. Le climat et la campagne de l'Inde ont des rigueurs ou des exigences non prévues par les couturières parisiennes. Les modes du Directoire ont été inventées par une grande dame créole, habituée à l'éloge, sous un climat qui défend aux étoffes de recéler le moindre mensonge sous leurs plis.

Habitués à vivre dans la familiarité de la vie domestique avec Paula et Amata, Hébert et Volsy éprouvaient toujours une crainte respectueuse, lorsqu'ils rencontraient ces deux sœurs, et si la mode anglaise n'eût pas prévalu dans l'habitation de Luiz Rivarès, jamais les deux jeunes gens n'auraient osé entamer un entretien avec elles. Paula et Amata commençaient toujours.

« Continuez votre partie, messieurs, dit Paula, sans quitter le bras de sa sœur, nous serions désolées d'interrompre la leçon d'échecs.

— Nous avions quitté le jeu, dit Hébert en tirant sa montre pour se donner une contenance; il est déjà fort tard... deux heures!... Je vais au travail. »

Un duo d'éclats de rire sembla rouler sur des lames d'or.

« Oui, mesdemoiselles, au travail, reprit Hébert, ce n'est point une plaisanterie. Je vais herboriser, le long du ruisseau; c'est une corvée rude, au grand soleil; mais je ne suis pas venu dans l'Inde pour rester oisif.

— Comme il dit cela sérieusement! » remarqua Volsy.

Le docteur Hébert, qui balbutiait en répondant à Paula, se trouva tout à coup à son aise, grâce à la réflexion railleuse de Volsy, et relevant la tête et croisant les bras, il dit au jeune officier anglais :

« Ah! par exemple! mon cher Volsy, croyez-vous que j'ai quitté l'espoir d'une clientèle parisienne, la première clientèle du monde, quand on la tient, pour venir, dans l'Inde, suivre l'exemple paresseux de vos docteurs anglais? Qu'avez-vous fait pour la science, depuis lord Cornwallis et la conquête de 1799? Vous marchez, depuis soixante ans, sur des milliers de plantes dont chacune est un remède, préparé dans le laboratoire du soleil, et vous n'avez pas même découvert la feuille qui guérit la migraine ou le rhume de cerveau?

— Très bien! très bien! dirent Paula et Amata en battant des mains.

— Pardon! dit en riant Volsy; nous avons découvert la racine du tulipier jaune pour la morsure du cobra capel, et l'*yapana*, pour le choléra-morbus.

— Oh! perfide Albion! s'écria le docteur; ces deux remèdes ont été trouvés avant la dynastie d'Aureng-Zeb, sous le règne de Baber! C'est un médecin indien, le *mouley* de la cour de Delhi, qui les a inventés!

— Capitaine Volsy, dit Amata, ne riez pas, répondez au docteur.

— Il ne répondra pas, reprit Hébert; il rira toujours.

— Et les médecins français, qu'ont-ils découvert dans l'Inde? demanda Volsy, d'un air sérieux.

— Rien, reprit Hébert; mais ce n'est pas leur faute; ils étaient absents. Pour que les médecins français découvrent un remède dans l'Inde, il faut d'abord qu'il y ait des médecins français.

— C'est évident, remarquèrent les deux sœurs.

— Croyez bien ceci, capitaine, poursuivit Hébert : si le général Bonaparte eût fait sa jonction au Mysore avec Typpo-Saïb, en 1799, au lieu de perdre son temps devant Saint-Jean-d'Acre, nous aurions conquis le Bengale, et l'Inde serait française aujourd'hui; et croyez bien que nos médecins et nos chimistes auraient arraché beaucoup de secrets curatifs à ce merveilleux herbier que la nature ne prend pas la peine de polir et de nuancer pour les pieds des tigres et des éléphants!

— Le capitaine ne rit plus, dit Amata.

— Je m'instruis, répliqua Volsy; le docteur m'enseigne l'histoire qui aurait pu arriver. Nous avons eu tort de ne pas laisser conquérir l'Inde par la France. Le mal est fait. N'en parlons plus.

— Avec cette discussion, dit Paula, nous avons fait perdre au docteur une heure d'herborisation; il aurait peut-être découvert la plante qui guérit la migraine. »

Et les deux sœurs firent un mouvement de retraite, qui fut suspendu par un geste de Volsy.

« Voilà nos deux cipayes qui se réveillent, dit-il, mesdemoiselles; si vous montez en palanquin pour votre promenade de tous les jours à notre habitation, ces deux hommes vous serviront d'escorte... d'escorte d'honneur, ajouta-t-il en riant ; car vous savez qu'il n'y a pas le moindre danger. »

Les deux jeunes Indiennes, Leïla et Naddya, qui s'étaient endormies en psalmodiant le *Chant des rizières,* se réveillèrent à l'appel de Paula, et disparurent sous une voûte d'arbres, corridor naturel de l'habitation de Rivarès.

« Mon travail peut attendre, dit le docteur Hébert à Paula ; nous voulons assister à votre départ de promenade.

— Et votre départ de voyage est-il fixé ? demanda Paula, d'une voix timide.

— Non, mademoiselle. J'ai beaucoup de choses encore à étudier ici, et je ne veux pas rentrer en France les mains vides. Notre profession est très peu avantageuse, à Paris, pour les jeunes gens. La concurrence des anciens nous tue. Il y a tant de médecins et si peu de malades ! Je veux me créer une spécialité. Avec la vapeur, les chemins de fer et le percement de l'isthme de Suez, tous les jeunes médecins feront dans dix ans ce que je fais seul aujourd'hui. Il faut donc que je profite de mon monopole. En 1867, il ne sera plus temps.

— Ma sœur m'appelle, dit Paula ; les palanquins sont avancés ; nous allons partir. Je vous rends à votre travail d'herborisation, et je vous souhaite une bonne plante, celle qui guérit...

— Les plaies du cœur, » interrompit Hébert à voix basse.

Paula bondit comme une gazelle blessée par le chasseur, et courut vers les palanquins.

« Enfin le grand mot est dit ; il m'est échappé, à mon insu ; » telle fut la réflexion qu'exprimèrent la pantomime et la physionomie d'Hébert, après la plus concise et la plus claire des déclarations.

Les porteurs des deux palanquins étaient à leur poste ; Paula et Amata s'assirent sous une coupole de soie, où flottait, à la brise, une chevelure de banderoles qui rafraîchissaient l'air comme des milliers de petits éventails.

Volsy parla ainsi à ses deux cipayes :

« Tauly, et toi, Mendesour, escortez les palanquins jusqu'à l'habitation de mon père, et venez me rejoindre ici. »

Tauly et Mendesour appartenaient au 20⁵ régiment d'infanterie indigène, en cantonnement à Meerut ; deux jeunes soldats vigoureusement constitués ; deux satyres de Ramaïana, deux démons à l'épiderme de bronze, aux cheveux d'ébène, aux yeux de tison. Rien n'indiquait chez eux l'appauvrissement de la race ; on voyait, au contraire, que l'énergique sang de la Malaisie coulait dans leurs veines, et qu'ils appartenaient, par droit naturel de filiation, à cette antique famille indienne qui a ciselé en statues, en pagodes, en monstres, en dieux, tout le granit du Bengale et de Java.

Le docteur Hébert et Volsy suivirent des yeux les palanquins jusqu'à l'extrémité du petit chemin qui aboutissait à la colline. Dès qu'il n'y eut plus rien à voir qu'un admirable paysage désert, les deux jeunes gens furent saisis de cette tristesse qui suit le coucher du soleil, et ils rentrèrent dans la salle verte. Un premier mot manquait à l'un et à l'autre pour recommencer l'entretien et donner le change à un ami, ou peut-être à un rival, car aucune confidence préalable n'avait été faite : ni l'un ni l'autre ne connaissait au juste sa position, et chacun redoutait de l'éclaircir.

Enfin, Volsy prit une résolution ; il donna un léger coup sur le bras du docteur, et lui dit en riant :

« Voyons, docteur, laquelle aimez-vous ?...

— Mon cher Volsy, répondit Hébert avec une dignité d'emprunt, je suis venu aux Indes pour m'instruire dans ma profession, vous le savez très bien. Certes, je suis admirateur, comme tout le monde, de la beauté des demoiselles Rivarès, mais voilà tout... A mon tour maintenant, mon cher Volsy ; répondez-moi avec la même franchise, je vous adresse votre question.

— Eh bien, répondit Volsy en riant, je vais être sincère comme vous. Les demoiselles Rivarès sont les seules amies de ma famille : elles sont chez moi en ce moment, et moi je suis ici. C'est tout ce que je puis vous dire. Au surplus, ne venez-vous pas d'insinuer que le fanatisme des fakirs peut influer d'un jour à l'autre sur la généralité des Indiens, que la puissance anglaise court risque d'être menacée?

— Oui, certes.

— Eh bien! je suis soldat, je me devrais en ce cas à la défense de mon pays. Un soldat marié n'appartient pas assez à son état... Je ne puis donc songer au mariage. »

Les jeunes filles s'assirent sous une coupole de soie.

Cette explication ambiguë parut satisfaire le jeune docteur; il tendit la main à Volsy, et, lui montrant un nouveau personnage qui arrivait tout ruisselant de sueur et chargé d'un fardeau énorme, il dit :

« Tenez, mon cher Volsy, voilà un garçon qui est plus malheureux que vous et moi; il va se marier.

— Vous mariez votre domestique César Verlacq? demanda Volsy avec étonnement, et avec quelle femme?

— Oh ! n'ayez pas peur, Volsy... je lui fais épouser Leïla...

— Leïla ! reprit Volsy, Leïla qui a refusé d'épouser un brahmine très épris d'elle !

— Oui, Leïla, reprit Hébert ; les jeunes femmes indiennes n'ont plus de préjugés religieux. Leïla aime mieux être la femme d'un domestique français ou anglais que sultane en Mongolie. Partout les femmes ont du bon sens. Si la Compagnie des Indes était dirigée par cinq Anglaises, elle ferait cinq sottises de moins par jour. »

César Verlacq, ayant déposé son fardeau, s'était approché du docteur pour prendre ses ordres.

« As-tu fait une bonne récolte ? lui dit Hébert.

— J'espère que monsieur sera content, répondit César ; j'ai trouvé au grand soleil, entre des crevasses de rochers, une famille de plantes larges comme une ombrelle de Paris, et doublées de velours comme un manteau de princesse. J'ai tout rasé.

— Très bien ! dit le docteur ; nous verrons cela.

— Après, tout le long de ce ruisseau à qui Mlle Paula a donné le nom de *Very-Nice,* là-bas, bien loin, j'ai trouvé...

— Nous verrons tout cela, te dis-je, interrompit Hébert... va déposer ta moisson dans mon herbier, et repose-toi.

— Me reposer ! dit César ; oh ! pas encore ; je me reposerai à minuit, si le tigre veut bien me le permettre. J'ai découvert du côté du bois un petit arbuste qui sue au soleil comme un pin italien. Il y a quelque chose là-dessous, ai-je dit, pour me servir de votre expression, et je vais déraciner l'arbuste pendant que le tigre dort. »

Et César salua son maître et disparut.

« En voilà un encore que j'ai guéri par des procédés inconnus de la médecine, dit le docteur à Volsy. Ce pauvre garçon n'avait pas été planté sur son terrain. La transplantation l'a guéri de son infirmité natale. Il était si répulsif au travail, qu'un jour, ayant faim, il aima mieux voler un pain de deux livres que de le gagner. Il fut pris, jugé et condamné à la prison. J'étudiai la constitution physique de ce garçon, et je crus reconnaître en lui une de ces natures nerveuses que le Nord tue et que le Midi ressuscite. Un juge ne doit pas faire cette observation, il doit condamner; mais un médecin la fait et il doit guérir. Voilà donc un jeune homme de vingt-cinq ans, aux cheveux roux et crépus, aux yeux verts et intelligents, un gibier de Cour d'assises, un bouc émissaire payant pour tant d'insolvables heureux, un paresseux de la civilisation du Nord, que je prends au risque d'être volé moi-même ; et aujourd'hui, dans ce climat qui aurait dû être le sien, c'est lui qui met de l'argent dans ma bourse, et qui ne se repose plus qu'en travaillant. »

Volsy écouta le récit de cette cure morale avec une distraction que le docteur remarqua, sans vouloir l'expliquer tout de suite. Il n'y eut pas un mot d'éloge ou de raillerie prononcé par le jeune officier anglais. Hébert se sépara de lui en disant, sur le ton de l'insouciance :

« Je vais passer en revue les nouvelles richesses végétales de mon herbier. »

II

LE DRAME

La nuit, toujours précoce dans ces climats, était tombée depuis longtemps, et cette fois, infidèles à leurs habitudes de promenade, Paula et Amata n'avaient pas encore paru chez leur père, Luiz Rivarès, à leur retour de l'habitation de John Windham. Le jeune docteur Hébert commençait à ressentir quelque inquiétude, bien qu'il affectât beaucoup de gaieté devant le père, en ne lui parlant jamais de ses filles, mais en lui racontant les heureuses épreuves pharmaceutiques qu'il venait de faire dans son laboratoire avec deux nouvelles plantes découvertes le matin.

Par intervalles, Luiz Rivarès laissait échapper la phrase ordinaire des attentes longues et inquiétantes :

« Je ne comprends rien à ce retard, elles devraient être ici depuis une heure au moins. »

Ils étaient assis tous deux sur l'escalier d'un chattiram, à la clarté de ces splendides constellations qui donnent autant de jour aux nuits de l'Inde que le soleil aux jours du Nord. Quand l'entretien s'interrompait, ils prêtaient l'oreille à tous les bruits de la campagne, et le docteur Hébert redisait cette phrase :

« Il n'y a pas l'ombre du danger sur le chemin. Huit porteurs et deux cipayes ; avec cette escorte, deux femmes traverseraient l'Inde aujourd'hui. Le tigre est rare et poltron, et d'ailleurs il n'est pas encore levé. »

Une plainte sourde et presque humaine se fit entendre, et Luiz Rivarès tressaillit en regardant Hébert.

Le jardinier passa devant l'habitation, et dit :

« Baby se plaint et refuse d'entrer dans son enclos. Sa maîtresse ne lui a pas souhaité une bonne nuit.

— Pauvre Baby! dit Hébert, je vais le consoler, et Cylon aussi. »

Baby et Cylon, les deux éléphants favoris de Paula et d'Amata, s'obstinaient à ne pas franchir la porte de leur vaste rotonde et restaient sourds aux prières des jeunes Indiennes, Leïla et Naddya.

Hébert avait saisi cette occasion pour se séparer de Luiz Rivarès et se délivrer d'une contrainte intolérable, car ce retard dans l'arrivée changeait déjà ses craintes en désespoir. Volsy, d'ailleurs, lui paraissait suspect, et, ne sachant plus à quelle cause raisonnable attribuer l'absence des deux sœurs, il soupçonnait même un crime et toutes les extrémités alarmantes qu'on peut admettre dans un désert où la loi ne protège que les criminels.

Toutefois, comme il s'était engagé à consoler les éléphants, il marcha vers l'enclos, et, s'adressant aux deux colosses, il leur dit tout ce que la langue anglaise a de plus doux en superlatifs en *est*, pour calmer leur impatience.

« Prenez garde, lui dit Leïla, n'approchez pas trop de Cylon, il est furieux ; regardez ses oreilles comme elles s'aplatissent.

— Il est trop raisonnable pour être furieux contre moi, dit Hébert ; que lui ai-je fait ?

— Vous êtes du pays et vous avez l'accent du domestique de son ancien maître, le marchand de Meerut.

— Cylon n'aime pas les Français ? dit Hébert en riant.

— Il en a tué un à Meerut. »

Hébert fit deux pas en arrière. Le plus brave redoute un coup de trompe appliqué sur le front.

Cylon avait l'air de comprendre le sens de ce dialogue, et il prit une attitude calme pour ne pas effrayer un homme qui, au fond, était un ami, quoique Français.

Hébert faussa un éclat de rire, et, reprenant sa première place, il dit :

Le domestique voulut casser le coco sur la tête de Cylon.

« Cylon devait avoir de graves raisons pour tuer un Français, et...

— Oh! le Français avait tort, interrompit vivement Leïla.

— Je m'en doutais bien, et si nous avions le temps...

— Oh! l'histoire n'est pas longue, reprit la jeune fille... Écoutez... Tous les jours, Cylon était conduit par son maître à l'abreuvoir des éléphants, à la porte de Delhi. Ce maître tomba malade, et le domestique, qui était un marin déserteur français, monta sur le col de Cylon pour aller à la fontaine. Chemin faisant, il acheta un coco et il essaya de le casser à droite ou à gauche sur les pierres des maisons. Les rues de Meerut sont fort étroites, mais la grosseur de Cylon empêchait toujours le coco d'arriver aux murs. Alors cet affreux domestique eut l'abominable idée de casser le fruit sur la tête de l'éléphant ; il traitait ce noble animal comme un caillou du chemin. Cylon comprit la gravité de l'insulte ; mais, selon l'usage de ceux de sa race, il ne se laissa point emporter au premier mouvement d'une colère juste, il voulut réfléchir pour s'assurer que le domestique ne méritait aucun pardon. Le lendemain, sur la même route de l'abreuvoir et dans la même ruelle, le domestique allait à pied en conduisant Cylon, et, quand ils furent arrivés devant le marchand de cocos, l'éléphant cueillit un de ces fruits avec sa trompe et le cassa sur la tête de son conducteur.

— Et la tête ? demanda Hébert avec effroi.

— La trompe était furieuse ; elle cassa tout, et la tête bien mieux que le coco. Après cela, notre beau Cylon se rendit seul à l'abreuvoir et rentra chez lui, suivi de témoins qui avaient vu l'insulte et la vengeance, et le justifièrent devant son maître. Tous les habitants de Meerut ont donné tort au domestique, et personne ne l'a plaint. »

Pendant ce récit, les deux éléphants donnaient des signes d'inquiétude ; ils ouvraient démesurément leurs oreilles caverneuses, comme pour mieux écouter des bruits lointains qui ne pouvaient arriver aux faibles oreilles humaines ; ils élevaient verticalement leurs trompes comme pour recueillir, dans les brises du soir, des émanations de bêtes fauves sur la route que devaient suivre leurs deux jeunes maîtresses, à leur retour en palanquin. Du moins, c'était ainsi que Leïla et Naddya essayaient d'expliquer les mouvements mystérieux des deux colosses.

« Un grand péril est dans l'air, dit Leïla en regardant du côté de Meerut. Les hommes se trompent souvent ; ceux-là ne se trompent jamais.

— Oh! s'écria Hébert, ceci est extraordinaire ; il faut courir à l'habitation de John Windham. Leïla, faites agenouiller Cylon ; Naddya, courez me chercher une carabine ; je veux voir, je veux secourir. »

Au premier signe de Leïla et comme s'il eût compris l'ordre, Cylon se préparait à diminuer sa hauteur pour favoriser l'escalade d'Hébert, lorsqu'on vit s'élancer les chiens de l'habitation vers la route de Meerut.

« Les chiens n'aboient pas, dirent les jeunes filles en sautant de joie. Ce sont les palanquins ! »

En effet, les deux jeunes filles de Luiz Rivarès, éclairées par des torches de résine, parurent bientôt sous les premiers arbres de l'avenue et tombèrent dans les bras de leur père, en donnant des signes d'une terreur au-dessus des périls connus.

Elles montèrent rapidement l'escalier de l'habitation, entrèrent dans la grande salle et s'assirent ou pour mieux dire tombèrent sur le premier divan. Celui qui ne les aurait vues qu'à leur départ n'aurait pu les reconnaître à leur retour. A leur pâleur livide, à leur désolation muette, on ne savait quelles conjectures extrêmes il fallait atteindre pour deviner les angoisses que les filles de Rivarès venaient de subir.

On ferma la porte de la salle, et le docteur Hébert resta seul avec Luiz Rivarès, auprès de Paula et d'Amata. Le jeune homme avait voulu se retirer, mais un signe impérieux du chef de famille l'avait retenu. Un médecin n'est jamais d'ailleurs de trop dans ces crises mortelles ; c'est ce qu'avait pensé Rivarès.

Le docteur français avait au plus haut degré une faculté instinctive, qui n'est souvent chez les autres que le fruit d'une vieille expérience et d'une longue observation ; il savait lire sur un visage la pensée intime, à cause surtout des efforts tentés pour la cacher. Ainsi, en ce moment rapide comme l'éclair, il comprit que la douleur, l'émotion, le désespoir des deux sœurs prenaient leur source dans des causes différentes, et que l'épouvantable révélation qui allait se faire ne dirait pas tout et garderait un secret important.

Voici donc ce qui fut révélé par Amata.

La garnison cipaye de Moradabad s'était révoltée; elle avait massacré les officiers anglais et toutes les familles anglaises. On disait qu'à Delhi et à Agra la rébellion indigène s'était livrée aux excès les plus atroces, à des actes de brutalité inouïe. Une sourde agitation régnait dans le régiment de Meerut. On s'attendait à une explosion, et le jeune Volsy, n'écoutant que son devoir, s'était arraché des bras de sa famille et venait de monter à cheval pour rejoindre son cantonnement.

A cette phrase du récit d'Amata, sa sœur Paula comprima ses sanglots et laissa tomber sa tête sur sa poitrine dans une convulsion nerveuse.

Hébert avait tout écouté vaguement, il ne regardait que Paula. Dès ce moment, le doute ne fut plus permis : Paula était la fiancée de Volsy Windham.

« Le secret avait été bien gardé, pensa Hébert, mais il y a des circonstances décisives qui trahissent les plus intimes secrets du cœur. »

Luiz Rivarès embrassa tendrement ses filles, et, après un long silence, troublé seulement par des pleurs, il dit :

« C'est sans doute un très grand malheur ce qui arrive autour de nous, mais enfin la rébellion ne menace que les Anglais; nous sommes des colons étrangers, nous, et les Indiens n'ont aucun motif pour nous faire du mal. Ainsi, il n'y a pas de quoi nous désespérer, mes chères filles. Notre habitation est un asile sûr; le pavillon portugais la protège... N'est-ce pas, docteur Hébert ? »

Le jeune homme se promenait à grands pas dans la salle et ne donnait aucune attention aux paroles de Luiz Rivarès; mais, en entendant prononcer son nom, il s'arrêta, et, ne sachant que répondre à une demande qu'il n'avait pas entendue, il se lança brusquement dans un accès de colère et s'écria :

« Mais je l'avais prédit cent fois, et tous les sages de l'Inde l'ont prédit ! La *vieille folle* (la Compagnie des Indes) perdra ce pays ! Les méthodistes ne savent que décoloniser ! Les semeurs des fausses

Bibles ne doivent récolter que l'insurrection ! Tant pis pour les fous et les aveugles ! Je le disais ce matin encore à Volsy et il riait ! Ce soir, nous ne rions plus. Oh ! les maladroits ! ils n'avaient qu'un homme, lord Ellenborough, et ils l'ont destitué comme païen ! *Old Company*, voilà de tes coups !

— C'est très juste, dit Luiz Rivarès ; mais que pensez-vous de ce que je vous disais tout à l'heure ?

— Je pense tout ce que vous voudrez, » répondit Hébert avec la brusquerie d'un fou furieux.

Le silence retomba dans la salle, et Amata l'interrompit bientôt en appelant par la fenêtre Leïla et Naddya pour leur recommander de donner des rafraîchissements aux pauvres porteurs et aux deux cipayes qui les avaient ramenées au pas de course à leur habitation.

« Cette nuit, dit alors Rivarès, il n'y a aucun risque pour nous ; ainsi, mes chères filles, allez prendre un peu de repos, dont vous avez tant de besoin. Demain, je ferai arborer le drapeau du Portugal sur le toit de notre maison. »

Amata se rapprocha de son père pour lui dire quelque chose de plus confidentiel sans doute, et le jeune docteur voulut profiter de cette favorable occasion pour adresser directement la parole à Paula ; mais celle-ci se leva comme une pythonisse sur son trépied et dit d'une voix sourde :

« Voulez-vous savoir, monsieur, la cause de notre retard ? La voici : ma sœur et moi, deux femmes ! nous voulions partir pour Meerut ; nous voulions accompagner ce brave soldat qui faisait héroïquement son devoir. Et vous, monsieur, vous, son ami, vous dépensez votre courage contre la Compagnie des Indes, les méthodistes et les semeurs de fausses Bibles ! Vous avez oublié que la France a été l'alliée de l'Angleterre dans la guerre dernière, et vous n'avez pas eu la généreuse inspiration de courir à Meerut pour remplir votre double devoir d'ami et de médecin. »

Et, sans attendre une réponse ou une justification, Paula courut rejoindre sa sœur, en laissant Hébert immobile et muet de surprise et de confusion.

Un instant après, il était seul dans la grande salle ; trois adieux du soir lui avaient été adressés et il n'avait pas répondu.

Vingt projets se croisaient dans sa tête, tous admis et rejetés au même instant. Le sang brûlait son front et tout lui paraissait à la fois facile et impossible. Une heure venait de renverser l'échafaudage de son avenir. Il s'était complu dans un doux rêve ; il se voyait arriver à la fortune et à la célébrité par des travaux honorables et des découvertes inouïes dans ce jardin de l'Inde, ce laboratoire du soleil, cet herbier de Dieu, cette pharmacopée du monde ; il était l'ami de Luiz Rivarès et, le moment venu, il devait nécessairement devenir son gendre. En raisonnant ainsi, il ne se flattait pas, il se rendait justice. Les beaux-fils comme le docteur Hébert Colomb n'abondent pas à l'état civil du Gange, et tous les passeports du *Foreign-Office* ne renferment pas, comme celui d'Hébert, ce signalement avantageux : *Vingt-cinq ans, cheveux noirs, nez aquilin, front large* ; enfin, tout ce qui constitue la distinction physique de l'homme ; car le mot *beauté* ne doit s'appliquer qu'à la femme : c'est un mot exclusivement féminin.

Un jeune officier anglais, blond, rose et doux, était le fiancé de Paula, et, pour n'être pas déshonoré aux yeux du Portugal, il fallait qu'Hébert partît avec les armes du soldat et la trousse du médecin pour donner le secours de l'amitié à un rival heureux. Dévouement au-dessus du courage humain.

Il y a dans l'Évangile deux mots sublimes dans leur association : « Je me lèverai et j'irai ; » *Surgam et ibo* ; c'est le cri des résolutions héroïques. Hébert le trouva dans son âme, et il se leva pour partir, sans faire aucun adieu ; son absence devait parler pour lui.

Comme il se rendait au quartier des domestiques, il rencontra César Verlacq, chargé d'une gerbe de plantes, et il lui dit :

« Veux-tu m'accompagner à Meerut ?

— Mais savez-vous ce qui se passe à Meerut ? dit Verlacq. Savez-vous les dernières nouvelles ?... Non... Je vais vous les apprendre... Deux domestiques anglais arrivent et se sont réfugiés ici. Ils ont échappé par miracle au massacre. Les habitations européennes sont incendiées aux environs. Tout ce qui est de couleur blanche est Anglais. On n'épargne que l'Indien. Les cipayes commettent des horreurs sans nom, ils égorgent, outragent, hachent à morceaux les femmes, les jeunes filles, les enfants. Jamais le soleil indien, qui a tout vu, n'a vu pareille chose. A présent, maître, voulez-vous voir cela de près? marchons, je vous suis.

— Va seller deux chevaux tout de suite, mon brave Verlacq, et attends-moi à la petite porte de l'enclos de l'habitation. Je vais écrire une lettre à ma mère, et, ce devoir rempli, nous ferons l'autre. Va choisir nos meilleures armes de Paris, charge les carabines et les pistolets comme pour une chasse au tigre, et hâte-toi. »

La nuit était avancée; un silence de solitude régnait autour de l'habitation et donnait une affreuse tristesse à ce paysage nocturne que le soleil fait si joyeux. Une seule fenêtre restait ouverte à la façade du nord et laissait échapper la clarté d'une lampe, reflétée sur un épais massif d'ébéniers. C'était le kiosque de la chambre des deux sœurs, Paula et Amata ; elles demandaient à l'air de la nuit un peu de fraîcheur pour adoucir la fièvre de leurs émotions et attendre le bienfait du sommeil.

Deux hommes — nous sommes obligé de leur donner ce nom — sortirent du massif d'ébéniers comme deux bêtes fauves, et se mirent à ramper comme des reptiles à travers les hautes herbes, selon l'usage des Thugs, quand ils vont se faire étrangleurs. Ces deux monstres de nuit avaient pour surnoms Tauly et Mendesour, les deux *fidèles* cipayes de Volsy.

Arrivés au pied du mur de l'habitation, sous le kiosque des deux sœurs, ils prêtèrent l'oreille pour s'assurer que l'entretien des deux jeunes filles avait été interrompu par le sommeil; et ensuite ils examinèrent le mur, pour l'escalader avec l'agilité merveilleuse des jongleurs indiens.

Un léger frôlement d'herbes leur fit détourner la tête, et ce qu'ils virent dans l'ombre glaça leur sang et arrêta le cri sur leurs lèvres. Deux constables de la nature, les deux éléphants, touchaient du bout de leurs trompes Tauly et Mendesour, et les regardaient avec de petits yeux rouges comme des tisons.

Abandonnés à eux-mêmes, dans le désordre de cette soirée où maîtres et serviteurs avaient perdu la tête, nos deux amis, Cylon et Baby, profitaient de leur liberté nocturne et pâturaient à travers les cannes à sucre; mais leur instinct, supérieur à notre raison, leur faisant pressentir des dangers nouveaux dans cette confusion inusitée, ils veillaient de loin sur l'habitation, comme deux molosses de garde, au flair infaillible, et les deux maraudeurs indiens venaient de s'apercevoir de tant de vigilance et de soins intelligents. Les éléphants avaient arrêté les coupables sur le lieu du délit, mais leur devoir se bornait là; ils ne se regardaient ni comme des juges ni comme des exécuteurs; ils emprisonnaient les deux cipayes dans le formidable cercle de leurs trompes, et attendaient le jour pour les livrer à la justice humaine. Faire davantage, c'était compromettre la sagesse calme et la logique instinctive des éléphants.

Le docteur Hébert avait terminé une longue et joyeuse lettre à sa mère, et, ce devoir pieux rempli, il se trouva plus calme.

Il faut se trouver à trois mille lieues de son pays, et se voir entouré des ténèbres d'une affreuse nuit sans lendemain, pour comprendre tout ce qu'il y a de poignant et d'intolérable dans le souvenir d'une mère qui, à la même heure, pense à son fils, et prie pour lui; l'impérieux sentiment du devoir, un héroïsme surhumain, peuvent seuls retenir alors un jeune homme sur une terre sauvage, où la mort ne laisse pas même de traces; où la catastrophe dévore tout, et ne laisse après elle aucune consolation pour ceux qui survivent. C'est dans cette disposition d'esprit que le docteur Hébert écrivit la lettre suivante, dont la forme et le fond ne pouvaient rien laisser soupçonner des terreurs et des périls du moment :

« Chère mère,

« Chaque soir, après avoir beaucoup travaillé, je me dis : Voilà encore un jour qui me rapproche de ma mère ! et je me propose alors de travailler avec la même ardeur le lendemain, pour diminuer la durée de mon éducation indienne. Vois-tu, chère mère, rien ne m'ôtera de l'idée que l'Inde est la pharmacie du soleil, et qu'elle doit un jour détruire toutes les drogueries officielles de Paris, et toutes les boutiques des *chimists* de Londres. Je suis le premier pionnier de cette grande flore médicale, et, chaque jour, je fais un pas en avant dans le laboratoire du soleil. A Paris, mes confrères vivent dans une routine séculaire, dont les comédies riaient il y a deux siècles, et dont on ne rit plus aujourd'hui. En France, la routine invétérée est une chose sainte. La saignée, les sangsues, la diète, l'émétique, le purgatif, voilà qui répond à tout. Ces remèdes amusent, et le temps guérit lorsqu'il ne tue pas. On découvre des planètes dont nous n'avons que faire, mais on ne découvre pas un secret pour empêcher les cheminées de fumer; on découvre un procédé pour remplacer sur un visage un nez absent, comme si les hommes sans nez abondaient en ce monde, et on laisse tousser et se moucher, de novembre en mai, toute la population de Paris, ce qui fatigue horriblement sa poitrine et son cerveau. La migraine et la goutte élisent domicile partout. La science arrive, console, fait des systèmes et ne guérit pas. On a déjà découvert quelques plantes qui guérissent, ce qui prouve qu'une foule d'autres plantes guérissent aussi; mais où sont-elles? Il y a, devant moi, ici, des milliers de larges feuilles, admirablement ciselées, et du plus beau vernis, qui ressemblent à des remèdes, et dont les vertus mystérieuses suintent par tous les pores; mais ces feuilles ne portent pas écrite sur elles leur étiquette curative, comme nos feuilles d'herboriste; il faut donc les étudier, et attendre les révélations de leurs secrets, soit du côté de l'inspiration, soit du côté du hasard. La nature indienne, qui a créé le *boon-upas*, l'arbre de la mort, a infailliblement créé aussi les plantes de la vie. La loi des compensations se manifeste partout.

« Dieu et le temps me viendront en aide, et toi, chère mère, tu m'enverras le bonheur dans une bénédiction; c'est que le bonheur joue le premier rôle dans les découvertes. Si Christophe Colomb n'eût pas dîné à une table où s'élargissait une jatte de lait, il n'aurait pas découvert l'Amérique. Sois tranquille sur ma santé ; je me porte comme un médecin de Paris ; le climat est superbe ; ma société européenne est charmante, et il serait bien possible que l'isolement ne me permît pas de rester célibataire. Il y a ici une créole qui est digne d'être ta fille ; je n'en dis pas davantage aujourd'hui. Écris-moi toujours à Meerut ; un beau pays, avec des individus doux et affables, un quartier de l'Inde calme comme le Marais de Paris.

« Ton dévoué

« HÉBERT. »

« Si je meurs dans cette expédition, pensait-il, j'aurai donné trois heureux mois de plus à ma mère. »

Il laissa sa missive bien en vue sur une table, et sortit résolument pour aller rejoindre César Verlacq.

Une idée fort naturelle le détourna un instant du chemin direct ; il voulut donner un dernier coup d'œil, comme un adieu, au kiosque de fleurs où Paula s'abritait au milieu du jour dans une ombre douce, pour lire ou pour broder. Quand il eut tourné l'angle du mur, il s'arrêta brusquement, comme foudroyé de surprise, en apercevant un tableau de nuit inconnu dans l'histoire et les fables indiennes : deux hommes sinistres, immobiles comme deux statues de granit noir, et gardés à vue par deux éléphants. A la clarté douteuse qui tombait du kiosque, on aurait cru voir un de ces énormes bas-reliefs des temples souterrains d'Elora, lorsqu'un rayon de lumière horizontale pénètre dans les ténébreuses horreurs de ces puits, creusés par des architectes inconnus.

Après la surprise, la réflexion vint, et le jeune docteur devina tout en reconnaissant les deux cipayes. Maraudeurs nocturnes, ces bandits cuivrés étaient comme l'avant-garde de toute la bande de Meerut. Un horrible danger menaçait donc les deux filles de

Rivarès, et, pour le moment, il ne fallait songer qu'à veiller et à défendre, sans alarmer les jeunes femmes. Hébert renonça par devoir et par nécessité à son expédition de Meerut, et tint conseil avec César Verlacq sur le parti décisif qu'il fallait prendre.

Verlacq, qui vivait dans l'intimité avec les deux éléphants, et leur servait souvent de cornac, dit à Hébert :

« Laissez-moi faire ; je crois mon idée bonne. »

Il se munit des choses nécessaires à l'opération méditée, marcha aux cipayes, et, sous la protection des deux trompes amies, il garrotta étroitement Tauly et Mendesour, et enferma les coupables à triple tour dans une cave de l'habitation. Hébert accompagnait son domestique avec deux pistolets armés, le doigt à la détente, et prêt à faire feu, en cas de rébellion.

Après cette expédition, Hébert consulta Verlacq sur le nombre de serviteurs sur lesquels on pourrait compter pour défendre l'habitation dans un cas de surprise.

« Sur bien peu, dit Verlacq avec tristesse ; je connais tout le personnel et je vois à peine quatre hommes braves et sincèrement attachés à la maison : il y a le jardinier, le palefrenier, le domestique de M. Rivarès et un batteur de riz ; tout le reste ne nous ferait aucun mal, je crois, mais ne nous défendrait pas.

— Eh bien, dit Hébert, il faut tout de suite, et sous un prétexte quelconque, réveiller ces quatre hommes, les instruire du péril, et leur dire de se tenir prêts avec des armes sous la main... Le plus grand secret surtout, mon brave Verlacq, il faut que les femmes ne sachent rien ; elles ont déjà souffert assez, et...

— Mais, interrompit Verlacq, si nous sommes attaqués, ces deux belles demoiselles entendront les coups de carabine, et il vaudrait peut-être mieux les avertir.

— Non, Verlacq : ce qu'il faut avant tout, c'est leur donner du repos et du sommeil, le plus longtemps possible ; et puis, qui sait ? notre devoir est de prendre toutes nos précautions ; mais nous avons encore l'heureuse chance de n'être pas attaqués.

— Vous avez raison ; mais lorsqu'on se met à prendre des précautions, il faut les prendre toutes, dit Verlacq après avoir réfléchi ; voici la meilleure...

— Voyons, donne vite la meilleure, dépêche-toi !

— Voici, maître : je vais placer les *howdahs*, et les plus larges, sur le dos de nos deux éléphants, afin qu'ils soient prêts et qu'on n'ait plus qu'à leur dire : *Tout doucement, mes petits : outh, hasté, jee*. A la première alerte, Cylon et Baby emporteront ces jeunes filles et leurs *mahouts* (cornacs) d'occasion bien plus vite que le cheval le plus leste ; moi, je me charge de les conduire en lieu sûr. »

Hébert réfléchit un peu et dit :

« Je t'approuve, ne perdons pas de temps. Place les howdahs, et après réveille et arme les fidèles de la maison ; il faut que dans une heure tout soit prêt. »

La nuit s'écoulait, et le jeune docteur, qui s'était chargé du rôle de sentinelle, prêtait continuellement l'oreille aux murmures de la campagne et n'entendait rien qui justifiât ses craintes ; aucun bruit alarmant ne s'élevait aux environs. La petite troupe des défenseurs, réunie sous le chattiram, faisait bonne garde ; les deux éléphants attendaient à la porte de leur enclos, et ils paraissaient joyeux, disait Verlacq, comme s'ils eussent deviné la grandeur du service qu'ils allaient rendre à leurs jeunes maîtresses dans cette affreuse nuit.

On attendit le danger jusqu'au lever du soleil. La clarté du jour dissipa les inquiétudes et leur donna même un caractère d'exagération presque ridicule : Verlacq hasarda quelques plaisanteries en ramenant Cylon et Baby dans leur enclos, où il les débarrassa de l'attirail de voyage. Les serviteurs, que le travail appelait, murmurèrent contre Hébert, en regrettant une nuit perdue. Toutes les histoires de la veille furent traitées de visions indiennes et de contes chinois ; Luiz Rivarès lui-même, rassuré par l'éclat du soleil et la sérénité de la campagne, montra un visage si calme, que le travail recommença dans l'usine, comme si les alarmes de la veille n'eussent pas existé.

Paula descendit fort tard et seule ; elle manifesta un grand étonnement en voyant le docteur Hébert assis avec insouciance sur la terrasse de l'habitation, et s'avança vers lui avec l'intention de recevoir son salut et de le remercier ironiquement du zèle avec lequel il avait couru au secours de Volsy. Les premiers mots échangés entre la jeune fille et le docteur furent froids et convenables ; mais Paula était trop vivement irritée pour s'en tenir à ces préliminaires.

« Monsieur, dit-elle de sa voix la moins douce, j'ai toujours entendu vanter la galanterie des Français, et je vois aujourd'hui qu'elle est à la hauteur de leur courage. »

Hébert bondit comme si cette phrase eût été un coup de poignard, et répondit sur un ton calme :

« Mademoiselle, il ne faut pas juger d'un peuple par un homme ; je puis manquer de galanterie et de courage, moi ; mais cela ne prouve rien contre ma nation.

— Ainsi, monsieur, reprit la jeune et belle créole, vous ne vous justifiez qu'en vous accusant.

— Que pourrais-je vous dire, mademoiselle ? les faits parlent contre moi ; les apparences ne me sont pas favorables. Je devrais être à Meerut, et je suis ici. J'aime mieux la sécurité que le péril ; c'est trop évident.

— Et votre nuit a été assez bonne, sans doute ?

— Oui, mademoiselle, je suis assez content de ma nuit.

— Et maintenant, monsieur, le soleil, qui donne du courage aux plus poltrons, ne vous conseille pas mieux que la nuit ? Vous irez herboriser le long des ruisseaux ? vous n'irez pas à Meerut connaître le sort de votre ami...? »

Le silence osbtiné d'Hébert mit au comble l'irritation contenue de la vive créole ; elle lança au jeune homme un regard foudroyant, et lui dit :

« J'apprends aujourd'hui comment est faite la lâcheté. »

Et elle disparut sous les arbres, en murmurant d'autres paroles plus injurieuses encore pour Hébert.

Le jeune homme se montra héroïque pendant cet entretien intolérable ; il n'avait qu'un mot à dire pour se justifier d'une si odieuse accusation ; il préféra se taire et rester fidèle à son premier plan de conduite : ne pas alarmer les femmes et les protéger à leur insu.

Paula ne s'en tint pas aux paroles ; elle profita de l'ascendant qu'elle avait sur son père pour tirer une vengeance complète du silence et de la conduite d'Hébert : elle exigea que, par ordre de Luiz Rivarès, ce lâche Français serait chassé de l'habitation, comme indigne de s'asseoir à la table d'une noble famille portugaise. Le père, dominé par Paula, s'inspira de l'aveugle indignation de sa fille, et, rencontrant Hébert dans la salle verte, il lui dit, sur le ton le plus injurieux :

« Monsieur, l'Inde est grande ; on peut herboriser partout ; honorez-nous de votre absence, on vous saura gré de ce service chez les Rivarès. »

Et portant la main à son chapeau de Manille, sans se découvrir, il fit une révérence ironique et s'éloigna.

Hébert courut à lui, et le prenant par le bras :

« Me permettrez-vous, lui dit-il, de vous faire, à vous seul, une petite confidence ? »

Le ton naturellement amical qui accompagnait ces paroles frappa Luiz Rivarès ; il s'arrêta et parut disposé à écouter la confidence du docteur.

Alors Hébert révéla dans tous leurs détails les horribles scènes de la nuit, et montra du doigt la prison provisoire où les deux bandits étaient renfermés. Il finit par ces mots :

« Maintenant je puis accepter mon congé sans honte ; adieu, Rivarès, veillez sur vos prisonniers. »

Ce fut alors Rivarès qui retint par le bras le docteur Hébert. Le terrible récit avait profondément ému le père de famille et le maître de l'habitation ; il serra les mains du jeune homme et lui dit :

« Pour vous remercier dignement, je voudrais pouvoir vous appeler mon fils... Le jour viendra peut-être... »

Il s'arrêta brusquement et retira ses mains des mains du docteur

Hébert ; Paula traversait la salle verte, en retenant un cri de surprise dont la première note fut entendue. Elle venait assister avec une sorte de joie à une scène d'expulsion dont la flétrissure retombait sur le lâche Hébert, et que voyait-elle ? son père prodiguant à ce misérable les témoignages de la plus vive affection et de la plus sincère amitié.

Luiz Rivarès essuya furtivement deux larmes, les remplaça par un sourire, et s'avançant vers Paula :

« Chère enfant, lui dit-il, tu dois avoir pleine confiance en ton père, ton meilleur et peut-être ton seul ami... Eh bien, je te le jure, le docteur Hébert ne mérite pas l'affront sanglant qu'il allait recevoir ; c'est un homme plein d'honneur et de courage... »

Un éclat de rire strident interrompit cet éloge ; Paula était arrivée au délire de la colère et de la douleur.

« Oui, je devais m'attendre à cela, dit-elle ; il vous a parlé avec son faux esprit de démon, et il vous a séduit. Vous êtes sa dupe et il rit de votre crédulité...

— Non, non, ma chère fille, interrompit Rivarès ; non, crois-le bien, ce jeune homme...

— Il vous a indignement trompé, mon père, vous dis-je. Ah ! si vous l'aviez vu tout à l'heure devant moi, pâle et muet comme le criminel surpris dans son crime, vous ne le justifieriez pas, comme vous faites.

— Je le justifierai toujours, ma chère Paula ; et toi-même tu lui rendras justice... et bientôt. »

Paula tressaillit et fit le signe impérieux qui supprime la parole : son oreille subtile venait de recueillir des cris confus et le bruit précipité d'un galop de cheval. Elle prit le bras de son père et dit d'une voix étouffée :

« Allons voir ! »

Un cavalier franchissait la première porte de l'habitation, au milieu des serviteurs et des travailleurs de l'usine, accourus au même bruit ; il tenait une jeune fille de onze à douze ans avec son bras gauche replié sur sa poitrine, et sa main droite semblait faire le geste qui ordonne le silence et le calme. Paula poussa un cri de terreur ; mais son énergie virile la sauva d'un évanouissement : elle avait reconnu de loin son fiancé Volsy ; elle avait vu des traces de sang sur le pantalon blanc de l'uniforme : tout annonçait un désastre inouï, le ravage de l'habitation des Windham, et le massacre de toute une famille, dont il ne restait plus que la petite Mary, sauvée miraculeusement par son frère et par la protection de Dieu.

III

A TRAVERS LES BOIS

Ce fut un moment impossible à décrire, car trop de choses émouvantes se firent à la fois. Paula et Amata s'emparèrent de la petite fille, qui demandait sa mère avec des cris déchirants, et le docteur Hébert reçut dans ses bras le jeune officier anglais, qui perdait son sang par une blessure, et articulait à peine ces effrayantes paroles :

« Sauvez les femmes... pas une minute de retard... les brigands sont là... ne perdez pas votre temps avec moi... je suis blessé à mort. »

Luiz Rivarès, hors de lui et n'étant plus maître de sa raison, comme tout homme heureux qu'une catastrophe subite écrase, allait et venait sur la terrasse, en criant :

« Je ne suis pas Anglais, moi ! mon pavillon me protège ! Je n'abandonnerai pas mon habitation ! je veux les recevoir. »

Hébert mettait un appareil sur la blessure de Volsy, et, à chaque instant, il regardait de tous côtés pour voir si le fidèle Verlacq n'arrivait pas.

Les serviteurs et les travailleurs indiens assemblés devant l'habitation regardaient cette scène avec une indifférence alarmante, et ne paraissaient nullement disposés à prendre les armes pour défendre l'habitation contre leurs compatriotes insurgés.

« Hâtez-vous donc ! redisait sans cesse Volsy ; sauvez les femmes, au nom du Ciel ! »

Hébert, tout entier à ses devoirs de médecin, n'avait pas l'air d'écouter Volsy.

Verlacq arriva bientôt avec les deux éléphants, deux chevaux, des munitions et des provisions de toute espèce. Hébert dit à Volsy : « Sauvons les femmes et les hommes, » et fit signe à Verlacq de préparer les éléphants à recevoir les fugitifs.

Volsy, agonisant et couché sur l'herbe, ne parlait plus, mais il désignait toujours du doigt et du regard la route de l'habitation de son père, c'est-à-dire le chemin des égorgeurs et des incendiaires attendus.

Puis le jeune homme ferma les yeux, laissa tomber ses bras, et sembla rendre l'âme dans une dernière convulsion.

« Il est mort ! dirent plusieurs voix, au moment où Paula descendait sur la terrasse.

— Taisez-vous ! » leur cria Hébert.

Et prenant Volsy dans ses bras, avec l'aide de Verlacq, il le plaça dans le howdah de l'éléphant Cylon en disant à Paula, désolée et muette :

« Ne vous alarmez pas, mademoiselle, ce n'est qu'une faiblesse d'épuisement, je réponds de la vie de Volsy. »

En un clin d'œil, les deux jeunes femmes, la petite Mary, Hébert, Volsy, Leïla, Verlacq, le jardinier fidèle, Luiz Rivarès, les uns placés sur les deux éléphants, les autres sur les chevaux, quittèrent l'habitation en se dirigeant vers la forêt de Willarma, par une route de roche dure, qui ne gardait pas les traces des fugitifs. Verlacq et le jardinier, placés sur le cou des éléphants, servaient de cornacs, et les deux colosses devançaient dans leur course les deux agiles chevaux montés par Hébert et Rivarès.

Un quart d'heure après, des voix stridentes et confuses se firent entendre sur la route de Meerut, avec le fracas d'un ouragan des

Les deux colosses suivirent une route de roche dure.

tropiques ; on vit bientôt arriver une meute de démons cuivrés, de spectres du Ramaïana, de vampires indiens, tous couverts du sang des victimes, tous armés de crids malaisiens, de carabines anglaises, de torches résineuses ; une vivante trombe de destruction qui massacrait, incendiait, ravageait tout sur son passage, et ne laissait après elle que cendres fumantes, ruines éparses et ruisseaux de sang humain.

Les monstres trouvèrent l'habitation déserte et la ravagèrent de fond en comble. Tauly et Mendesour, les deux cipayes prisonniers, poussaient des hurlements affreux au fond de leur cave, et, délivrés par leurs compatriotes, ils reparurent au soleil, avec une soif de vengeance et une furie de passion dont rien ne peut donner une idée dans nos froids pays du Nord, et qui sont les sentiments naturels dans ces zones de flamme, où le même sang coule dans les veines de l'homme sauvage et du tigre noir.

Les deux féroces prisonniers avaient entendu le pas lourd et rapide des deux éléphants, et deviné la direction des fugitifs ; ils s'armèrent jusqu'aux dents, associèrent quatre amis aux chances de leur expédition et, montant à nu six chevaux enlevés aux étables, ils se ruèrent, comme des centaures endiablés, à la poursuite des filles de Rivarès, et les chevaux, flairant dans l'air la trace de leurs compagnons de crèche, secondaient à merveille les coupables intentions de leurs cavaliers.

Cependant la petite caravane, conduite par Verlacq, était arrivée dans la profondeur de la forêt de Willarma, et faisait halte au milieu d'un massif de *cassuarinas*, arbres charmants, dont les feuilles légères imitent le murmure de la mer. Comme il n'y avait plus de secrets à garder, Luiz Rivarès venait d'apprendre à ses deux filles tout ce que le docteur Hébert avait fait d'héroïque pendant la dernière nuit, pour les défendre et protéger l'habitation. Après ce récit, Paula se serait volontiers précipitée aux pieds d'Hébert, pour lui demander le pardon de tant de soupçons injurieux et de paroles outrageantes ; sa haine se changeait en affection et en reconnaissance, à ce moment surtout où elle voyait le jeune médecin prodiguer les soins les plus intelligents à Volsy blessé; car cette halte dans les bois n'avait été faite que pour donner un peu de repos au jeune officier, et appliquer un second appareil sur une hémorrhagie alarmante. En cette occasion, Hébert trouva des ressources merveilleuses dans son art et ses études. La feuille de *l'arbre qui sue au soleil,* découverte par Verlacq, arbre que les Anglais nomment *sun-tree,* opéra une cure étonnante, ou, du moins, donna un espoir de prompte et complète guérison. Le sourire reparut sur le visage de Volsy, et son jeune docteur, oubliant généreusement qu'il était aussi son rival, poussa un cri de joie, et levant les yeux au ciel, il dit à Paula :

« Je l'ai soigné, Dieu le guérit. »

Paula tourna la tête pour cacher des larmes et des émotions opposées, et serra les mains du jeune docteur.

« Maintenant, dit Hébert, notre pauvre blessé a besoin de sommeil ; et, quoi qu'il arrive, notre devoir est de nous arrêter ici quelques heures pour lui donner ce repos qui est le premier des remèdes. »

Verlacq secoua tristement la tête et dit :

« L'endroit n'est pas sûr ; il faudrait marcher tout d'une haleine jusqu'aux frontières du Népaul, à Almora.

— Verlacq, reprit Hébert en souriant, tu es un égoïste, et le conseil n'est pas bon : au reste, il ne vient pas de toi, il t'a été soufflé à l'oreille par Leïla. Toi, tu n'es pas assez fort en géographie pour savoir qu'Almora est sur la frontière du Népaul. »

Et s'adressant à Leïla, il poursuivit :

« Leïla, de quel pays es-tu ?

— D'Almora, docteur Hébert.

— La ! reprit le docteur en riant, je l'avais deviné.. Leïla, écoute... Si ton fiancé Verlacq était blessé comme M. Volsy, et s'il lui fallait deux heures de sommeil pour entrer en convalescence, l'abandonnerais-tu sur la route d'Almora ?... Non, réponds-tu par signe ; eh bien, ne donne pas de mauvais conseils à Verlacq. »

L'endroit était charmant : les cassuarinas s'arrondissaient en voûtes épaisses sur des lits de grandes herbes; mille oiseaux chantaient avec les feuilles; une fontaine s'échappait d'un petit rocher mousseux et formait un bassin d'eau vive, où les éléphants trouvaient un vaste abreuvoir.

Paula ne cessait de redire très bas à sa sœur :

« Jamais je ne me pardonnerai mes injustices envers M. Hébert ; ce n'est pas un homme, c'est un ange. »

La petite Mary dormait sur les genoux d'Amata. Luiz Rivarès, assis sur le gazon et appuyé contre un arbre, paraissait accablé par un désespoir sombre ; le jeune officier s'était endormi à côté d'Hébert, son ange gardien.

Les éléphants, après avoir calmé leur soif, jouaient du bout de leur trompe avec l'eau du réservoir, ou lutinaient les chevaux par des espiègleries amicales, lorsque tout à coup ils suspendirent leur récréation, poussèrent un cri d'inquiétude, et, la trompe levée, flairèrent les profondeurs de la forêt suspecte. Verlacq se leva brusquement et fit un signe à Hébert.

Les éléphants poussèrent un second cri plus accentué que le premier, ce qui signifiait : « Le premier était un soupçon, le second est une certitude. »

Verlacq attacha les chevaux à un arbre, au fond du massif. Hébert dit à Amata :

« Ne réveillez pas Mary et cachez-vous dans cette nuit d'ébéniers. »

Luiz Rivarès, ranimé par le péril, s'empara d'une carabine, et fit signe qu'on pouvait compter sur lui.

On porta Volsy, sans le réveiller, dans le réduit sombre où les femmes venaient de se blottir.

Hébert, Verlacq et Rivarès montèrent sur les éléphants, comme une petite garnison se retire sur une citadelle pour se défendre avec avantage contre de nombreux ennemis.

Tauly, Mendesour et leurs quatre compagnons arrivaient à cheval, mais ils n'avançaient que difficilement à travers les lianes, les buissons, les broussailles de la forêt vierge ; ils n'avaient pas suivi la route ouverte par deux trompes, comme par deux haches de sapeur. Leurs chevaux ne les avaient pas guidés tout à fait bien. Tauly et Mendesour connaissaient la fontaine des cassuarinas, et ils avaient deviné la halte des fugitifs, en voyant la direction prise par les chevaux. Il y avait un voile si épais de rameaux, de plantes aériennes, de branches parasites, de fleurs flottantes, qu'il était impossible de voir un corps humain ou une bête fauve à la distance de vingt pas. Les chevaux des cipayes, toujours conduits par leurs narines, ouvraient la brèche à travers la muraille végétale, et le craquement des branches fit tout à coup entendre son bruit aux oreilles d'Hébert, de Verlacq et de Rivarès. Les éléphants allongèrent leurs défenses d'ivoire dans la direction du péril et levèrent leurs trompes comme des massues d'airain; les trois hommes recommandèrent les pauvres femmes à Dieu en armant leurs carabines sur les créneaux des éléphants.

Les deux colosses étaient immobiles comme des tours de granit.

Une éclaircie soudaine se fit dans les arbres, et les six Indiens se montrèrent tous à la fois. Trois coups de feu partirent du sommet des éléphants, et trois corps tombèrent dans les hautes herbes sans faire de bruit. À la même minute, les trois Indiens vivants descendirent de cheval et rampèrent comme des boas, avec une agilité prodigieuse, jusqu'à l'endroit où les femmes s'étaient réfugiées. Un coup de soleil indien avait sans doute donné la folie à ces trois démons; car ils mirent en oubli toutes les mesures de prudence que les sauvages les plus braves calculent dans leurs attaques. Ceux-ci étaient de la race de ces fanatiques indiens qui meurent avec volupté sous les roues du char de Siva, en songeant qu'ils vont revivre, après leur mort, dans le jardin du dieu bleu; ainsi, au lieu de fuir, ils attaquèrent avec rage, comme font les reptiles entourés d'un cercle de feu. Paula, Amata, Leïla, glacées d'effroi, virent ramper les trois monstres, et le cri de détresse expira sur leurs lèvres; la petite Mary dormait toujours de ce sommeil d'enfant que le bruit même de la foudre ne trouble pas. Volsy, réveillé en sursaut par la triple détonation des carabines, se leva, malgré sa faiblesse, pour défendre les jeunes filles, et fut renversé d'un coup de poignard malais par le cipaye Mendesour. A ce moment suprême où les femmes passent tout à coup de la terreur à l'héroïsme, Paula et Amata, saisies par des mains de bronze et brûlées par des souffles de démons, se débattirent victorieusement comme les femmes saintes d'autrefois, dans les villes prises d'assaut, et dans

Les Indiens, rampant comme des boas...

cet instant qui vit éclater toutes ces choses, et fut rapide comme l'éclair, Rivarès, Verlacq et le docteur, tombés plutôt que descendus de leurs éléphants, étaient accourus sur le lieu de l'horrible scène, et, ne pouvant faire usage de leurs armes à feu de peur d'égarer leurs coups, ils se précipitèrent sur les Indiens, les étreignirent avec des bras vigoureux, et, au début même de cette lutte corps à corps, s'étonnèrent, avec juste raison, en voyant sous eux rouler trois cadavres... C'est que deux amis étaient aussi venus, deux défenseurs bien connus de Tauly et de Mendesour; ils n'avaient point d'armes, eux, et ils ne craignaient pas d'égarer leurs coups, toujours infaillibles, et leurs atteintes de mort délicates comme des caresses. Trois chiquenaudes de trompes, données sur trois fronts cuivrés, avaient suffi, et nos éléphants, après cette victoire, gardaient leur impassibilité modeste et se montraient calmes comme des statues d'Hercule au repos.

Hébert était déjà auprès de Volsy, et, en examinant la blessure, il redoutait beaucoup plus le poison que le coup de l'arme. Avant tout, il fallait guérir préventivement le poison et se servir de la racine du tulipier jaune qui est un merveilleux antidote, trouvé par les *télingas* (porteurs de lettres) pour les blessures mortelles du reptile cobra capel. Verlacq avait ouvert son herbier de médicaments indiens, et la petite caravane, oubliant les angoisses récentes, suivait, avec une muette inquiétude, le travail d'Hébert auprès de la couche du blessé. Par intervalles, Paula regardait sa sœur, et ce coup d'œil exprimait tous les nobles sentiments de l'admiration et de la tendresse. Amata ne donnait pas la réponse attendue, elle gardait même un maintien sombre et inexplicable pour sa sœur.

Dans l'état de faiblesse où Volsy se trouvait au moment de l'attaque, le moindre coup l'aurait renversé. Sa nouvelle blessure n'était pas profonde, la main qui tenait le crid malais avait frappé dans un moment de délire, où la tête songeait à autre chose. Hébert, après un examen très attentif, se trouvant rassuré du côté du poison, dit à ses amis :

« Soyez tranquilles, tout ira bien. Le lieu n'est pas sûr ; partons. »

Le jeune blessé donna un léger sourire d'adhésion à la parole d'Hébert.

« Il faut sortir des jungles avant la nuit, dit Verlacq, comme s'il eût parlé à lui-même.

— Le conseil est bon, » remarqua Rivarès, en regardant le soleil à travers les arbres, comme on regarde le cadran d'une horloge pour faire un calcul de temps.

Les femmes, qui comprenaient le sens de ces phrases, tressaillirent en prêtant l'oreille aux murmures des jungles, comme si les bêtes fauves eussent devancé le coucher du soleil.

Les éléphants avaient découvert un arbre à pain, et cueillaient tranquillement une collation frugale sur la table providentielle du désert. Les colosses se doutaient bien peut-être que la caravane s'inquiétait des bêtes fauves en ce moment, et ne sachant comment la rassurer, ils avaient l'air de s'occuper d'une chose frivole, comme pour leur conseiller la même insouciance.

Mais les hommes ne comprennent pas toujours les éléphants. Un effroi, d'ailleurs très naturel, se manifestait dans la famille errante : car les premières ombres noircissaient déjà les tiges des arbres et l'eau du réservoir.

On se remit en route vers l'ouest, dans la direction d'Almora. La marche était lente à travers les bois, car il fallait passer dans des corridors de verdure ouverts par les éléphants, la forêt s'épaississant toujours davantage à mesure qu'on s'éloignait des terres habitées. Un crépuscule très court donna ses dernières lueurs, et la nuit tomba brusquement comme une coupole noire sur nos pauvres fugitifs.

Volsy ne cessait de se plaindre d'une soif dévorante, comme font tous les blessés, et refusait obstinément l'eau tiède qui restait de la provision. Le docteur s'obstinait aussi dans son refus, quand on traversait un ruisseau : car l'eau fraîche double les accès de fièvre après les blessures. On arriva dans une éclaircie de bois, où la constellation de la Croix du Sud laissa tomber un rayon, comme pour servir de boussole, et une nappe d'eau vive étincela comme un immense miroir, au centre des ténèbres. Volsy se leva péniblement sur le coussin de son howdah, et, d'une voix suppliante, il demanda la goutte d'eau du damné. Hébert haussa les épaules, et dit à Paula :

« Je vous prends à témoin que j'accorde la goutte d'eau malgré moi. »

C'était la première fois, depuis le départ de l'habitation, qu'Hébert adressait la parole à Paula.

Et le docteur s'apprêtait à descendre de l'éléphant, lorsque Verlacq allongea le bras droit et lui dit :

« Il y en a d'autres à l'abreuvoir. »

Deux formes souples ondulaient dans les herbes, et une gamme rauque, sortie d'une gueule d'airain, retentit dans cette solitude.

Les chevaux poussèrent des hennissements plaintifs, et leur poil se hérissa ; les éléphants secouèrent leurs oreilles, levèrent leur trompe et mirent la pointe de leurs dents du côté du péril.

Troublés dans le mystère de leur nuit, et sur la rive de leur abreuvoir, deux grands tigres s'avancèrent avec fierté vers les usurpateurs du domaine, et flairèrent les émanations de l'air pour reconnaître l'espèce de leur ennemi.

Les chevaux s'abritèrent derrière les éléphants.

La brise de la nuit apportait aux narines des tigres l'excitante odeur de la chair vive et du sang frais. Ils n'avaient jamais été invités par la nature à pareil festin : l'ivresse des désirs gloutons brûla leur cerveau ; ils n'écoutèrent pas leur instinct, qui souvent conseille la prudence, et résolurent l'attaque, en se servant toujours de l'habileté féline et de la tactique des rapides évolutions.

Verlacq et Hébert, armés de leur carabine, se tenaient prêts à faire feu quand la distance favoriserait le tir dans les incertitudes des ténèbres. Volsy tenait une autre carabine pour la donner à son voisin, et Leïla remplissait la même fonction pour Verlacq, sur l'autre éléphant.

Les deux colosses jouaient avec leur trompe, d'un air railleur, comme fait un enfant, avec un ruban déroulé, pour exciter les espiègleries d'un jeune chat.

Traditions de famille, ou instinct naturel, rien ne donnait aux deux tigres une idée de l'étrange spectacle qu'ils voyaient dans leur forêt adamique ; et, comme pour consacrer un instant aux sages réflexions, ils se posèrent en sphinx, avec une grâce charmante, et se mirent à regarder ces agresseurs inconnus.

Les éléphants comprirent que leurs maîtres et leurs jeunes maîtresses ne se promenaient pas dans les bois pour leur plaisir, qu'ils avaient sans doute des affaires plus sérieuses, et qu'il fallait en finir au plus vite avec ces deux chats impertinents. Cela pensé, ils

Les éléphants avançaient d'un pas résolu.

s'avancèrent l'un contre l'autre, d'un pas résolu, en poussant un mugissement d'attaque assez semblable à la solfatare déchaînée par un volcan.

Deux miaulements de pédales d'orgue répondirent, et les tigres, bondissant sur leurs pattes, firent éclater une colère superbe, et reculèrent à pas lents, mais l'œil fixé sur l'ennemi, et dans une attitude menaçante, qui dans cette fuite annonçait une prompte agression.

Au moment même où ils simulaient une attaque de front, les deux monstres félins exécutèrent des bonds prodigieux pour tuer les chevaux et tomber sur l'arrière de la caravane, bien loin des trompes et des dents.

Cette sorte de tactique réussit quelquefois dans les batailles des hommes ; les Carthaginois surtout, dit l'histoire, s'en servaient contre les Romains, et les Romains contre les Gaulois ; mais les éléphants n'ont jamais été et ne seront jamais victimes de ces grossiers stratagèmes : ils suivent la bête fauve dans toutes ses évolutions agiles, et lui présentent toujours la trompe et les dents. A cette rencontre de l'abreuvoir, les deux tigres eurent beau décrire d'immenses ellipses pour fasciner l'œil des éléphants : nos gigantesques amis, toujours conduits par le calme de la force, ne se laissèrent pas envahir par le côté faible ; ils s'étaient constitués les gardiens des hommes, des femmes et même des chevaux, leurs amis et leurs voisins d'enclos, et ils voulaient, dans ce péril extrême, veiller sur le salut de tous, et ne compromettre aucune existence par une étourderie humaine ou une faute de position : [fatales erreurs si communes chez les généraux modernes et anciens.

Après les premières épreuves d'un danger, l'énergie vient au cœur, et on savoure même l'âpre volupté des émotions. Du haut de son éléphant, Paula suivait avec un intérêt fiévreux toutes les phases de ce drame épouvantable, et remerciait presque le hasard qui l'avait placée dans cet amphithéâtre de la nature, où les colosses et les monstres de la création allaient se livrer une bataille à mort. Le paysage appartenait aux premiers jours du monde ; c'était la grâce primitive et sauvage de l'Eden ; une immense rotonde décrite par des arbres touffus, toute semée de hauts gazons, et arrosée de ruisseaux échappés d'un lac. La clarté de splendides étoiles indiennes descendait par mille crevasses de verdure sur les tapis d'herbes, et donnait à tout ce décor naturel une teinte fantastique, désespoir du pinceau.

Les tigres s'irritèrent jusqu'au paroxysme, devant l'immuable tactique des éléphants ; ils tentèrent alors ce qu'ils font presque toujours dans ces rencontres ; ces monstres aux jarrets d'acier prirent un élan furieux, et au dernier bond, décrivant une courbe démesurée, ils tombèrent, comme des nues, sur les têtes des éléphants : les têtes se retirèrent dans le cou, et ne laissèrent en saillie que les dents d'ivoire, où les tigres s'accrochèrent par le poitrail comme des moutons aux potences d'un abattoir ; un simple mouvement des colosses les lança dans l'air, et en retombant ils trouvèrent un bout de trompe qui les assomma.

Les femmes applaudirent, en pleurant, cette scène d'amphithéâtre ; les deux cornacs d'occasion prodiguèrent les caresses aux deux colosses, qui parurent très sensibles à ces témoignages d'amitié.

Il a bien raison, le sage naturaliste indien qui a écrit cette parole : « On dira le dernier mot sur l'homme ; sur l'éléphant, jamais. » Au moment où la caravane, guidée par la Croix du Sud, allait se remettre en route, et se montrait justement joyeuse de cette victoire, les deux éléphants cueillirent les cadavres des tigres avec le bout de leurs trompes, et suivirent la direction indiquée par les conducteurs. Comme les éléphants ne peuvent être soupçonnés d'orgueil et de jactance fanfaronne, on se demandait, entre fugitifs, quelle pouvait être la raison qui faisait porter triomphalement aux deux vainqueurs ces trophées de gloire : les hommes ne manquent jamais, après un combat heureux, d'étaler en public les dépouilles nommées opimes : mais les éléphants ont un naturel trop modeste pour imiter les triomphateurs humains. La belle Paula trouva le mot de l'énigme.

« Ces grands êtres, dit-elle, ne font rien sans motif ; ils ne veulent pas nous exposer une seconde fois à pareille émotion, dans ces jungles où tant de tigres rôdent ; et ils portent leurs camarades morts, non pas comme un trophée, mais comme un épouvantail. »

Un assentiment général accueillit cette explication.

« Si un homme, ajouta Hébert, vivait entre deux éléphants, il ne ferait jamais une sottise. Je ne quitte pas ces deux-là, si je sors vivant de cette forêt.

— Vous ne les quitterez pas, » dit Volsy à voix basse et en serrant les mains de son ami, devenu son bienfaiteur.

Hébert n'attacha aucune importance à cette parole du jeune Anglais, et il continua toute la nuit à donner ses soins au blessé. Un père n'eût pas montré une tendresse plus vigilante auprès du lit de souffrance de son fils bien-aimé. Deux yeux étaient toujours ouverts sur la noble conduite du jeune médecin : Paula observait tout.

On sortit des jungles un peu avant le lever du soleil. Quand l'astre consolateur qui dissipe les fantômes et les monstres, se leva sur l'Inde, la caravane s'avançait sur une plaine sauvage et nue, jalonnée à longs intervalles de cactus et d'euphorbes. La haute végétation avait disparu. On fit halte, pour le repas du matin, dans les ruines de la pagode de Neer-Joor, détruite, dit-on, en 1405, par Tamerlan, lorsque ce farouche ravageur allait conquérir la Chine, en passant par le Népaul.

La jeunesse, la vigueur morale et même les émotions avaient déjà opéré un mieux très satisfaisant dans l'état de Volsy ; mais, pour ne pas compromettre cette amélioration, le médecin ne voulut rien adoucir dans la sévérité du régime : il s'était constitué le garde-malade de son ami, et aucune distraction, pas même une parole de la belle Paula, n'aurait pu le détourner un instant de ses pieux devoirs.

Des ruines de la pagode à l'hôtellerie chinoise d'Almora, aucun fâcheux incident ne troubla la caravane, même pendant les nuits passées à la belle étoile entre deux éléphants. Quand ils furent tous arrivés au lieu du repos et de la sécurité, Volsy, presque rétabli de ses blessures, grâce au dévouement d'Hébert, demanda cinq minutes d'entretien à son jeune docteur. Le ton de cette demande était mystérieux et mit plus de frissons au cœur d'Hébert que la rencontre nocturne de l'abreuvoir.

« Hébert, dit-il, vous vous souvenez de notre dernier entretien dans la salle verte de l'habitation de Rivarès ?

— A peu près... je crois... oui, dit le jeune médecin en balbutiant.

— Ce jour-là, reprit Volsy, nous avons joué un jeu indigne de l'amitié qui nous lie aujourd'hui ; nous avons essayé de nous tromper mutuellement comme deux diplomates. A vingt-cinq ans, nous avons teint nos cheveux en gris.

— Il me semble, dit Hébert en souriant, que j'ai quelque souvenir de cela.

— Cher docteur, reprit Volsy sur un ton sérieux, n'allons pas recommencer... Pour moi, je vais attaquer franchement la question... Aimez-vous Mlle Paula Rivarès ?... Le silence est la ressource des honnêtes gens qui ne veulent pas mentir... Vous l'aimez...

— Eh bien ! interrompit Hébert en reprenant son énergie, ne vous étonnez point si je vous quitte avant ce soir pour voyager dans le voisinage, dans les établissements européens de l'Himalaya.

— Et vous partirez seul, Hébert ?

— Avec mon brave Verlacq, qui, de domestique, est devenu mon ami. On avance vite sous le soleil indien.

— Vous avez raison, Hébert ; on prend des grades facilement... Cela me donne une idée... »

Il essuya deux larmes, réprima une explosion de douleur et poursuivit ainsi :

« Mon ami Hébert, j'ai vu massacrer sous mes yeux mon père et ma mère ; je n'ai sauvé de ma famille que ma pauvre petite sœur... une orpheline aujourd'hui... Je me dois à cette enfant et à mon pays. Une guerre affreuse commence, et tout déserteur anglais est un lâche et un infâme... Oui, j'ai rêvé le mariage... mais sous un ciel serein... Se marier à mon âge, avec ma profession et dans les circonstances actuelles, c'est passer à l'ennemi avec armes et bagages. Je mourrai à mon poste, s'il le faut ; mais une femme ne portera pas le deuil de ma mort à sa lune de miel. C'est moi qui partirai ce soir pour rejoindre Havelock ; c'est vous qui adoptez ma sœur et qui épousez Paula Rivarès. »

Il y eut un moment de silence. Hébert resta comme foudroyé de douleur et de joie par l'imprévu de cette révélation ; il balbutia ensuite quelques paroles décousues dont le sens fut deviné par Volsy, qui ajouta :

« Il n'y a aucune objection à faire contre une détermination irrévocable... Vous élevez des doutes sur le consentement de Paula : vos doutes se dissiperont bientôt... Dans notre terrible voyage, mon cher Hébert, vous avez eu vingt fois ma vie entre vos mains et vous l'avez gardée soigneusement comme un trésor, cette vie qui vous tuait. Je n'ai pas perdu un seul mouvement de Paula, même dans la nuit des tigres. Eh bien ! je vous affirme que vous avez l'estime et l'admiration de cette jeune fille héroïque. Après mon départ, vous aurez plus. »

Toutes les objections d'Hébert échouèrent contre la volonté énergique de Volsy. On passa la journée fort tristement, car le jeune officier annonça bientôt à tous son irrévocable résolution, et chacun, au fond du cœur, reconnaissait que Volsy, comme soldat, ne pouvait agir autrement. En temps de guerre, le devoir est l'ordre de Dieu.

La scène des adieux fut déchirante ; mais Volsy, qui croyait entendre déjà gronder le canon devant Lucknow, s'arracha violemment aux étreintes de ses amis, et, après avoir laissé entre les mains d'Hébert les écrins de ses bijoux de famille pour les faire vendre au profit de sa sœur, il partit à cheval et se dirigea vers la rive gauche du Gange, où l'étincelle de Meerut avait allumé déjà l'incendie de la rébellion.

Rivarès, Hébert et les femmes placées sous leur protection s'établirent provisoirement à Almora, dans une maison bâtie à l'européenne sur la limite de la ville. Après cinq mois bien tristement écoulés, on apprit une affreuse nouvelle, qui ramena le deuil dans cette famille de fugitifs : le pauvre Volsy, servant comme capitaine sous le général Havelock, avait été tué à Cawnpoor.

Tous les regards et tout l'intérêt de la famille Rivarès se portèrent sur la pauvre innocente créature, cette petite Mary qu'il fallait sauver une seconde fois, au milieu de cet incendie qui menaçait de s'étendre sur les deux rives du Gange. Le docteur Hébert fut d'avis qu'il fallait descendre le fleuve, et chercher un refuge inviolable sous le pavillon de la France, à Chandernagor.

La scène des adieux fut déchirante.

L'avis fut généralement adopté.

Pendant ce voyage qu'aucun accident fâcheux ne troubla, le jeune docteur donna tous ses soins à la petite Mary, et observa les plus strictes convenances à l'égard de Paula ; ainsi jamais, dans ses entretiens avec la jeune et belle créole, il ne laissa échapper un mot qui pût se rattacher à des idées de mariage. Paula lui savait un gré infini de cette contrainte respectueuse, et ne l'en estimait que davantage.

A Chandernagor, la famille Rivarès trouva enfin le calme et respira. On s'installa dans un joli cottage, sur les bords du Gange, et on commença une vie de famille et d'intimité. Rivarès, dont l'activité avait sans cesse besoin d'aliment, résolut d'aller à Calcutta, pour toucher des fonds considérables qu'il avait dans le Comptoir de la Compagnie anglaise, et fonder une indigoterie à Chandernagor. Son absence momentanée donna au jeune docteur l'autorité de chef de maison, et il n'en abusa point; au contraire, il redoubla de délicatesse et de respectueux égards envers les deux jeunes filles et se dévoua tout entier à l'éducation de la petite Mary.

Il y avait dans cette tactique raisonnée quelque chose d'adroit, qui en diminuait un peu le côté honorable; mais dans les plus belles actions de l'homme on trouve souvent un motif secret qui peut en amoindrir la valeur, aux yeux de l'observateur trop clairvoyant. Paula ne poussait pas si loin la science de l'analyse désenchanteresse; elle admirait l'exquise conduite d'Hébert, et ne cherchait rien de plus.

Hébert savait attendre une occasion favorable, sachant bien qu'elle se présenterait naturellement. Un soir, il rencontra par hasard Paula, dans un kiosque élevé sur le Gange et tout tapissé de roses bengalines; il tenait Mary par la main et lui donnait une leçon de botanique.

« Nous venons chercher aussi un peu de fraîcheur dans le kiosque, dit-il à Paula, car la soirée est accablante. »

Mary courut à Paula, qui l'embrassa et la fit asseoir sur ses genoux.

« Pauvre enfant! dit Paula à voix basse et en regardant Hébert.

— Oh oui! bien malheureuse! dit Hébert, elle n'a qu'un père, et encore un père d'adoption; c'est la mère qui manque.

— La mère d'adoption, reprit Paula avec un sourire triste.

— Hélas! dit Hébert, la pauvre enfant ne peut plus en avoir

d'autre ; mais si la mère d'adoption se nommait Paula, l'orpheline n'aurait rien à regretter.

— Mais je ne demande pas mieux que d'être cette mère, dit Paula.

— Ah ! reprit Hébert, les lois du pays s'y opposent ; vous ne pouvez pas adopter ; vous pouvez faire de Mary une pupille de la Chancellerie.

— Tiens ! fit Paula naïvement, je ne connaissais pas cette loi.

— Les lois, mademoiselle, sont faites pour n'être pas connues, comme les maladies ; sans cela, il n'y aurait ni avocats, ni médecins. Vous êtes sous le régime de la loi anglaise.

— Et il n'y a pas moyen de transiger avec cette loi ? demanda la jeune fille.

— On peut toujours transiger, mademoiselle.

— Et comment ?

— Oh ! c'est fort simple ; vous pourriez adopter Mary si vous vous nommiez, au lieu de Mlle Paula Rivarès, Mme... le premier nom venu... Mme Paula Hébert, par exemple. »

Paula fit un mouvement et sourit.

« Une simple supposition, poursuivit Hébert ; je ne connais personne à Chandernagor, et je me suis nommé, comme mari d'adoption.

— Oh ! ne vous justifiez pas trop, dit Paula en souriant, je comprends la langue de la plaisanterie.

— Elle conduit au sérieux quelquefois, » remarqua Hébert.

Et après une pause, il ajouta :

« C'est que, voyez-vous, l'avenir de Mary me préoccupe beaucoup, et je ne puis me fixer éternellement dans l'Inde, moi : cette petite fille me fait penser à ma vieille mère. Il faudra que je rentre en France, sans avoir assuré le sort de cette enfant.

— Mais, monsieur, dit Paula, vous avez un devoir sacré à remplir envers Mary ; vous êtes son tuteur.

— Eh bien ! reprit Hébert, je la conduirai chez ma mère, qui l'adoptera, puisque vous refusez...

— Qu'ai-je refusé ? interrompit Paula vivement.

— Ah ! pardon, mademoiselle ; vous n'avez rien refusé, c'est juste. Je suis donc autorisé à provoquer un refus... Nous sommes arrivés au sérieux... le craignez-vous ?

— Non.

— Ce non m'encourage, mademoiselle, et je modifie mon plan... Je puis me fixer à Chandernagor, qui représente la France dans l'Inde ; je puis exercer ici ma profession, et y continuer mes chères études ; je puis écrire à ma mère : « Viens me rejoindre, » et elle viendra...

— Voilà qui est parfait, interrompit Paula.

— Donnerez-vous la même approbation à la fin de ma phrase ?

— Ah ! votre phrase n'était pas finie ? dit Paula, sur un ton de finesse naïve.

— Approuverez-vous la fin ? insista Hébert.

— Je ne puis pas approuver l'inconnu.

— Vous allez le connaître, mademoiselle. Les convenances me permettent enfin de parler. Un deuil a toujours son terme. Les douleurs qui ne s'adoucissent pas sont mortelles, et après avoir donné aux morts toutes les larmes de notre cœur et de nos yeux, nous nous devons aux vivants. Dieu a créé la consolation qui fait vivre après le désespoir qui tue. Il m'est donc permis de dire tout haut ce que je pense depuis si longtemps... Mademoiselle, je vous aime ; je veux vous donner ma vie dans le mariage, je veux donner une mère à cette orpheline qui portera notre nom et ne connaîtra jamais ses malheurs. »

Paula garda quelques minutes le silence, essuya des larmes qui coulaient comme des perles sur ses joues, et, appelant la petite Mary, elle la replaça sur ses genoux, et lui dit avec l'accent de la tendresse maternelle :

« Ma fille, embrasse-moi. »

On ne pouvait mieux répondre à la déclaration d'Hébert ; les femmes trouvent de ces réponses-là, lorsque le cœur les conseille, et le cœur les conseille toujours.

Après cet entretien, le mariage d'Hébert et de Paula était chose conclue. On attendit le retour de Rivarès, qui accepta avec la plus grande joie la proposition du jeune docteur.

Quinze jours furent donnés aux préparatifs, et le mariage fut célébré à l'église catholique des Missions, à Chandernagor. Le prêtre qui unit les deux époux, et qui connaissait leur histoire, leur dit, en terminant son petit discours d'usage : *Vous serez bénis, vous et vos enfants, parce que vous avez fait le bien.* C'était la paraphrase du verset du psalmiste : *Generatio rectorum benedicetur.*

L'avenir a donné raison à la prophétie.

LES INFORTUNES DES ÉLÉPHANTS

Les sept sages de la Grèce. — Un révérend rencontre deux éléphants. — Ce qu'aurait fait M. de Buffon. — Ce que fit le révérend. — Polissons et saltimbanques. — Le nègre et les singes. — Le royaume des mandrilles. — Misanthropie.

Une autre histoire qui m'a été racontée confirme et développe, avec tout le pittoresque de l'action, tout ce qu'on vient d'entrevoir au chapitre précédent, et prouve une fois de plus que le bonheur complet ne peut exister en ce monde.

Il y a une fable, imitée du grec, qui commence ainsi :

Certain fou poursuivait, à coups de pierre, un sage.

Chez les anciens, le *sage* était la personnification de l'homme heureux ; la Grèce comptait sept sages par excellence ; mais au-dessous de ces sommités illustres, les disciples abondaient.

Ordinairement les sages étaient poursuivis à coups de pierre par la populace folle ; beaucoup ont été lapidés ; tous ont été persécutés ; on connaît la vie et la fin du prince des sages, Ésope ; les Delphiens le mirent à mort, après lui avoir fait subir une grêle de lapidations. Socrate se mettait sous la protection du général Alcibiade, pour éviter les coups de pierre ; mais, rentré chez lui, il était lapidé par Xantippe, sa femme, et on l'a fait mourir par le poison. Le sage Thémistocle a été menacé du bâton, comme un chien. Le sage

Aristide a été poursuivi à coups de coquillage, et exilé. Ce martyrologe nous mènerait trop loin si nous le poursuivions.

Les sages avaient d'abord établi leur résidence dans un lieu public nommé le Portique ; mais les *nervis* du Pirée les assaillaient à coups de pierre, au moment où ils s'entretenaient de la nature des choses, du débrouillement du chaos, du principe de la vie, et de l'immortalité de l'âme. Les sages portèrent une plainte aux archontes, qui répondirent que le vrai sage se laisse lapider et ne se plaint pas.

Alors les chercheurs de l'inconnu tinrent leur séance au cap Sunium, et les péripatéticiens ne se réunirent que la nuit et discutèrent, en se promenant aux étoiles, lorsque les fous dormaient.

Avec leurs mœurs pacifiques, leurs instincts de famille, leurs habitudes sociables, leur civilisation fraternelle, les éléphants auraient pu donner des leçons à tous les sages de la Grèce. Ils seraient donc heureux dans leurs belles solitudes, si le bonheur absolu était possible sur cette terre, où le mal a été introduit par un vice originel, et vient combattre le bien dans tout le domaine de la création.

Sir Charles M***, qui acompagnait lord William Bentinck, me conta cette histoire à l'appui :

« Le révérend Philipps, suivi d'un nègre de la tribu des Makidas, marchait, comme Adam, sur un domaine immense où jamais le pas d'un homme n'avait souillé le sable ou le gazon. Le soleil d'Afrique incendiait le zénith ; les arbres ne respiraient pas ; les rivières étaient chaudes ; les lions dormaient dans les grottes du mont voisin. On n'entendait d'autre bruit que les sifflements des perruches multicolores et les éclats de rire des singes, comme s'il y avait eu dans cette solitude des spectateurs bourgeois critiquant ce magnifique drame du silence, joué par le soleil, l'Afrique et Dieu.

« Le jeune Makida lança tout à coup à Philipps un coup d'œil significatif, et, sans faire un geste, il lui désigna, par un mouvement de prunelle, la lisière de la grande forêt. Philipps répondit par le signe qui veut dire : « J'ai vu. » Alors le nègre regarda son fusil à deux coups et toucha de la main gauche les deux boucles de laiton qui pendaient à ses oreilles, ce qui signifiait, en langue ada-

Philipps répondit par le signe qui veut dire : « J'ai vu. »

mique : « Je me sens assez adroit pour tuer ces deux éléphants, en leur mettant une balle dans l'oreille. » C'étaient deux éléphants que le hasard envoyait sur le passage de Philipps. La proposition du nègre chasseur fut repoussée par un geste impérieux du révérend Philipps, qui n'était pas un chasseur à l'ivoire, mais un naturaliste observateur. »

Après ce préambule solennel, sir Charles quitta subitement le ton grave, et jetant sur le marbre du guéridon le tronçon d'un cigare épuisé, il me dit :

« Que feriez-vous si vous vous rencontriez ainsi, dans un désert, nez à trompe avec deux éléphants ?

— Je ne sais trop ce que je ferais, moi, répondis-je, mais je sais bien ce qu'aurait fait M. de Buffon ?

— Et qu'aurait fait M. de Buffon.

— Il se serait provisoirement évanoui, avec ses manchettes de dentelles, entre les bras de son nègre, et aurait renvoyé ses observations au lendemain.

— Vous allez voir ce que fit l'intrépide Philipps, poursuivit sir Charles en allumant un second cigare.

« Deux éléphants, se dit-il, qui sortent à midi d'une forêt opaque, « ont un but. Deux Anglais qui sortiraient des Tuileries au mois « d'août, à la même heure, pour se promener sur la place de la « Concorde, n'auraient pas de but ; mais deux éléphants, c'est « autre chose : les éléphants sont trop graves pour avoir des caprices « d'Anglais : examinons. »

« Philipps marchait à petits pas, sur une vaste plaine tout hérissée d'euphorbes, de cactus et d'aloès gigantesques ; et, en se ménageant d'adroites éclaircies, il pouvait voir les quadrupèdes sans être aperçu ; une autre circonstance favorisait aussi le naturaliste ; le vent soufflait des monts Lupata, et les exhalaisons des ardentes sueurs humaines, qui trahissent la présence d'un ennemi, ne pouvaient arriver à l'odorat merveilleusement subtil des colosses africains. Nos deux éléphants avançaient dans le désert avec une lenteur symétrique, toujours séparés l'un de l'autre par une distance de quinze pas ; celui qui marchait le dernier s'arrêtait par intervalles, et regardait avec mélancolie les rameaux énormes qui jaillissaient horizontalement de la lisière du bois. Philipps allongea sa lunette d'approche dans sa direction ; car, pensat-il, un éléphant ne s'arrête pas pour regarder derrière lui s'il n'a rien à voir. Un Anglais, c'est autre chose ; il marche, la tête au vent, le long de la grille d'Hyde-Park, et se retourne sans aucune intention de voir du côté de Kensington-Garden : il s'est retourné pour se retourner, voilà tout. Nous connaissons toutes ces fantaisies d'une promenade oisive ; elles ne sont pas dignes de notre attention.

« L'éléphant savait bien ce qu'il regardait, lui ! Une colonie nomade de grands singes se balançait, comme une ronde de faunes railleurs, sur les branches horizontales des arbres voisins, et le vent apportait même leurs cris, leurs huées, leurs éclats de rire, aux oreilles de Philipps. L'éléphant, ainsi conspué par ces histrions quadrumanes, balançait son énorme tête, et disait intérieurement, comme le Micromégas de Voltaire : « Je suis tenté de faire un pas « et d'écraser tous ces insectes ; » mais les singes, devinant la pensée de Voltaire et du colosse qui passait sur leurs terres, continuaient leurs atroces railleries, en ayant soin de se tenir hors de la portée d'une trompe ou d'une défense d'ivoire. Le malheureux éléphant, obligé d'abandonner ses ennemis insaisissables, poursuivait son chemin, la trompe basse, ayant l'air de dire : « C'est incroyable « qu'on ne puisse pas faire ce qu'on veut dans un domaine qui est « à nous plus qu'à ces saltimbanques des bois ! »

« Et le révérend Philipps, se faisant toujours éclipser par de favorables feuilles d'aloès, suivit les deux éléphants.

« De jeunes singes, agiles comme des écureuils, avaient été, sans doute, expédiés par les grands quadrumanes ; et, de la cime des cactus à la cime des aloès, tourbillonnant à l'aide de leurs griffes, de leurs queues, de leurs dents, ils s'abattirent comme une nuée de *clowns* nains sur le buisson de myrtes où se reposaient les deux géants de la création. Le moins sage des deux lança un regard oblique sur ces perturbateurs, et, rugissant comme le Vésuve avant l'éruption, il se mit à faucher, à coups de trompe, toutes les tiges du buisson de myrtes qui servaient d'amphithéâtre au public quadrumane du désert. Vengeance stérile! Les jeunes singes, pendant cette dévastation, bondissaient sur le dos de l'éléphant, et s'en servaient comme d'un tremplin pour s'élancer à la cime des tiges d'aloès, avec des gestes, des cris, des sifflements, des rires, des huées, des contorsions, qui plongeaient les éléphants dans le désespoir. La place n'était plus tenable : les singes ne faisaient pas mine de battre en retraite; la position était trop bonne : les fruits doux et les eaux vives abondaient autour d'eux ; ils mangeaient, buvaient, riaient à la fois, comme les spectateurs suburbains assis aux quatrièmes galeries du cirque de Titus pour voir les éléphants combattre dans la lice. Il fallait donc prendre un parti.

« Ainsi, pensaient les deux éléphants, ainsi vient de s'évanouir
« ce beau rêve que nous avions fait dans les ombres profondes des
« bois ! Notre vie est bien courte, hélas ! nous ne vivons que deux
« siècles ! Mais enfin, il était doux de passer ensemble ces quelques
« minutes de bonheur, au milieu des douces joies de la famille. »

« Au degré de désespoir empreint sur le front des deux éléphants, le révérend Philipps devina que la persécution dont ils étaient victimes avait depuis longtemps commencé dans les profondeurs du bois de Wiliakarma, et qu'à chaque étape de leur pèlerinage ils rencontraient toujours quelque nouvelle race de quadrumanes, échelonnés avec une malice infernale. Ainsi il devint évident, pour le naturaliste observateur, que les éléphants, ces nobles et graves créatures, ces êtres penseurs, avaient autour d'eux et sur leurs têtes des ennemis acharnés qui les tourmentaient d'une perpétuelle ironie. Le révérend Philipps compara les éléphants à ces sages de la Grèce qui ne pouvaient pas faire un pas dans Athènes et sur le Pirée sans rencontrer le sarcasme ou la pierre d'un fou. Diogène, le plus persécuté de tous, inventa ce sublime tour de lanterne qui prouve que la terre n'est peuplée que d'enfants au-dessus de quinze ans : vérité que rien n'a démentie depuis ! Diogène, dans son ardeur de vengeance contre l'espèce humaine, aurait peut-être été beaucoup plus loin s'il eût connu le mot d'un pauvre esclave noir de la Havane.

Eux, pas parler, pour pas travailler.

« Ce malheureux travailleur partait, sous les feux du midi, pour aller faire du sucre en plein soleil, tandis qu'assis à l'ombre sur la porte de l'habitation, et dépeçant, avec des rires sardoniques, une noix de coco, deux grands singes paresseux regardaient passer la chiourme des esclaves.

« Eux bien fins, dit le nègre en les regardant; eux pas parler
« pour pas travailler. »

« Philipps, par une chaleur équinoxiale de 45 degrés Réaumur, abordait ainsi les arcanes les plus profonds de la philosophie zoologique, à propos de ces deux éléphants infortunés. Toutefois, il ne les perdait pas de vue, à travers les accidents végétaux du désert. Obéissant à une inspiration commune, transmise peut-être dans une langue non classée par les philologues, les deux colosses feignirent de se séparer : l'un rebroussa chemin et parut s'enfoncer dans la forêt ; l'autre poursuivit sa route dans la direction d'une haute montagne grise, toute dépouillée de végétation et qui est une excroissance de la chaîne du Lupata. Les singes persécuteurs ne donnèrent pas dans le piège : ils se divisèrent en deux bandes, pour harceler les deux éléphants, même après leur séparation, et le concert de huées stridentes qui s'éleva sur deux points opposés fut répété avec une verve inextinguible par des milliers de perroquets moqueurs, qui prennent les arbres d'Afrique pour leurs perchoirs naturels, en attendant qu'on leur demande, dans les villes, *s'ils ont déjeuné*.

« La séparation des deux éléphants fut de courte durée ; ils se rejoignirent bientôt.

« Il ne faut pas être devin, se disait alors Philipps, pour com-
« prendre ce que pense cet éléphant à la vue des sites ravissants
« qu'il traverse : — Qu'il me serait doux, pense-t-il, de vivre ici,
« loin des lions sanguinaires et des rhinocéros stupides ; de dire
« adieu à un monde pervers ; d'adorer le soleil levant, ce bel astre
« qui nous délivre de la nuit ; de se nourrir des fruits de la terre ;
« de respecter le faible ; de protéger les gazelles à l'abreuvoir, et
« d'attendre la fin de la vie, sans crime, sans guerre et sans remords! »

« Le révérend Philipps, s'associant à cette pensée, essuyait des larmes qui coulaient sur ses joues, et ajoutait en secouant avec mélancolie sa tête ruisselante de sueur :

« Où donc est le bonheur sur cette terre, si ces vertueux géants « ne le peuvent trouver ici ? »

« Et il suivait toujours les quadrupèdes d'un pas prudent et mesuré.

« Tout à coup survint, dans ce drame du désert, une péripétie inattendue, qui bouleversa la raison du naturaliste voyageur. Sur cette terre d'Afrique, toujours écartelée de verdure puissante et d'aridité inféconde, Philipps vit tout à coup cesser la végétation et surgir des blocs de granit, çà et là empanachés de nopals épineux. Les deux bandes de singes nomades, arrivées à la lisière de la forêt, poussèrent des cris féroces et battirent en retraite, comme des éclaireurs qui découvrent l'ennemi, ou comme des bateleurs non patentés qui, sur l'horizon d'un champ forain, ont vu poindre l'écharpe d'un commissaire ou le casque d'un garde municipal. Les deux éléphants levèrent leurs trompes vers le soleil, comme pour le remercier du départ des barbares. Philipps pensait et ne comprenait rien.

« Un vallon affreux s'ouvrait devant le révérend docteur comme un corridor de l'enfer. A droite et à gauche, des pics grisâtres, des roches bouleversées, des blocs noirs, comme une grêle d'aérolithes tombée la dernière nuit. Le sentier qui traversait ce défilé de bronze semblait conduire à ces royaumes du vide dont parle le poëte. Après la vie luxuriante, la mystérieuse Afrique montrait la mort. Les deux éléphants ne virent dans ces horreurs qu'un Eden délicieux.

« Elle est inépuisable dans sa monstrueuse ou charmante fécondité, cette Afrique intérieure, ce laboratoire du soleil !

« Les deux éléphants mettaient le pied dans le vallon calme, et leurs cœurs semblaient renaître à l'espérance, lorsque deux râles aigus réveillèrent les mille échos de ces roches lugubres. On entrait sur le domaine des mandrills, quadrumanes féroces et terribles comme des lions.

« Deux monstres, sentinelles avancées de toute une peuplade, étaient perchés sur un des blocs du vallon, et, contractant leurs mufles d'azur, faisant craquer leurs dents léonines, s'agitant sur leurs mains antérieures, ils semblaient dire aux éléphants : « Vous n'irez pas plus loin ! » Le désespoir des deux quadrupèdes se manifesta par une prostration subite ; il sembla que ces colosses

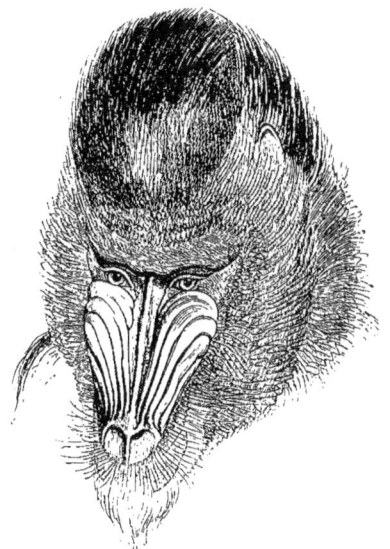

Le mandrill, quadrumane féroce...

s'écroulaient sur leurs quatre piliers, comme des temples tétrastyles devant le souffle d'Attila. Témoin de cette suprême désolation, le courageux Philipps arma les deux canons de son fusil de Birmingham, et il allait purger de ces deux monstres le vallon, lorsque le nègre makida qui l'accompagnait fit un signe rapide qui arrêta le doigt sur la détente ; ce signe disait : « Ne tirez pas ; vous en « tuerez deux, il en viendra mille qui nous tueront. » Cette réflexion pleine de sagesse fit pâlir l'intrépide naturaliste ; un froid glacial pénétra jusque dans la moelle de ses os ; il est permis au plus brave de trembler à l'idée de se voir dévorer par des mandrilles. Tous les genres de mort ne conviennent pas à tous les héros. Hector fuyait devant Achille, et ne craignait pas le dieu Mars. Cela doit suffisamment justifier le révérend Philipps, dans cette heure formidable où, croyant entrevoir toute une légion de mandrills embusquée dans le vallon, il abandonna les intérêts de la science et repassa la frontière des pérégrinations inconnues avec son fidèle nègre makida.

« Philipps ne ralentit son pas de course que dans un terrain de sûreté, à deux milles environ du vallon des mandrills. Mourant de faim et de soif, il s'assit sous un dôme de palmistes et d'arbres à pain, auprès d'une source d'eau vive : le nègre lui servit un repas frugal, mais sain, comme tous les repas que la nature apprête.

« Ce qui me console dans ma retraite, disait Philipps en refai-
« sant ses forces épuisées, c'est que ces deux éléphants m'au-
« raient conduit, de singes en mandrills, jusqu'au cap de Bonne-
« Espérance, et encore, si j'espérais assister au dénouement ! mais
« je ne le verrais jamais. »

« Cette réflexion, quoique faite en anglais, fut approuvée par le nègre makida, qui connaissait très bien, lui, les mœurs des singes et des éléphants.

« Vers la fin du repas, Philipps entendit le sol trembler, et, levant la tête au-dessus d'un buisson d'euphorbes, il vit et reconnut l'un des colosses, courant, l'oreille basse et la trompe ballante, dans la direction de Wiliakarma. Ce n'était plus le désespoir qu'exprimait la physionomie du colosse, mais le découragement ; il ressemblait au misanthrope Alceste cherchant « un asile écarté, où d'être éléphant d'honneur on eût la liberté, » ou encore au dernier des Romains, à Brutus, disant à la vertu : « Tu n'es qu'un nom ! » Philipps donna une larme à cette grande infortune, et, prenant bien ses précautions pour ne pas se trouver sur le même chemin avec le terrible anachorète, il se dirigea vers la baie d'Agoa, où était ancré son vaisseau.

« Quand ils furent délivrés des dangers de cette aventureuse expédition et dégagés de toute préoccupation scientifique, le sauvage africain et le révérend docteur reprirent le langage qui leur permettait d'échanger leurs pensées. Aidés par une pantomime expressive, quelques mots anglais, quelques syllabes africaines, suffisaient à l'un et à l'autre pour se faire comprendre à merveille.

« Chemin faisant, le nègre makida fit donc entendre de la sorte ses réflexions à Philipps :

« Maître, j'aurais bien pu vous épargner cette course, en vous
« racontant tout ce que vous avez vu, et sans aucun péril pour
« vous. Ce qui vous a paru si extraordinaire à vous, nous paraît
« fort naturel à nous, enfants de ces solitudes. Nous savons que les
« singes de toute espèce ont été créés par le Grand-Esprit pour
« persécuter les sages éléphants pendant la nuit et le jour. Sans les
« singes, les éléphants seraient les hommes les plus heureux de la
« terre, et ils en sont les plus infortunés. »

« Le révérend Philipps, qui a eu tant à souffrir en Angleterre, dans ses travaux, de la malignité des *bimanes*, essuya deux larmes qui ne s'adressaient pas aux éléphants ! »

Sir Charles termina ainsi son histoire, et nous tombâmes en rêverie.

LE CIMETIÈRE DES ÉLÉPHANTS

Au centre de l'Afrique. — L'incendie dans le désert. — Déménagement. — Le cimetière des éléphants.

A quinze milles de la baie d'Agoa, sur la côte indienne de l'Afrique, et bien avant dans les terres sauvages où s'associent les montagnes arides et les forêts vierges, une vingtaine de chasseurs tenaient conseil pour découvrir la route qui devait les conduire au cimetière des éléphants.

C'était toute une Californie d'ivoire à découvrir.

Les naturels du pays racontaient, par tradition, que dans ce coin de l'Afrique, et pendant une série de siècles, les éléphants étaient venus faire leurs agonies, et rendre leur dernier soupir, pour ne pas affliger leurs familles du triste spectacle de la mort. Cela paraissait appartenir plutôt à la fiction qu'à l'histoire naturelle; on l'aurait rejeté bien loin s'il se fût agi d'autres animaux, mais tout paraît admissible de la part des éléphants.

On ajoutait que cet ossuaire était inaccessible et défendu de tous côtés par des obstacles insurmontables; mais des chasseurs avides de fortune, des chasseurs à l'or ou à l'ivoire ne reculent devant rien.

Le guide africain leur montra une crête grise de montagne, et leur dit : « Si vous pouvez arriver jusqu'à cette hauteur, une rampe naturelle vous fera descendre sans peine jusqu'au vallon de l'ivoire, mais vous avez auparavant tout ce chemin à traverser. »

Quel chemin !

Ce vallon ténébreux avait un mille de longueur ; il était hermétiquement obstrué par des arbres et des plantes qui, du sol à la cime, croisaient leurs branches, leurs arêtes vives, leurs racines puissantes, leurs troncs épineux. Les buissons de houx gigantesques et d'asalées sauvages jaillissaient au premier plan, comme des chevaux de frise sur le fossé d'une redoute ; derrière s'élevait et se croisait, avec des étreintes invincibles, une forêt compacte de théobromes, de lauriers géants, de styrax, d'élodéas, de loasas, et des vingt-quatre espèces de chênes que donne Humboldt aux régions équinoxiales. Le vent du midi, engouffré dans cette végétation ténébreuse, en faisait sortir des voix fauves et des sifflements sinistres, comme si cette solitude interdite à l'homme était habitée par tous les monstres de la création.

Au centre de l'Afrique, le Code forestier est inconnu ; la terre appartient au premier occupant, et aucun garde champêtre n'intervient dans les opérations. Les chasseurs résolurent d'incendier cette forêt inextricable, et d'en exproprier les locataires, en vertu du droit du plus fort ou du plus adroit.

Le vent soufflait du midi au nord ; c'était ce terrible kamsin qui, franchissant les réservoirs du Nil et du Niger, va soulever les sables d'Égypte, et ensevelir les caravanes. Nos chasseurs se placèrent à la suite du vent pour jouir des progrès de l'incendie sans le craindre. Les massifs de buissons, à demi-brûlés par le soleil, éclatèrent avec des pétillements furieux, et couvrirent de flammèches et d'étincelles les arbres et les arbustes voisins. En un instant, des trombes de feu roulèrent entre les corniches des montagnes, et les mugissements de cette tempête d'incendie, mêlés aux cris des bêtes fauves, multipliés encore à l'infini par les échos, formèrent le plus épouvantable concert que l'oreille humaine ait entendu. D'autres rugissements lointains répondaient du fond des cavernes et des bois ; ils étaient poussés par de puissants animaux, vieux propriétaires

LE CIMETIÈRE DES ÉLÉPHANTS 313

de ces domaines, et qui s'enfuyaient vers le nord, épouvantés par cet ennemi inconnu, qui se levait pour la première fois, hérissant une crinière de flamme au-dessus des rochers.

Tandis qu'au pied des arbres, déjà minés par le feu, les familles

Les chasseurs résolurent d'incendier cette forêt.

félines se glissaient avec la souplesse des reptiles, pour chercher des issues de salut, on voyait, au sommet des arbres, s'agiter avec des gestes de colère, des grincements de mâchoires, des contractions de visages humains, tout le peuple des quadrumanes: les pongos, les mômes à face bleue, les grands singes noirs, les ouistitis agiles comme des écureuils, ces joyeux et railleurs habitants de la cité verte, ces bouffons, qui suspendaient enfin leurs éclats de rire, pour remplir la solitude d'une immense clameur de désolation. Les jeunes singes emportaient leurs vieux pères d'étage en étage ; les époux sauvaient leurs compagnes évanouies ; les mères serraient leurs enfants dans leurs bras et poussaient des sanglots humains en regardant le ciel ; les misanthropes, les égoïstes et les célibataires, libres des préoccupations domestiques, s'élançaient de la cime des arbres aux arêtes vives des rochers voisins, et se perdaient, dans des tourbillons de fumée, vers les sauvages abîmes du nord. Le vent du midi activa les ravages de l'incendie avec une puissance merveilleuse ; il dévora le chêne comme la fleur ; il secoua ses torches jusque dans les grottes tapissées de mousses ; il desséchа les ruisseaux, et quand tout fut consommé, il balaya les monceaux de cendres avec ses larges ailes, il chassa devant lui les amas de charbon, comme des brins de paille, ne laissant debout, par intervalles, que des tronçons noircis, semblables aux ruines d'une colonnade, dans une immense galerie dévastée par l'Érostrate de la ville des géants.

Le chemin était ouvert aux chasseurs. Ils laissèrent refroidir le terrain pendant un jour, et le lendemain de l'incendie ils suivirent le guide qui les conduisit dans un autre vallon tout dépouillé de verdure, et que la tradition séculaire désignait sur sa carte comme le cimetière des éléphants.

La tradition ne se trompait pas.

Le paysage était désolé. Pas un brin d'herbe ne donnait signe de vie dans cette nécropole des géants quadrupèdes. La mort régnait partout. Des siècles de kamsin et le soleil d'Afrique avaient réduit en poudre les cuirasses des colosses, et mis à nu leurs squelettes avec l'aide des éperviers et des hyènes. Ce tableau était triste ; on le contemplait avec une sorte de pitié, en songeant que les intelligents animaux qui avaient choisi ce champ funèbre, le croyant à tout jamais inviolable, l'avaient abandonné à l'homme, leur ennemi, ne pouvant plus le défendre contre une sacrilège usurpation.

Les chasseurs à l'ivoire sont avant tout des industriels, et naturellement peu enclins à admirer les grands spectacles de la nature ; ce qui les préoccupe, c'est le résultat net d'une expédition ; s'ils découvrent une mine d'ivoire mort ou fossile, ils calculent le bénéfice de la trouvaille, et se soucient fort peu du paysage qui sert de cadre ou d'écrin au trésor. On affirme toutefois que les chasseurs de cette campagne du cimetière oublièrent longtemps leurs convoitises industrielles, pour contempler, avec des yeux d'artiste, ce champ lugubre, ce morne ossuaire, où la vie de tant de générations d'éléphants s'était éteinte sans faire plus de bruit que le dernier souffle de l'insecte agonisant. Cette terre africaine, pays des contrastes géologiques, semblait avoir préparé ce vallon pour tant de puissantes funérailles ; d'énormes chaînes de montagnes arrondies en ceintures y entretenaient presque tout le jour une ombre crépusculaire ; les teintes même du granit étaient d'une nuance sinistre ; pas une source d'eau vive ne réjouissait les échos de son murmure et de sa fraîcheur ; pas un sillon n'était revêtu de ces franges de graminées et de fougères qui furent la première parure végétale de la création ; pas un brin de mousse et de lichen n'annonçait qu'avec le travail des siècles ce terrain de bronze pouvait se changer en jardin. Çà et là surgissaient des blocs de roche, isolés comme des écueils sur la mer, et qui de loin ressemblaient à de gigantesques statues d'éléphants, placées dans le cimetière des aïeux.

À quelle époque ce champ de mort a-t-il été abandonné ? C'est ce que la science ignorante ne saura jamais ; on ne connaîtra pas davantage les motifs qui déterminèrent l'abandon. Il est seulement permis de supposer que les premières flottes portugaises, arrivées à la suite de Vasco de Gama, ayant opéré des débarquements sur la côte voisine, jetèrent l'alarme dans les familles et les peuplades des éléphants, et que le vallon des funérailles n'étant plus regardé comme un asile inviolable, on chercha dans l'intérieur une localité plus favorisée par le calme et le mystère. C'est sur le versant oriental des monts Lupata, ou dans quelque amphithéâtre granitique, taillé par la nature, au pays de Dembo, que de nouveaux cimetières doivent avoir été inaugurés, et ceux-là ne tarderont pas d'être violés à leur tour. Quand la civilisation, avec ses pas de géant, et la vapeur, avec son vol d'hippogriffe, aura franchi l'Atlas, toute l'Afrique intérieure sera éventrée, comme un jardin en friche, et tous ses mystères ténébreux apparaîtront au grand soleil des tropiques et de l'équateur. Ce sera la surprise et l'amusement de ce vieux monde qui a toujours besoin de jouets, dans son enfance éternelle ; les grandes races d'animaux périront quand sur elles se ruera la formidable ménagerie des locomotives ; mais après l'incendie des forêts vierges et la destruction des locataires de l'Eden africain, l'homme trouvera un magnifique domaine qui le dispensera de vivre dans la mort des zones polaires, et lui donnera une place à ce soleil fécond, qui, pendant soixante siècles, n'a donné la vie qu'à des déserts.

LE LION ET L'AIGLE

Le Lion. — Un dîner au Palais-Royal. — Toast à Gérard. — Guerre des volcans et des monstres. — La loi du progrès. — Parallèle entre le lion et l'éléphant. — Comme deux chiens de faïence. — La légende du Cirque. — Un village de lions. — Distractions en famille. — Les lions au Jardin des Plantes. — Le lion et la contre-basse. — Jack et le garçon de café. — Comment un éléphant cueillit un crocodile et de ce qui s'ensuivit. — L'Aigle. — La dynastie de l'aigle. — Le corbeau voulant imiter l'aigle. — Pourquoi l'aigle déteste le serpent. — La chasse à l'aigle. — Conclusion en forme de vœu.

Dans l'été de 1855, le comte Avigdor nous avait réunis au nombre d'une vingtaine dans un restaurant du Palais-Royal ; le dîner était avancé lorsqu'on nous annonça que Gérard, le célèbre léocide, dînait aussi à l'étage supérieur, avec quelques chasseurs renommés. Le comte Avigdor lui envoya une députation, avec prière de venir, lui et ses amis, finir le repas à notre table. Il n'y eut pas de refus. Gérard descendit avec sa société, et devint notre convive. En ces sortes d'occasions, la corvée d'un toast m'est toujours dévolue, quand le baron Taylor est absent ; au dessert, il me fallut obéir au vœu général ; je me levai, et je prononçai ce petit discours :

« A Gérard, notre convive ; à Gérard, le chasseur de l'Atlas, l'intrépide adversaire des lions !

« Je crois voir dans l'œuvre que Gérard accomplit en Afrique une mission providentielle ; Gérard est le premier pionnier armé qui ouvre, à travers les bêtes fauves, le chemin de la civilisation, qui doit traverser l'Afrique jusqu'au plateau de Dembo, jusqu'à la cime équinoxiale des monts Lupata, cette grande artère du monde. Gérard ouvre cette glorieuse campagne de l'avenir ; il inaugure la plus juste des guerres ; il tue l'avant-garde des monstres qui défendent le jardin des Hespérides depuis les premiers jours de la création. Cet admirable pays tropical, qui s'étend du golfe Arabique à la côte sénégalienne ; cette immense jachère, où le soleil, les eaux vives, les bois pleins d'ombres attendent des hommes, est habitée par de féroces locataires, qui semblent avoir passé un bail à perpétuité avec leur parrain Adam, et défendent ce domaine contre toute invasion étrangère ; et les hommes se résignent à vivre sous des zones polaires, et dans des villes, des rues, des cages numérotées, où l'air, le soleil, la vie, ne circulent jamais. Cette longue barbarie de la civilisation va finir ; un nouvel ordre de choses commence ; l'homme commence à reconnaître que le soleil a été créé pour lui, et non pour les lions, et que la neige a été filtrée dans les brumes pour les ours blancs. La vapeur et l'électricité viennent en aide aux grandes migrations et aux colonisations futures ; le coup d'éventail du dey d'Alger a été le coup de baguette de la fée africaine, qui transforme tout le continent du soleil et le fait habitable. Les dragons qui gardent les moissons d'or et les fruits des Hespérides seront expropriés pour cause d'utilité humaine ; une bataille africaine s'engagera entre les monstres et les conquérants, et cette fois, les mères ne prendront pas le deuil, et la conquête sera légitime. C'est la vraie guerre qui puisse répondre aux mœurs du progrès et au sentiment philosophique de l'avenir. Honneur à Gérard, ce premier soldat de l'expédition, le héros de la Colchide nouvelle, le Nemrod moderne, qui fonde la fertile Babylonie de l'avenir ! D'autres viendront avec lui et après lui, et achèveront la brèche qu'il ouvre sur l'Atlas ; c'est lui qui crie aux usurpateurs fauves, avec la voie de sa carabine, le vers du poëte devin : *Veteres migrate coloni;* partez vieux colons à griffes ! allez rejoindre vos aïeux fossiles ; place à l'homme ! La paix et le bien-être augmentent le chiffre des populations ; notre planète est petite ; assez de monstres

Le lion.

qui rugissent, place aux artistes qui chantent. L'hymne au soleil doit être universel. Place à la civilisation dans tous les pays où le ciel est tiède, le sol fertile, l'eau abondante, l'ombre douce, le loyer gratuit. Le seul véritable progrès est là, et il se nomme l'avenir ! »

Gérard voulut bien me répondre avec une modestie charmante, et nous causâmes tous une partie de la nuit.

Dans ce toast j'oubliai volontairement de parler de mes sympathies pour le lion ; j'avoue aujourd'hui, en l'absence de Gérard, que tout en admirant l'héroïsme du célèbre chasseur, je suis toujours ému lorsque j'apprends une de ses victoires. De son côté, Gérard, qui sait qu'en général le lion est estimé, nous donne toujours, dans ses bulletins, l'assurance que le lion tué par lui était un ravageur de fermes, un destructeur de troupeaux, un maraudeur qui avait ruiné une vieille femme, en lui enlevant sa vache nourricière. Ainsi couvert de ces accusations, le lion n'était plus une innocentine créature, se promenant aux étoiles, et assassinée dans ses rêveries nocturnes; c'était un monstre criminel, comptant ses nuits par ses forfaits. Celui qui tue une panthère, une hyène, un loup, n'a pas besoin de donner des excuses ; on est plus exigeant envers celui qui tue un lion. Nous savons que le noble animal suit les instincts de sa nature, et qu'il n'enlève pas une vache pour le plaisir de ruiner une pauvre femme ; mais aussi, peut-on lui dire, que vient-il faire hors des limites de son domaine et sur les terres de l'homme ? Pourquoi cet aventurier ne reste-t-il pas dans la grande famille de ses confrères, de l'autre côté de l'Atlas, où les gazelles abondent et n'appartiennent qu'à lui ; où les fermiers n'existent pas, où il n'y a pas de vieilles femmes ruinées par l'enlèvement d'une vache ? Si ce lion tué par Gérard vient marauder dans les zones humaines et trouve la mort, tant pis pour lui : il n'a que ce qu'il a mérité.

Mais nous ne sommes qu'au début du grand procès intenté à tous les lions ; Gérard est le tirailleur qui ouvre la marche ; déjà nous voyons arriver après lui le terrible Chassaing, qui tue quatre lions dans une nuit ! L'école est fondée ; après Chassaing, d'autres viendront; l'Afrique est à nous, s'est écriée la France, et il faudra bien que sa belle propriété ne soit pas ravagée par les hordes étrangères des quadrupèdes usurpateurs. Nos neveux iront d'Alger au cap de Bonne-Espérance; c'est une question d'horloge, et quand la locomotive secouera sa crinière de flammes sur cette immense ligne africaine, il n'y aura plus de crinières de lions dans le voisinage des buffets.

Pourquoi ne reste-t-il pas de l'autre côté de l'Atlas?

Au reste, c'est la même loi qui régit le monde, depuis sa création. Lorsque notre planète, inhabitable encore pour l'homme, flottait dans une vapeur ambiante, chauffée à 80 degrés, les animaux dont la constitution s'accommodait de cette atmosphère firent irruption. Les ichtyosaurus, les mosasaurus, le dinotherium giganteum, ces monstres horribles, qui semblaient échappés d'un soupirail de l'enfer, désolèrent ce pauvre globe, et leur règne fut long : car ils avaient la vie puissante des races gigantesques; on peut en juger en voyant leurs reliques fossiles au Muséum géologique, à notre Jardin des

Plantes. Avec ces colosses ailés, amphibies, indestructibles, les Gérard n'auraient pas brillé; une armée n'aurait pas suffi pour les anéantir. Il fallut l'intervention des volcans, et à cette époque les Vésuves abondaient, car le feu primitif n'était pas éloigné de la surface du sol. Ce fut une bataille qui ne peut être comparée qu'aux formidables engagements décrits par Milton. Les volcans et les monstres croisaient des tempêtes de rugissements qui secouaient

Le règne de ces monstres fut long.

l'axe du globe; il n'y avait trêve ni jour ni nuit: les blocs de granit lancés par les cratères, les montagnes insurgées, les gouffres subitement ouverts, les pluies de feu répondaient partout aux colères des monstres, et les immenses gueules des montagnes rouges engloutissaient ces locataires du globe, pour assainir et préparer le domaine réservé à l'homme. Dieu seul connaît le nombre de siècles que dura cette bataille, avant l'éclosion de l'Eden.

Aujourd'hui, les races félines n'ont pas la taille et la puissance des grands sauriens; aussi, les locomotives, petits volcans à roulettes, suffiront pour exproprier les usurpateurs de l'Afrique, et cette fois sans indemnité municipale; le boulevard de Vasco de Gama coûtera moins cher à percer que le boulevard Sébastopol, et quelle belle longueur ! toute l'arête de l'Afrique. C'est encore la loi du progrès matériel qui veut ces choses, et demande au lendemain quelque chose de plus fort que la veille. Quand la rue Saint-Louis fut ouverte au Marais, les vieillards de la place Royale se récrièrent d'admiration sur l'immensité de cette rue, et dirent : C'est le *nec plus ultrà* du grand trottoir, on n'ira jamais plus loin. Plus tard, la rue Hauteville déconcerta tous les calculs d'une autre génération de vieillards; enfin, de *nec plus ultrà* en *nec plus ultrà*, nous sommes arrivés à la ligne sans fin visuelle de Sébastopol, et la troisième couche de vieillards n'ose plus rien dire. Eh bien, cette ligne infinie est la rue Saint-Louis du moment; elle fait pressentir le boulevard de Vasco de Gama, qui doit traverser le continent africain, cette nouvelle France du soleil.

Les proportions grandissant toujours, il arrivera dans ce percement de l'Afrique ce qui est arrivé, et ce que j'ai signalé dans un précédent chapitre. Les innombrables familles des rongeurs ont disparu sous les ruines du vieux Paris et devant le marteau des démolisseurs. Sur une plus vaste échelle, les grandes races fauves disparaîtront aussi. Après la destruction des taupinières viendra la destruction des ménageries. Il doit y avoir partout assainissement et sécurité. Il nous faut une planète habitable ; depuis soixante siècles, l'homme l'attend.

De tous les animaux destinés à être fossiles dans ce nouveau cataclysme, le lion est sans doute le plus regrettable... Nous lui devons un article nécrologique, un peu précoce, dira-t-on, mais n'importe ! le lion ne réclamera pas, et l'article sera fait.

On a donné au lion le titre de roi des animaux ; cette intronisation est consacrée par les siècles, et on serait mal venu de protester aujourd'hui : c'est un droit acquis. Celui qui, le premier, a sacré ce roi fauve, n'a pas songé aux droits que pouvait avoir l'éléphant ; il a vu dans le lion toutes les qualités populaires qui constituent un

Il nous faut une planète habitable.

roi, la majesté, la force, le courage, la vertu militaire, la démarche pompeuse, le regard dominateur. L'éléphant avait pour lui, avec sa force indomptable, les véritables qualités du roi, la justice, la bonté, le respect des faibles, l'intelligence, l'horreur du sang, la frugalité, l'amour de la famille, et la seule religion qu'un animal puisse avoir, le culte du soleil. Eh bien! il a été éliminé du concours royal ; le lion a été sacré. Sa crinière et son air batailleur l'ont fait élever sur le pavois, comme le chevelu et terrible Pharamond. L'éléphant avait le tort de se nourrir de cannes à sucre ; le lion dévorait un de ses sujets à chaque repas. On ne s'est pas arrêté à ce léger détail.

J'ai à tel point le respect des majorités, qu'il m'a été impossible de protester contre ce sacre, dans une occasion solennelle. J'étais à Londres, au Zoological-Garden, avec quelques naturalistes des deux sexes ; je soutenais les droits que l'éléphant avait à la royauté fauve, et je me trouvais seul de mon avis, comme il arrive souvent à ceux qui ont raison. Une grande dame naturaliste, qui soutenait les droits du lion, m'offrit un album, en me demandant quelques vers sur le roi des animaux ; j'avais là une belle occasion de manifester mes principes en faveur de l'éléphant, et je n'osai protester dans le pays des protestants. Je me ralliai au vote général, et j'écrivis ces vers, qui trouvent naturellement leur place ici :

LE LION

Le lion règne en roi dans un vaste domaine,
Libre de nos soucis, sa grandeur s'y promène ;
C'est pour lui que l'Afrique a ses arbres épais
Qui versent la fraîcheur, les parfums et la paix ;
Il trouve au pied des monts la grotte familière
Que le ciel tapissa de velours et de lierre ;
Il trouve le beau lac couronné de roseaux,
Où s'étanche la soif dans de limpides eaux ;
Quand la faim à ses flancs vient attacher des ailes,
Il choisit son festin dans un vol de gazelles ;

Il mange la chair vive, il boit le sang vermeil.
Et, sa griffe léchée, il dort d'un doux sommeil :
Sur lui les passions ne laissent point de traces;
Comme un roi chevelu des primitives races,
Il voit autour de lui bondir des nouveau-nés,
Qui se portent fort bien sans être vaccinés.
Et ce vieillard auguste, à son heure dernière,
N'a pas un cheveu blanc sur sa blonde crinière!

Le lion peut disparaître sans regret de la surface du globe ; aucun être vivant, pas même Crésus ou Lucullus, n'a été aussi heureux que lui. Il s'était établi, au centre du globe, dans une zone admirable, où la nature semblait avoir créé pour lui les grottes fraîches, les gazons de velours, les forêts vierges, les sources d'eau vive, les troupeaux de gazelles. Il jouissait de tant de biens en animal intelligent, qui a la conscience de son bonheur, avec tout le sensualisme d'un sybarite ! De dangereux voisins rôdaient autour de lui, mais il ne leur faisait pas l'honneur de les craindre, et se donnait le plaisir orgueilleux de les effrayer. Ainsi, tous les soirs, aux dernières lueurs du crépuscule, il tirait de sa poitrine une fusée de gammes corrosives, qui remplissaient le désert d'épouvante, et tous les voisins frissonnaient, en gardant le silence de l'effroi. Un rival seul était à craindre, l'éléphant ; mais ce grave et sensé personnage laissait mugir le lion, et ne se mêlait des affaires de personne. De son côté, le lion connaissait le caractère pacifique de l'éléphant, et lui accordait son estime. Ils ne jouaient pas ensemble, mais ils vivaient diplomatiquement, comme deux rois philosophes des âges anciens, ceux qui se proposaient des énigmes et s'en tenaient à cette guerre. Les sauvages observateurs ont souvent vu, à très peu de distance l'un de l'autre, un lion et un éléphant, posés comme deux chiens de faïence, et se contemplant avec une sorte de respect mystérieux. Ils se proposaient des énigmes, et quand le lion avait assez réfléchi pour deviner ce que pouvait être un éléphant, et que l'éléphant avait assez médité sur la nature du lion, les deux rois du désert secouaient la crinière et la trompe, comme pour envoyer à tous les diables le souci de l'énigme, et se tournant le dos, ils s'éloignaient à grands pas, avec l'intention de renoncer à des problèmes qui troublent la vie des gens heureux.

La seule légende qui soit arrivée jusqu'à nous des chroniques du cirque de Titus, est attribuée à Ammien Marcellin ; c'est la seule fois qu'il est question d'une lutte entre un lion et un éléphant. J'ai traduit ce curieux morceau, qui trouve naturellement sa place ici.

L'ÉLÉPHANT ET LE LION A L'AMPHITHÉATRE

Un signal partit de la loge de l'empereur, et le belluaire ouvrit les grilles des bêtes fauves. Les quatre portiques aériens du Colisée tremblèrent sur leurs bases éternelles ; l'écho des vomitoires rendit un ouragan de voix terribles. Des bruits de pieds monstrueux retentirent ; un torrent de lions et de panthères roula bientôt tumultueux sur l'arène de l'amphithéâtre, aux applaudissements de la vile multitude. Les gladiateurs se préparèrent au combat, et, armés de l'épée espagnole, ils engagèrent une lutte formidable avec les monstres africains. Les uns, adossés aux soubassements de marbre, sous les grilles mobiles du *podium*, s'étaient mis en phalange étroite, et dans un raccourci de corps insaisissable, ils se couvraient de la pointe de leurs épées horizontales, et s'allongeaient avec une vivacité merveilleuse, pour plonger la mort dans les gueules béantes de leurs sauvages ennemis. Les autres, agiles comme le vent, s'élançaient aux rostres des colonnes votives, aux angles du piédestal des dieux, aux arêtes des obélisques, et de là ils tombaient comme la foudre, avec des coups mortels sur les monstres de Barca. Quelques-uns, résignés stoïciens, dégoûtés d'une vie qu'il fallait défendre à ce prix, jetaient leurs armes et croisaient les bras, et l'animal, soupçonnant un piège inconnu dans cette tranquillité suspecte, reculait quelquefois et se précipitait dans la mêlée où s'égorgeaient les combattants. Le peuple des hautes galeries déchaînait un ouragan de sifflets injurieux contre ces lâches gladiateurs, et une frange circulaire de doigts menaçants et privilège du peuple-roi demandait leur mort aux douze licteurs.

Tout à coup un éléphant haut comme une colline parut dans une éclaircie de poussière que le sang n'avait pas encore arrosée ; ses quatre pieds résonnaient comme les marteaux des forges de Lemnos et demandaient à broyer de la chair ; ses dents, d'une longueur démesurée, se recourbaient comme deux épées gauloises, et s'agitaient de colère sur leurs racines de granit ; sa trompe, levée comme la massue d'Alcide, mugissait comme l'Etna, avec une sourde menace de mort. Les gladiateurs saluèrent par des cris de joie ce puissant auxiliaire qui prenait place dans leurs rangs comme une citadelle vivante, et lançait du bout de sa trompe à l'autre horizon de l'arène les bêtes féroces accourues follement vers lui. Il y avait surtout un jeune gladiateur grec, que le hasard d'une sédition fit esclave en Thessalie, et qui excitait en ce moment un grand intérêt parmi le peuple des quatre portiques. Son nom était Damias. Beau comme le fils de Cynire, rusé comme Sinon, agile comme le fils de Thétis, le jeune Damias, au centre de ce cratère où bouillonnaient le sang, l'écume, la sueur sur des monceaux d'entrailles fumantes, combattait en désespéré, avec un courage toujours heureux. Cependant ses forces s'épuisaient, et dans une crise où il avait besoin de toute sa vigueur, attaqué en face par un lion énorme, il glissa sur des ossements humectés de sang, et les griffes du monstre s'allongeaient déjà sur sa poitrine... Le peuple romain, dans ses plus folles orgies de volupté inhumaine, veut montrer, par intervalles, qu'il sacrifie aussi à la Pitié, cette douce fille de Jupiter. A la vue de Damias en péril de mort, hommes et femmes se levèrent, comme pour épouvanter le lion par une clameur de cent mille cris. On eût dit alors que l'éléphant comprenait la voix du peuple. Du bout de sa trompe, il ramassa Damias comme un brin de paille, et le posa sur la cime de son cou pour le mettre en sûreté.

Le lion, enivré de carnage, étourdi par la tempête des cris, blessé dans son orgueil par cet éléphant qui lui enlevait sa victime, poussa un rugissement furieux et se dressa sur ses pattes de derrière, se croyant de taille à saisir le gladiateur à la hauteur où il était placé. Au milieu de cette arène jonchée de cadavres de lions, de panthères, de gladiateurs, le lion ressemblait à une île, sur un lac de sang ; les monstres blessés et les gladiateurs qui luttaient encore, s'arrêtèrent pour contempler le combat de l'éléphant et du lion, comme les Grecs et les Troyens suspendent la lutte, dans les chants d'Homère, pour assister au combat de deux illustres héros.

L'éléphant, immobile comme un rocher, tenait en arrêt la pointe de ses dents, et sa trompe, levée comme un mât de trirème, était toute prête à écraser. Le lion avait perdu la sagesse de ceux de sa race, et il cherchait une brèche pour monter à l'assaut de son ennemi. Le gladiateur, toujours armé de l'épée droite, disparaissait entre deux énormes oreilles, et ne montrait que la pointe de son arme dans la direction de l'assaillant. Un silence de tombe régnait dans cet immense amphithéâtre, où cent mille poitrines retenaient leur souffle ; les sénateurs assis au *podium* et les suburbains, vêtus de couleurs brunes, et amoncelés aux gradins des quatrièmes galeries, prenaient un égal intérêt à ce magnifique spectacle de mort, à cette scène étrange, jusqu'alors inconnue des Romains.

Arrivé au paroxysme de la rage fauve, le lion prit une résolution extrême ; il voulut se donner du champ et recula jusqu'aux extrémités de la lice, pour tripler l'ellipse de ses élans et de ses bonds, à la faveur de la distance. On le vit se balancer sur ses quatre jarrets d'acier flexible, comme un marinier de Régulus sur la planche de l'abordage, et franchissant l'espace en trois ellipses démesurées, il s'éleva comme un hippogriffe jusqu'à la cime de l'éléphant, et son mufle couvrit d'une haleine chaude la face du gladiateur,

Le lion a l'instinct de la famille.

et comme il retombait de cette hauteur, il rencontra sous son ventre les deux défenses d'ivoire, qui le relancèrent à vingt pas sur l'arène, où son dernier cri fut un râle de mort. Un tonnerre d'applaudissements ébranla l'amphithéâtre, depuis le *podium* jusqu'au voile de pourpre tendu aux mâts des corniches, et toutes les voix disaient : « La vie à Damias ! la vie à Damias ! faites grâce ! faites grâce, divin empereur ! »

Et la requête du peuple fut entendue avec faveur ; l'édile qui présidait aux jeux du cirque annonça que la liberté était rendue au gladiateur Damias.

Après avoir parlé du lion, comme s'il était déjà dans le passé des fossiles, remettons-le au présent, dont il jouira longtemps encore.

Le lion a l'instinct de la famille, et vit en parfaite intelligence avec les siens ; il ne connaît pas les querelles, les jalousies, les rivalités de voisinage ; il laisse cet antagonisme puéril à l'homme civilisé. Il y a, dans le voisinage du lac de Makidas, et sur les deux versants du mont Lupata, des montagnes escarpées où la nature a creusé plusieurs grottes, et qui sont pour les lions comme des maisons à plusieurs étages. Chaque grotte a son ménage de lion, de lionne et de lionceaux ; les familles dorment, comme des lazzaroni, pendant les heures du grand soleil ; quand le crépuscule arrive, tous les locataires de la montagne, tous exempts de loyer, descendent sur les pelouses de la plaine, pour jouir de la fraîcheur ; les jeunes lions se livrent aux doux ébats de leur âge, et folâtrent avec cette grâce féline que la nature donne aux griffes et qu'elle refuse aux mains. Les heureuses mères, nonchalamment étendues sur les hautes herbes, contemplent ces jeux enfantins, et daignent parfois s'y associer, avec une complaisance touchante ; les pères, chargés du souci de la famille, s'en vont en maraude, conduisant les aînés de la maison sur les sentiers de l'abreuvoir, pour commencer leur éducation de bonne heure. Ces terribles chasseurs connaissent toutes les ruses du métier : ils savent éviter les trahisons du vent, et trouver les épais massifs qui s'allongent sur les rives d'un lac, dans les cirques d'une rivière, et sous l'écume d'une cataracte. Là, ils attendent leur proie, après avoir savouré à longs traits la fraîcheur des eaux vives. Malheur aux innocentes bêtes qui viennent étancher leur soif au même ruisseau, *ad eumdem rivum*, comme dans la fable de Phèdre ; une griffe invincible les harponne au passage, et le festin du lion commence, festin sans cuisine, composé de chair vivante et de sang tiède, dans le goût anglais. Le bon père, après avoir songé à lui, n'oublie pas sa chère famille ; une moitié de proie est destinée à la mère et aux lionceaux, qui déjà font entendre les murmures de la faim. Avec quelle joie ces innocents petits monstres voient arriver l'auteur de leurs jours, balançant à sa gueule une moitié de gazelle !

avec quelle furie de convoitise ils se précipitent sur la proie offerte! La sage mère intervient et fait le dividende des morceaux, après s'être réservé la part de la lionne; et le père, rassasié, assiste à ce souper de famille avec une joie qu'il exhale en doux rugissements.

Pendant que le même festin se célèbre sur une ligne immense de vallons et de solitudes, il y a, dans les villes civilisées, des familles de chrétiens qui souffrent du froid et de la faim!

La nuit est descendue avec ses fraîcheurs embaumées, ses concerts d'arbres et de cataractes, ses splendides sérénités qui multiplient les constellations, et semblent toutes les étoiles de l'infini sur la coupole du firmament africain. Alors commence la veillée des familles léonines; les voisins se visitent, et forment un cercle autour des enfants, qui jouent avec les noix de coco que les singes leur envoient du haut des arbres, avec des éclats de rire qui offensent la gravité des lions; les sages vieillards, pleins d'expérience, se dévouent au rôle de sentinelles et rôdent, en flairant l'air, autour du cercle de la veillée, pour briser d'un coup de mâchoire les écailles d'un serpent, si le hideux reptile venait interrompre les jeux de l'innocente famille, et dès que de vigoureux miaulements de panthères résonnent dans le voisinage et arrêtent les bonds joyeux des lionceaux, une voix stridente sort d'un clavier d'airain comme un coup de tonnerre, et impose silence aux perturbateurs du repos des nuits.

Ce n'est pas l'heureux lion de cette zone qui va quitter sa vie de béatitude pour se faire tuer par les Gérard et les Chassaing. Mais, dans toutes les espèces du genre animal, l'espèce humaine comprise, il y a des fous, des utopistes, des aventuriers, qui se dégoûtent du bonheur et vont courir les hasards du vagabondage, à la recherche de l'inconnu. Ces lions extravagants, qui veulent conquérir le domaine de l'homme, ne trouvant pas le leur assez beau, s'exposent à de terribles mécomptes; peut-être aussi, car nous nous hâtons trop de donner nos instincts de folie aux animaux, peut-être ces lions sont-ils des proscrits, des malfaiteurs, des criminels chassés du royaume intérieur et obligés de *s'exiler sur des terres étrangères,* comme dit un opéra. L'Afrique est pleine de secrets : ces pauvres lions sont alors obligés, pour vivre, de briser les haies des fermes, d'enfoncer la porte des basses-cours, et d'enlever une brebis à un colon de Marseille, ou une vache à une vieille Africaine.

Après le butin volé ils trouvent la mort.

S'ils avaient encore le droit de chasser à l'abreuvoir, comme leurs vertueux confrères du Dembo, ils ne viendraient pas commettre des vols avec effraction sur la zone française, où retentissent les fusils et les canons. C'est la nécessité qui les pousse à ces imprudences, et après le butin volé ils trouvent la mort. Ce doit être pour eux un étonnement sans égal. Ils se sont rassasiés ; ils ont bu l'eau du torrent ; ils ont fait leur toilette de crinière ; ils ont, dans leur garde-manger, une moitié de brebis qui leur assure deux jours de vivre. Leur exil sera doux ; ils vivront indépendants, loin de leurs confrères ennuyeux : avenir superbe. Tout à coup, ils flairent dans l'air une émanation inconnue, ils entendent un bruit de pas réguliers, qui ne semblent pas appartenir à des pattes ; enfin, ils aperçoivent à la clarté des étoiles un petit animal, en veste de coutil, coiffé d'un chapeau de paille et tenant aux mains une espèce de bâton. Une odeur de chair fraîche arrive à leurs narines subtiles ; c'est une proie nouvelle, pensent-ils, qui vient à eux, ce qui dispense d'aller à elle. Et voilà que le petit animal s'arrête et leur envoie au front un coup de tonnerre qui les étend roides morts. L'instant de l'agonie est encore assez long pour leur donner un accès de désespoir, qui se traduit dans un râle sourd et terrible comme la respiration d'un volcan.

Il est évident qu'autrefois les caravanes des lions émigrés arrivaient nombreuses sur notre littoral africain, et que des ménageries fauves habitaient le versant septentrional de l'Atlas. Rome avait pour ses plaisirs cinq cents lions dans les souterrains de son Colisée, et le cirque d'Arles en entretenait presque un aussi grand nombre, sous le règne de l'empereur Gallus ; mais la conquête romaine, en s'étendant vers l'intérieur de l'Afrique, délogea peu à peu les lions du voisinage des colonies, et les refoula vers les grands déserts de Dembo et de Lupata, où résidaient toujours les familles patriarcales, ennemies des courses aventureuses. Arriva un jour où le préfet d'Afrique répondait aux édiles de Rome et d'Arles : « Le lion manque, » *leo abest*. En vain les empereurs et leur peuple-roi demandaient-ils à grands cris, pour leurs amusements, un envoi de lions : à peine les trirèmes d'Ostie et de Marseille glanaient-elles une vingtaine de lionceaux enlevés aux caresses maternelles, dans les grottes de l'Atlas. Enfin, après des siècles, il est arrivé sur notre littoral africain ce que les Indiens ont remarqué, en 1799, après la conquête du Mysore par lord Cornwallis. Sur ce coin de l'Inde, les tigres, effrayés par le fracas de l'artillerie, cette puissante voix d'un ennemi inconnu, remontèrent le Bengale et abandonnèrent la pointe du Malabar et du Coromandel, où Tippo-Saïb avait été détrôné par le canon de l'Angleterre. Ainsi, nos batailles livrées sous l'Atlas, depuis le bombardement de Duquesne jusqu'à notre guerre africaine de trente ans, ont refoulé vers la zone tropicale le gros de la ménagerie léonine; c'est ce qui explique notre indigence actuelle comparée à la richesse des belluaires arlésiens et romains. Toutefois, la race féline étant très féconde, je persiste à croire que les lions sont aussi nombreux qu'autrefois en Afrique; ils savent bien se cacher, voilà tout; et lorsque la grande expédition de l'armée des Gérard et des Chassaing envahira les terres, elle trouvera de quoi défrayer les jeux de cirques et satisfaire tous les directeurs des musées zoologiques, qui demandent les derniers lions pour les empailler au camphre iodé, selon le procédé taxidermique de M. Adamson.

Malgré la rareté de l'espèce, on trouve toujours des lions dans les cages zoologiques de l'Europe; la science, depuis un demi-siècle, en a fait, en détail, une consommation énorme. Le lion manque pourtant aux exhibitions foraines et dans les ménageries ambulantes, preuve d'éclipse prochaine et totale. Notre Jardin des Plantes a détruit plus de lions que toute la dynastie des empereurs romains. La seule année 1832 en a vu périr quarante, tous atteints de pulmonie. A cette époque, florissait un député très économe des deniers des contribuables, et qui, à la discussion du budget, tonnait contre les prodigalités inutiles du Jardin des Plantes. « Les lions dévorent le pain de cent familles pauvres, » s'écriait-il avec une conviction honorable sans doute, mais contraire aux intérêts de la zoologie. Les lions furent donc réduits à la portion congrue; et le belluaire, ému par l'éloquence du député anti-léonin, daignait encore soustraire aux animaux une bonne part de leur viande quotidienne, pour nourrir sa famille et ses pauvres parents du quartier Mouffetard. Les inspecteurs n'inspectaient rien, selon l'usage. Nos lions dépérissaient à vue d'œil, et semblaient demander l'aumône au public, à travers les barreaux de leurs cages. Bref, il y eut quarante décès dans les cages; il ne resta qu'un petit chien noir, qui avait charmé, par ses jeux, l'agonie du dernier lion.

A Londres, ces grands animaux sont plus heureux, malgré le désavantage du climat. Les Anglais sont fanatiques de zoologie; ils savent admirablement élever, soigner, amuser les bêtes fauves; leurs jardins de Londres et de Liverpool, dont l'entrée se paye un shilling, sont des modèles du genre, et luttent, sans désavantage, avec ceux de Calcutta et de Ceylan, malgré l'énorme différence des latitudes; c'est que les soins intelligents et la bonne nourriture remplacent l'action du soleil, sur les bords de la Tamise et de la Mersey. Si, à la Chambre des communes, un député se levait pour demander une économie sur la nourriture des lions, on le laisserait dire, mais il ne serait pas réélu aux premières élections, pour cause d'aliénation mentale; on le nommerait d'office candidat de Bedlam. Les administrateurs des jardins zoologiques anglais réunissent dans un espace assez restreint toutes les fantaisies charmantes, et tous les caprices sauvages, tous les contrastes, toutes les antithèses vivantes de la création. L'excentricité britannique va même si loin, au Zoological-Garden de Liverpool, qu'on y donne des bals de nuit en été, sous des guirlandes de verres de couleurs, et devant les cages des lions et des tigres; la danse amuse peu les Anglais, mais ce qui les réjouit au delà de toute expression, c'est de voir l'étrange mine que font les bêtes fauves, au milieu des quadrilles, quand un orchestre enragé, composé de cinquante instruments à voix fausses, rugit comme le nocturne concert des monstres fauves du Sénégal. Les lions, au moins, retirent, pour leur santé, un certain bénéfice de ces charivaris nocturnes, qui sont des insultes à leur majesté royale; leurs nerfs irritables trouvent de quoi se satisfaire dans ces excitations; cela vaut cent fois mieux, comme hygiène, que la vie monotone de la cage, que le calme plat qui leur donne la nostalgie; ils se révoltent contre cet orchestre criard, comme des dilettanti doués d'une oreille juste; ils bondissent contre les barreaux, pour épouvanter les musiciens faussaires; ils secouent les grilles de fer, pour en tirer des sons aigus, et faire aussi leur partie dans le concert discordant; ils rugissent au-dessus du diapazon normal, pour donner à l'accompagnement de l'orchestre une mélodie vocale digne de lui, et ces émotions, ces mouvements, ces exercices leur sont salutaires; ils jouent enfin, d'une manière quelconque, leur rôle de lions; ils emploient à quelque chose ces facultés puissantes qui demandent à fonctionner; ils donnent à leur sang adulte une active circulation, et ils gagnent à ces luttes un doux sommeil réparateur, un appétit robuste et une diversion à l'ennui de la captivité.

Un voyageur anglais, qui a étudié les lions chez eux, a écrit depuis longtemps cette phrase : « Je me fais fort de mettre en fuite une meute de lions, en les poursuivant avec une contre-basse à roulettes, et tourmentant avec l'archet les cordes de cet instrument. » On soumit ce fait à l'expérience à Londres et à Liverpool, et le résultat donna raison au touriste. A Paris, il serait impossible d'entrer au Jardin des Plantes avec une contre-basse, et de jouer un concerto devant la cage des lions. Les gardiens feraient emprisonner le musicien, et on confisquerait la contre-basse. En Angleterre, toutes les folies sont permises, quand elles ne troublent pas l'ordre public dans la rue et sur le trottoir. Un orgue de Barbarie serait arrêté dans le Strand, comme coupable d'offense envers les oreilles des citoyens; mais ces orgues barbares ont le droit de déchirer les tympans humains partout ailleurs. Il a donc été démontré que le lion avait en horreur la contre-basse, et que ses poils se hérissaient lorsque l'archet fait grincer les cordes de ce violon gigantesque. Au reste, les chiens d'une certaine espèce, qui sont des lions en miniature, professent la même horreur pour ce bel instrument.

A Paris, nos lions prisonniers n'ont jamais ces bonnes aubaines, inventées par la fantaisie anglaise. Les cages sont fort étroites; elles ont vue sur un bas-fond sans perspective, et les lions n'ont d'autre amusement que celui de passer en revue les faces bourgeoises qui les entourent. Lorsque le gardien se promène dans une autre allée, à l'écart, les enfants lancent aux lions des cailloux pour les obliger à se tenir debout, comme les lions de marbre qui tiennent une boule sous la patte; mais ces nobles prisonniers ne daignent pas même ouvrir la paupière pour honorer d'un regard ces pygmées du jardin. Les cailloux ne produisent pas plus d'effet sur ces épidermes fauves que les flocons de neige sur la fourrure d'un cocher. Dès que le parterre des badauds est vide, le lion se lève, secoue sa crinière, étire ses pattes, exhale ses ennuis par des bâillements prolongés, et son cri plaintif, son cri de quatre heures, demande au

Ils passent en revue les faces bourgeoises qui les entourent.

belluaire l'aumône d'un entrecôte de bœuf ou de mouton. Quelle déchéance ! Ce que demande la puissante faim du lion, ce n'est pas un lambeau de chair morte, un échantillon flétri, décroché de l'enseigne d'un charnier de troisième catégorie : c'est la chair vivante et saignante, toute tiède du meurtre de l'abreuvoir ; c'est la volupté du sang frais que ces gastronomes du désert exigent pour leur festin de chaque jour; aussi, de quelle dent dédaigneuse ils touchent à cette portion de restaurant que leur jette l'avare gardien! avec quel profond dégoût ils approchent leurs lèvres délicates de ce mets hideux! Mais que faire! il faut vivre; il faut donc se contenter de cette parodie de repas, de ces miettes dignes tout au plus de l'appétit de l'hyène, et le pauvre lion, ainsi réduit à la portion congrue, grignote son lambeau de viande morte, et s'endort pour rêver de la gazelle de Dembo.

Cette nourriture parcimonieuse et mal comprise est donc un long assassinat commis par l'homme sur le lion. Si, par hasard, le directeur est naturaliste, il se trouve dans un étrange embarras. Il sait que le lion n'aime que la chair vive et abondante; mais, si on le sert selon ses caprices, on donne à ses muscles, à son sang, à tout son corps une puissance formidable, qui demande à être exercée par une activité de tous les instants. Le lion, convenablement repu, voudra prendre les ébats de la plaine, et bondir du pont d'Austerlitz au Pont-Neuf, comme un gros bourgeois de Paris qui soigne sa digestion. Si, par prudence de police, on refuse au lion cette promenade hygiénique, il s'agitera dans sa cage, comme un démon chevelu; il tordra ses grilles sous ses quarante dents de bronze, ou se brisera le front, pour donner une issue à sa prison de fer. Si le directeur revient au régime contraire, à la diète débilitante, le lion dépérit à vue d'œil, et meurt à la fleur de son âge. La solution de ce problème zoologique est difficile : car, avant toute chose, il faut des lions au Jardin des Plantes; le peuple du dimanche réclame ses lions, lorsqu'il n'y en a plus; l'intérêt de l'exhibition est nul, si les cages royales sont vides. On a beau étaler un grand luxe de poules, de canards, d'oies, de dindons, garantis tous cochinchinois par l'étiquette : le Parisien ne daignera pas regarder ces bipèdes de basse-cour; une panthère même lui produit l'effet d'un gros chat, et il aime mieux le sien, quoique plus petit; il est surtout disposé à signer une pétition qui demande la restauration immédiate d'un roi des animaux.

Le Jardin zoologique de Marseille est le véritable paradis des animaux; rien n'y manque; on y trouve l'eau, la verdure, les arbres, l'ombre, les fleurs et une admirable exposition au midi. Hélas! un seul lion est inscrit sur la liste des nombreux pensionnaires de l'établissement. Il est jeune et gracieux; on le nomme Jack, et il répond très bien à ce nom. Jack n'est pas emprisonné dans une de ces étroites et sombres cages qui s'alignent tristement au Jardin des Plantes de Paris; Jack habite un palais, rempli d'air et de lumière; la perspective est ravissante; à travers de jolies grilles de fer, il voit se dérouler devant ses yeux un superbe horizon de collines, de montagnes, de villas, de pinèdes, de jardins, un paysage baigné dans l'azur africain; il peut respirer à son aise; la vie et le soleil l'entourent; il peut se croire chez lui; il jouit de tout le confortable du désert. On a eu même l'attention de loger à côté de Jack deux tigres qui n'ont pas l'air de se soucier du paysage, et qui miaulent avec mélancolie dans leurs ennuis de prisonniers. Si jamais lion aurait dû être content de sa destinée de citadin, Jack serait cet heureux. Il est adoré par les actionnaires du jardin qui comptent sur lui pour les dividendes; il est choyé par les garçons des restaurants voisins qui l'accablent de friandises; il est honoré par la population phocéenne, qui a reçu de l'Égypte le culte des animaux. Eh bien, ce jeune Jack est triste comme un hibou à midi: il ne daigne pas même regarder cette immense création africaine qui l'environne; quand il ne dort pas, il prend des poses de nonchalance qui annoncent le besoin du sommeil. Un garçon de café, son unique ami, lui rend de rares visites, et vient jouer avec lui; c'est un jeu mélancolique: il n'y a de l'entrain que d'un côté. Le lion fait sa partie par complaisance, pour ne pas désobliger ce garçon, qui met sur le tapis de la cage un relief de mouton pour enjeu. Après la partie, Jack se pose *en pal,* comme un lion héraldique, sur sa couche de sable, et continue un sommeil à peu près éternel.

Ce qu'il y a de remarquable dans ce beau jardin, c'est que le lion seul s'y ennuie profondément; les deux tigres, ses voisins, n'ont pas l'air de s'amuser beaucoup, mais au moins ils ont le courage de leurs opinions : ils miaulent tout haut qu'ils s'ennuient à la mort; ils rôdent derrière leurs grilles, en les effleurant de la moustache; ils insultent le public par une gamme sifflante, comme de grands chats en colère ; ils cherchent continuellement une issue d'évasion, avec l'espoir de la trouver, et alors, pensent-ils, quel ravage nous allons faire ! que de coups de griffes nous allons donner à nos geôliers ! que de sang frais nous allons boire ! Le lion raisonne trop bien pour se consoler ainsi ; il a fait son deuil de sa liberté ; il sait que ses geôliers sont invincibles, et qu'il est condamné à l'oisiveté forcée à perpétuité. La vie lui est donc intolérable, et s'il connaissait le remède humain du suicide, et s'il pouvait manier l'arme qui favorise cet acte d'un incurable désespoir, il ne vivrait pas une heure après cette découverte. La nostalgie est sa seule ressource, et il s'y abandonne sans vouloir la combattre par la moindre distraction.

Autour de lui, règnent la vie et la gaieté ; on n'entend que des cris de joie ; quadrupèdes et oiseaux sont en allégresse ; les flamants roses, les hérons, les autruches, les pélicans, les cygnes, toutes les espèces de perroquets et de perruches prennent leurs ébats dans l'eau ou sur la verdure, avec des expansions folles, qui leur manqueraient peut-être s'ils étaient libres et dans l'état de nature. Les grands singes ressemblent à des rentiers heureux, libres de soucis et honorés de la faveur publique ; les vautours s'amusent même sur leurs perchoirs ; et les aigles ne s'ennuient plus, parce qu'ils sont au moins dans un pays où ils peuvent se donner le plaisir de fixer le soleil, qui n'est jamais absent. Les girafes se croient en Éthiopie ; elles se baissent, et cueillent une feuille sur la cime d'un arbre ; elles s'amusent gravement avec leurs voisines les autruches ou leurs chères antilopes ; elles donneraient tout le Sennaar et le vallon où périt Cambyse pour le coin de terre hospitalier où elles mangent tout ce qui leur plaît, et ne sont pas mangées par les lions. L'éléphant de ce jardin est le plus beau qu'on puisse voir ; en voilà un qui donnerait des leçons de philosophie à son voisin Jack, si Jack était d'humeur à écouter une leçon de morale. L'éléphant marseillais est la plus charmante des créatures ; il passe sa vie au milieu d'une société humaine, et reçoit des friandises et des caresses de toutes mains ; sa politesse enchante tous ses visiteurs ; il remercie après un bienfait ; il donne des leçons de reconnaissance à l'homme ; il salue avec beaucoup de grâce, à l'ordre du cornac. Rien d'ailleurs ne manque à sa félicité : il habite un palais superbe, et il se baigne dans un lac profond, creusé pour lui, dans son jardin. Une fois, certaine visite nocturne et inattendue troubla un instant la vie sereine du colosse. Deux actionnaires égyptiens, c'est-à-dire ayant comptoir à Alexandrie, donnèrent au Jardin zoologique de Marseille un jeune crocodile, qui promettait de faire croître les dividendes. Ce grand lézard du Nil fut logé dans un large vivier entouré d'une grille, et les curieux abondaient pour le voir. Une nuit, le terrible animal amphibie sortit de sa prison, et vint se promener dans le jardin, comme un simple particulier. Arrivé devant le domaine de l'éléphant, il fut séduit par le petit lac, et s'y plongea voluptueusement, en l'absence du maître. L'aurore venue, le colosse vint faire ses premières ablutions dans son lac, comme un musulman pieux, et comme il se baignait, il sentit une dent aiguë qui le piquait à la cheville : cette insolence d'un insecte invisible le révolta ; il plongea sa trompe sous l'eau, et, rencontrant le crocodile stupide, il le cueillit avec délicatesse, l'éleva au-dessus de sa tête, l'étouffa en le balançant et le précipita d'une hauteur de quinze pieds dans les profondeurs du jardin. Cela fait, il continua ses ablutions.

Tous les autres animaux, lorsque leur prison est agréable, supportent aisément la vie, et acceptent les distractions offertes par l'homme, leur ennemi ; le lion ne transige jamais avec l'esclavage ; il connaît la vertu de la résignation stoïque ; il ne se révolte pas contre la tyrannie de l'adresse ; il la subit sans se plaindre, et meurt comme un sage, parce qu'il a perdu le seul domaine habitable, le désert avec la liberté. Ceux qui donnent au lion le titre de roi, au préjudice de l'éléphant, pourraient faire valoir, en faveur de leur candidat, cette majestueuse résignation qui vient de la noblesse du caractère, et semble élever le lion au-dessus des autres animaux.

Les oiseaux demandaient aussi un roi. Dans cette espèce, il ne pouvait y avoir concurrence, comme chez les quadrupèdes : l'aigle a été couronné sans opposition. Neuf siècles avant l'ère chrétienne, les poètes fondaient la dynastie de l'aigle. Hésiode et Homère associaient cet oiseau à l'œuvre du roi de l'Olympe : il portait la foudre ; il s'épanouissait dans les rayons du char du Soleil ; il visitait Vulcain

L'aigle a été couronné sans opposition.

dans son atelier de Lemnos ; il enlevait Ganymède à la cour du roi de Phrygie ; il était enfin ministre plénipotentiaire de Jupiter. En avançant à travers les siècles, l'aigle ne perd rien de son prestige. Virgile, Ovide, Lucain lui adressent des vers magnifiques ; Rome l'adopte comme symbole de ses victoires, et d'enseignes en drapeaux, il arrive jusqu'à la France, et traverse une seconde fois le monde, à la tête des légions.

L'aigle est superbe dans son allure, sa pose, son regard ; il a des mouvements de tête d'une fierté souveraine, et son front, quoique

De ces hauteurs il aperçoit tout ce qui marche ou rampe.

déprimé, ne semble pas exclure l'intelligence. Plus heureux que le lion, l'aigle habite le désert de l'infini ; il n'a rien à redouter des locomotives, et il peut crever un aérostat d'un coup de bec, si la dynastie des Godard menaçait d'envahir le ciel, et de fonder des stations et des buffets dans les nuages. Cette vie d'aigle, passée dans l'azur, est enivrante ; l'homme n'a pas de ces bonheurs-là ; les ailes lui manqueront toujours, et la baudruche ne les remplacera jamais. Ce privilège des oiseaux est exorbitant, mais chez l'aigle il dépasse encore toute mesure ; ce serait déjà beaucoup de voler de la plaine au sommet de la montagne : ce sommet n'est que la première étape d'une ascension qui n'a pas de limites ; l'aigle monte, monte, monte toujours, et sans effort, avec un léger balancement d'ailes étendues. L'œil qui le suit le voit s'amoindrir graduellement, se changer en point noir, et disparaître ; il boit l'eau des nuages dans le réservoir du ciel ; il est plongé dans ces sublimes extases que donne le silence de l'infini ; il est bercé par les courants supérieurs, entre les ténèbres et l'azur, et il n'a rien à redouter du vertige ; son œil regarde avec tranquillité deux effroyables abîmes, celui qui descend à la terre et celui qui monte au soleil.

L'homme ne pourrait obtenir avec tout l'or de la terre ce privilège que la nature a donné gratuitement à l'aigle.

De ces hauteurs, l'aigle aperçoit tout ce qui marche, rampe et vole sur le domaine terrestre, et quand il est excité par cette faim puissante que donnent ces promenades aériennes, il choisit sa proie, et tombe comme la foudre sur son festin. Il peut largement se repaître en égoïste ; c'est sa femelle qui est chargée de pourvoir aux besoins des aiglons ; il est trop fier et trop haut placé pour s'occuper de ces bourgeois détails de famille ; il existe pour lui, comme le soleil, son ami, autre égoïste sublime ; et quand la nuit tombe, il va savourer le sommeil dans son aire, au sommet d'une montagne ou sur la cime d'un arbre séculaire ; le premier rayon du jour le réveillera.

La fable du *Corbeau voulant imiter l'aigle* laisse supposer, puisque La Fontaine est classé parmi les naturalistes, que l'aigle enlève un mouton à la pointe de ses serres, et le transporte au sommet d'une montagne pour le dépecer, selon les besoins de sa famille. L'aigle a fourni matière à beaucoup de fables ; celle-ci est la plus fabuleuse de toutes. Jamais mouton n'a été enlevé de cette manière, excepté dans son état primitif d'agneau. L'aigle fait une chasse plus facile et moins lourde aux pigeons qui abondent partout, et dont les vols ressemblent à des nuages en Afrique et dans l'Inde. Les pigeons sont les gazelles de l'aigle ; les plus doux d'entre les animaux sont destinés à servir de nourriture aux plus sanguinaires et aux plus forts : il y a une morale là-dessous. L'aigle, comme le lion, déteste le serpent, mais il ne le craint pas, et son instinct lui dit de tuer ce reptile, parce que, la nuit, il rampe jusqu'à la cime des arbres pour ravager les nids des colombes ; ainsi le serpent coupe les vivres à l'aigle, et se fait de l'aigle un ennemi mortel. Les Indiens et les Africains ont souvent vu des serpents tomber morts du haut des airs, comme s'ils eussent été balayés par une trombe. Ces reptiles avaient été tout simplement enlevés, broyés et rejetés dans l'espace par les puissantes serres d'un aigle qui voulait exercer sa haine, et non assouvir sa faim. On assure même que l'oiseau roi attaque non seulement les reptiles de grosseur ordinaire, mais qu'il tombe sur les boas, comme une flèche à bec, et leur ouvre la tête, avec une furie et une adresse d'exécution qui suppriment toute défense. Le boa, ainsi frappé mortellement, se débat dans les convulsions d'une longue agonie, et sa spirale d'écailles coupe les hautes herbes et déracine les arbustes, pendant que l'aigle, perché sur un rameau ou sur la pointe d'un roc, jouit de son triomphe avec une superbe tranquillité.

L'homme, cet animal si faible, mais si adroit, est parvenu à donner à l'aigle des déplaisirs mortels. Il a trouvé le secret d'enlever les aiglons à l'amour d'une mère, et il commet ce vol impunément, pour les besoins des musées et des ménageries. Ce dénicheur hardi exerce son métier sous toutes les zones, car l'aigle est à peu près cosmopolite : il connaît très bien les mœurs et les habitudes de l'oiseau royal ; il étudie son vol et ses *remises,* et devine le point précis où le nid est perché. Ensuite, il s'instruit, par d'autres indices, de l'âge des aiglons, et quand il voit qu'ils ont atteint ce degré d'éducation qui leur permet de voler de leurs propres ailes, il tue d'un coup de carabine la pauvre mère, et s'empare des aiglons. Pendant cette tragédie, le père, toujours égoïste, promène ses rêveries dans les nuages, et lorsqu'il descend des hauteurs de l'air, il trouve maison vide, et va s'installer ailleurs pour former une nouvelle liaison, au lever du soleil.

L'aigle captif supporte la prison avec un calme impassible ; il ne témoigne ni souffrance ni résignation ; il ne regrette rien, il ne désire rien ; pour lui, son perchoir est toujours un trône ; il s'y pavane avec toute la majesté d'un roi libre, et toute l'insolence d'un roi absolu. Son œil de flamme et son bec d'acier menacent toujours les curieux du parterre, et, par intervalles, il déploie la vaste envergure de ses ailes, comme s'il allait prendre son essor vers l'infini. Plus sobre que le lion prisonnier, et moins délicat, il accepte ce que son chef de cuisine lui donne, et le dévore avec son appétit de montagne, sans témoigner la moindre reconnaissance à son bienfaiteur nourricier. Le tigre et le lion captifs sont quelquefois sensibles aux prévenances, et permettent au belluaire connu d'introduire une main dans la cage et de caresser une fourrure ; l'aigle ne fait aucune de ces concessions ; il ne connaît personne, il ne recherche aucune liaison, il veut vivre seul, et malheur à l'imprudente main qui violerait l'enceinte sacrée des barreaux. Le lion adopte avec une certaine joie un jeune chien qui lui est donné pour compagnon, et il permet au petit animal une foule de petites libertés qui semblent plaire au monarque déchu. On a voulu faire la même expérience dans une cage d'aigle : on a introduit un jeune coq ; l'aigle a dévoré le coq et mordu la main qui lui faisait ce présent. Cette vie de réclusion et d'inactivité abrège pourtant ses jours, elle appauvrit son sang, elle brise ses facultés énergiques : tout cela n'a pas l'air de l'inquiéter ; il s'éteindra de consomption sur un perchoir, mais il gardera jusqu'au dernier moment sa pose d'*aigle affrontant le soleil*, comme dit la langue héraldique ; il rendra le dernier soupir en gardant l'insolence de son bec et de son regard.

LES CHIENS DE CONSTANTINOPLE

Le 29 mai 1453, Mahomet II donna le dernier assaut à Constantinople ; ils étaient deux cent mille mécréants contre une garnison de huit mille chrétiens, commandée par l'héroïque et dernier empereur Constantin Dragosès. L'Europe chrétienne laissa faire et ne se croisa pas. La ville du grand Constantin tomba au pouvoir de Mahomet ; le croissant fit tomber la croix sur le dôme de Sainte-Sophie. Allah remplaça Dieu.

L'armée mahométane traînait à sa suite, selon l'usage arabe et nomade, une armée de chiens ; il y en avait de toute taille, de tout poil, de toute couleur, de tout naturel ; les races s'étaient croisées et recroisées à l'infini. Le fracas de la bataille et la couleuvrine de l'ingénieur Obin d'Andrinople épouvantèrent ces braves chiens, et le 30 mai 1453 ils se précipitèrent à la nage dans le golfe profond de Chrysocéras et gagnèrent cette calme et belle prairie, arrosée par les *eaux douces*, où Achmet III devait plus tard élever un palais, en 1709, je crois.

L'endroit était alors désert. Les chiens y fondèrent une colonie pour vivre dans le calme, loin de la couleuvrine d'Obin ! Le gibier était abondant aux environs, dans les forêts de chênes et de sycomores qui s'étendaient des *eaux douces* aux rives du Bosphore. Ce fut l'âge d'or des chiens.

Un siècle de consommation et de faim canine amena la disette. Les daims, les gazelles, les lièvres, les perdrix, les cailles disparurent sur les terres de la colonie de Cynopolis, et sous le règne de Soliman le Magnifique, vers l'an 1540, les chiens remontèrent vers Constantinople pour demander du pain à leurs amis, les hommes.

Les Turcs nous traitaient alors de *chiens de chrétiens*, et cependant ils avaient et ils ont encore une grande vénération pour les chiens. Expliquez cela, si vous le pouvez. Ils accueillirent donc fort bien l'émigration des *eaux douces* et donnèrent une hospitalité arabe à ces infortunés animaux.

Selon leur usage, les chiens s'étaient présentés avec un air d'humilité touchante; mais dès que les Turcs leur eurent laissé prendre un pied chez eux, ils en eurent bientôt pris quatre et se posèrent en conquérants du domaine du grand Constantin. Ils envahirent non seulement Constantinople proprement dite, mais ils inondèrent Galata et les pentes abruptes de Péra; les plus hardis traversèrent le Bosphore à la nage et vinrent se domicilier à Scutari, sur la côte d'Asie, pour se donner le plaisir de la chasse dans des forêts vierges.

Si les abeilles ont créé une forme de gouvernement et des lois administratives, chose incontestable, doit-on s'étonner si des chiens, à leur tour, ont régularisé leur colonisation constantinopolitaine avec la même intelligence que les Anglais ont montrée dans l'Inde après la conquête du Mysore par lord Cornwallis en 1799? Je soupçonne même les Anglais d'avoir copié les plans dressés par les chiens du Bosphore.

Les chiens divisèrent le domaine de Constantin en quartiers ou présidences. Ils choisirent la place de Sainte-Sophie, l'Hippodrome, l'esplanade de la mosquée de Soliman le Magnifique et toutes les avenues qui conduisent au pont de Galata. Le faubourg de Péra fut divisé par eux en sections, depuis la tour jusqu'aux hauteurs du cimetière. La rive du Bosphore leur fut acquise jusqu'à Térapia et à l'arbre de Godefroy de Bouillon. Tout ayant été réglé, divisé, cadastré, les conquérants soumirent les Turcs et

Les chiens divisèrent en quatre le domaine de Constantin.

les étrangers à une taxe quotidienne, payable en comestibles matin et soir. Ils se réservèrent le droit de vivre à leur guise, de troubler le repos des nuits, d'aboyer à la lune de Mahomet, de dévorer les passants, de jouir enfin de tous les avantages de la liberté illimitée. Les Turcs répondirent en langue franque : *Bono, bono,* et ils acceptèrent toutes ces propositions.

Quatre chiens, quatre molosses venus de Laconie, appartenant à la suite de Mahomet II, ne s'étaient pas effrayés de la couleuvrine d'Obin et avaient suivi le vainqueur sur le parvis de Sainte-Sophie. Ce quatuor fit élection de domicile devant la fontaine et créa une souche de molosses, qui avaient la conscience de leur noble origine ; on essaya d'incorporer les descendants des chiens de Mahomet II dans les cadres de l'armée conquérante, mais les offres furent rejetées avec des grincements de dents canines. Une nuit, ces nobles molosses furent étranglés. Les gardiens de la mosquée d'*Aïa-Sofia* gémirent de cet attentat nocturne, mais pas un d'eux n'eut le courage de dénoncer le crime au muphti, tant était grande la terreur inspirée par la domination des chiens.

L'audace de ces conquérants quadrupèdes s'accrut avec les années. Leur tyrannie devint un droit, et Mahmoud, le destructeur des janissaires, a toujours reculé devant une Saint-Barthélemy de chiens. En vain les consuls et les ambassadeurs adressaient-ils des réclamations à la police de Stamboul : on leur répondait que ces animaux étaient sous la protection du Prophète, ce qui excitait un rire fou dans le corps diplomatique, payé pour être grave, et les heureux chiens continuaient à dévorer les voyageurs à la barbe du Prophète.

Si cette corporation de chiens eût conservé l'homogénéité qui la rendait si redoutable encore sous le règne d'Achmet III, la question d'Orient aurait peut-être offert une complication nouvelle en 1853. Il aurait fallu compter avec cette armée innombrable, qui pouvait, au besoin, se faire une ressource défensive avec l'hydrophobie et protéger Constantinople non seulement contre les Russes, mais contre les Anglais et Français. Heureusement pour l'Europe, ce grand corps se démembra. Les petites ambitions de minarets éclatèrent ; l'hostilité se déclara sur les frontières des quartiers ; on commença par des aboiements, on finit par des jeux de mâchoires. Chaque coin de Stamboul proclama son indépendance et déchira le traité de confédération. Heureusement pour eux, les Anglais dans l'Inde ne commettront pas cette sottise et ne prendront, comme ils l'ont fait jusqu'ici, que le bon côté du plan primitif organisé par la race canine de Stamboul. Ainsi les fautes des uns servent à éclairer les autres. La force sera toujours dans l'union, comme dit une devise des pièces de cinq francs.

Autrefois, lorsqu'un chien, établi de père en fils devant la mosquée des cinq minarets, allait se promener devant l'obélisque de l'Hippodrome, il était parfaitement reçu ; on le traitait en frère ; on lui servait quelques rogatons tombés de la pointe du sérail. C'était un voyageur, un amoureux de l'inconnu, un observateur allant étudier les chiens et les choses loin du chenil natal. On admirait son courage ; on lui donnait au besoin aide et appui. Tout à coup la confédération se brise ; et le voyageur philosophe qui vient étudier les mœurs des voisins est traité comme un vil espion et massacré sans jugement.

La décadence morale amène la décadence physique. Le chien de Constantinople avait des allures superbes ; il se balançait fièrement sur ses quatre jarrets d'acier ; il portait une robe de moire éclatante ; son œil rayonnait d'intelligence, ses narines frissonnaient au vent. Il aboyait comme une basse chantante dans le trio de *Guillaume Tell ;* le premier chien de l'Eden, le chien d'Adam n'était pas plus artiste et plus beau.

Allez reconnaître ce type dans le chien dégénéré de Stamboul ; d'abord, il ressemble à tout, excepté à un chien, tant la race a abusé du croisement irréfléchi ! son œil est éteint ; sa robe est un épiderme de parchemin ; ses oreilles mortes permettent à l'araignée d'y filer sa toile ; sa queue est réduite au tronçon ; il a perdu la gamme de l'aboiement laconique ; il n'ose hurler que la nuit, quand il n'y a pas de témoins ; et il hurle faux. On continue à lui donner le nom de chien, parce que les académiciens lui cherchent un autre vocable depuis Bajazet, et ne l'ont pas encore trouvé.

En attendant, lui se croit toujours chien, et il revendique tous les privilèges de son état ; il demande sa nourriture aux Turcs de son quartier ; il trouble le repos des voisins ; il dort vingt heures par jour ; il empêche les passants de passer, et il donne des terreurs mortelles aux étrangers qui cherchent leur domicile dans les ténèbres de la nuit.

Que d'histoires sinistres on pourrait raconter sur le chien de Constantinople ! j'en citerai une pour donner une idée des autres. Il y a malheureusement dans celle-ci, comme dans les drames de Shakspeare, un côté comique sur un fond de tragédie.

Alexandre Boissin, fils d'un chimiste très connu à Marseille, était venu fonder une maison de commerce à Constantinople. Il demeurait à Péra, non loin du couvent où les Français vont rendre une visite à la tombe de l'illustre pacha de Bonneval, leur compatriote.

Le commerce de Boissin marchait fort bien, et un mariage contracté sous d'heureux auspices allait bientôt donner plus d'éclat à sa maison. Il était à la veille d'épouser une jeune Grecque fort riche, établie à Galata.

A cette époque florissait à Marseille un instrument à peu près inconnu aujourd'hui, la guitare. Le luthier Lippi a fait une immense fortune en vendant des guitares sur le port ; non seulement chaque jeune homme en état de porter les armes possédait une guitare, mais tous les capitaines marchands, en partance pour les deux Indes, achetaient chez Lippi des cargaisons de ces instruments et les répandaient dans les deux hémisphères. La civilisation maritime doit beaucoup à la guitare ; les sauvages de l'île Formose en ont pincé, dit le capitaine Giniez, et ils ont renoncé à l'anthropophagie.

Les romances :

   Portrait charmant, portrait de mon amie,
   . . . .

> Fleuve du Tage,
> Je fuis tes bords heureux,

etc., etc., etc., se chantaient avec accompagnement de guitare sur les promenades de Marseille, de minuit à quatre heures du matin, avec la protection de la police. Il y avait toujours, çà et là, des fenêtres ouvertes comme de grandes oreilles pour écouter ces chants des derniers troubadours.

C'est vers 1828 que la guitare disparut du sol de la France, témoin ces vers d'une satire célèbre :

> La Restauration vit fuir à son déclin
> Le dernier guitariste et le dernier carlin.

Ces deux espèces disparurent à la même époque.

Alexandre Boissin avait résolu de naturaliser la guitare à Constantinople, malgré la police intolérante des chiens.

Un soir, il se déguisa en troubadour ; toque à plume, caraco de velours bleu de ciel à crevés, pantalons collants de casimir jaune à cottes, bottes molles et évasées, guitare en bandoulière. Il y avait déjà de quoi exaspérer tous les chiens galatois, qui devaient regarder ce costume comme la parodie du vénérable costume turc.

Arrivé devant le balcon de la jeune Grecque sa fiancée, il préluda par quelques *crins-crins* aigres, et, pour rendre hommage à la cité orientale, il crut devoir choisir, dans son répertoire de troubadour la célèbre romance du *Calife de Bagdad*, de Boïeldieu :

> Ma Zétulbé, viens régner sur mon âme,
> Viens embellir, égayer mon destin ;
> Si tes beaux yeux ont commandé ma flamme,
> Par tes vertus termine mon chagrin.

Les librettistes ont fait de grands progrès en poésie depuis cette époque. On appelait alors ce jargon d'opéra *style naturel*. M. Fay faisait recette à Marseille en chantant *Zétulbé*; la tradition dit même qu'il arrivait au succès de larmes lorsque, courbé sur sa guitare, il dandinait son torse en suppliant Zétulbé de *terminer son chagrin par ses vertus*. Heureux temps !

Alexandre Boissin, pour son malheur, avait pris des leçons de M. Fay ; il se dandinait même beaucoup trop, ce qui imprimait aux crins-crins toutes les notes aigres qui agacent les nerfs de tous les désintéressés. Cet accompagnement de vitre sciée ne permettait pas au troubadour Boissin d'entendre une gamme sourde qui rugissait derrière lui. C'était un énorme chien hideux, père de famille et chef du quartier de Galata, qui n'avait jamais vu de troubadour, n'avait jamais entendu de romances françaises, et qui redoutait les guitares comme le lion redoute les contre-basses. Toutefois, rendons justice à ce cerbère de Galata, il accompagna longtemps l'accompagnement de *Zétulbé*, comme pour donner un avertissement salutaire au jeune et imprudent troubadour.

Boissin était tout à son devoir et poursuivait son nocturne avec la satisfaction qu'un artiste se donne d'abord à lui-même, sans prendre souci de l'auditoire. Un accès d'enthousiasme lui fit exagérer un *crescendo* final avec tant de verve aiguë, qu'il entendit enfin à ses côtés le même concert de gosiers hydrophobes qui frappa les oreilles de la mère d'Athalie lorsqu'elle fut dévorée par des chiens, amis de l'homme. La reine Jésabel jouait de la guitare probablement. A ces cris fauves, Boissin se retourna et vit une meute de monstres sans nom accourant vers lui. Il crut d'abord pouvoir parlementer avec ces quadrupèdes comme on fait avec les chiens ordinaires; mais il vit bientôt qu'il fallait combattre ou fuir. N'ayant d'autre arme que sa guitare, il en appliqua un coup vigoureux sur le premier mufle à portée de sa main. Ce fut le signal d'une attaque générale. Le pauvre troubadour disparut sous une avalanche de parchemins galeux, de pattes osseuses, de mufles écumants. Il ne resta qu'une guitare sur la place du concert.

Cette affaire eut des suites.

M. Boissin père adressa une plainte à M. de Rivière, notre ambassadeur à Constantinople, qui déféra cette plainte au ministre de Sa Hautesse. Ce dernier crime, commis par de prétendus chiens, en fit exhumer bien d'autres. M. de Rivière exhiba un dossier et prouva que cinq Français avaient subi le sort de Jésabel et de Boissin en peu d'années, et qu'il fallait mettre un terme à ces événements tragiques. Le ministre turc répondit en ces termes : « Les chiens sont sous la protection du Prophète; ils sont sacrés. Les Français sont légers et frivoles, et ils aiment se promener la nuit et troubler le sommeil des fidèles croyants. Le devoir des chrétiens est de dormir la nuit; le devoir de nos chiens est de veiller. Que chacun fasse son devoir et personne ne sera dévoré. J'ai dit. »

Et il tourna le dos à M. de Rivière en ajoutant en langue franque : *Ti sabir arleri, è darnagas vaï moussé dé bous*. Ce qui signifie à peu près : *Tu es un niais, et un sansonnet va demander du lait à des boucs*. C'est le *mulgeat hircos* de Virgile, transporté sur le Bosphore de Thrace. M. de Rivière en référa au ministre des affaires étrangères, qui répondit : *Ne compliquons pas davantage la question d'Orient*.

Il y a encore des chiens à Constantinople et beaucoup même. Pourtant, en 1853, une nuit a failli les faire disparaître. Voici comment.

Mais cette coïncidence de dates, 29 mai 1453 et 29 mai 1853 ! C'est effrayant ! Les chiens arrivent avec Mahomet II devant Constantinople, le 29 mai 1453. Quatre siècles après, jour pour jour, le 29 mai 1853, le 1er régiment de zouaves vint se promener à Constantinople.

Le zouave est un soldat de création nouvelle ; Alexandre, César, Annibal, Napoléon, Frédéric II n'ont pas connu le zouave. C'est un produit africain cultivé par le génie belliqueux de la France ; c'est le lion enrégimenté sous un numéro. Il a inventé une manière de se battre qui déconcerte les plus braves ; il craint tellement la mort, qu'il se hâte de tuer tout de suite son ennemi pour ne pas être tué par lui. Tout lui est bon lorsqu'il s'agit de saisir au vol cet avantage de primauté ; il se fait un chemin sur un roc à pic ; il escalade un précipice, descend au fond d'un gouffre ; il se change en chèvre, en aigle, en serpent ; il vole ou rampe ; il fauche un bataillon et coupe les pieds de ceux qui ne songent qu'à défendre leurs têtes ; il arrache la mèche aux mains des artilleurs ; il éteint les batteries au moment où elles vont éclater ; et tous ces exploits, il les accomplit avec une gaieté folle, comme s'il s'agissait d'un jeu dont le champ de bataille serait le tapis vert.

Les zouaves et les chiens de Constantinople.

A cause de ces qualités exceptionnelles, on accorde au zouave certaines privautés qui ne lui font pas de jaloux. Il y a des permissions de dix heures assez fréquentes ; il est quelquefois en retard après la retraite battue ; il se lance dans les écoles buissonnières ; il est friand des aventures nocturnes, surtout en pays étranger.

En traversant Constantinople, les zouaves s'attardèrent le premier soir dans les divers quartiers de la ville. Les ténèbres couvraient les rues tortueuses, et il était difficile de trouver le chemin de la caserne en l'absence des réverbères à l'huile ou des becs de gaz. Les zouaves se répandirent en malédictions contre les Turcs et entonnèrent une foule de refrains que les Parisiens leur avaient appris.

Tous les monstres des chenils publics se réveillèrent en sursaut, en exécutant un concert dont aucune musique d'avenir ne pourrait donner une idée aux plus sourds. A Constantinople, à Galata, à Péra, les zouaves faillirent avoir peur ; mais quelques-uns d'entre eux ayant reçu des morsures, la bataille s'engagea partout avec une furie infernale. Les familles turques, blotties dans leurs masures, ne sachant à quelle cause attribuer ce cataclysme inouï, murmuraient à voix basse les vers de Victor Hugo, traduits en turc par M. Garcin de Tassy :

> C'est l'essaim des djinns qui passe, etc.,

et ils ajoutaient comme vœu :

> Prophète, si ta main me sauve
> De ces impurs démons des soirs,
> J'irai prosterner mon front chauve
> Devant tes sacrés encensoirs.

A la fin, les sabres et l'intelligence devaient triompher des mâchoires édentées et de la bêtise canine ; nos zouaves restèrent partout maîtres du champ de bataille ; tous les faux chiens furent exterminés partout, et le Bosphore rapide emporta leurs dépouilles à la mer Noire. Ce fut, pour Constantinople, une nuit de purification. Mais ce ne fut qu'un progrès passager. Depuis ils ont pullulé de nouveau, moins nombreux toutefois, et plus circonspects, comme si le souvenir de la nuit des zouaves leur avait laissé un avertissement.

Il a donc fallu quatre siècles et un hasard pour accomplir un progrès. L'homme est un être pétri d'impatience ; il veut, dans son petit quart d'heure de pèlerinage terrestre, jouir de tout le progrès que mille siècles sont chargés d'élaborer graduellement par une volonté divine, douée d'une préexistence éternelle. Il est fort pressé, l'homme, et l'éternité fait son affaire avec lenteur et se soucie fort peu de nos impatiences enfantines. Le progrès d'ailleurs se borne à peu de chose ; son programme rigoureux, conforme à l'exiguïté de nos besoins, tiendrait sur une feuille de papier. Si une génération obtenait tout le programme pour elle, que resterait-il à demander aux cent mille générations qui doivent suivre la nôtre ? Il faut toujours qu'un siècle demande quelque chose ; s'il n'avait pas de désirs, il aurait des ennuis. Un hasard intelligent, c'est-à-dire providentiel, a bien voulu une fois nous éclairer sur la lenteur des lois du progrès. Il a pris quatre siècles, dans l'histoire de Constantinople, et quatre chiffres, 1453 et 1853, et il a semblé nous dire : Voilà la période de temps que demande une simple amélioration. Ce fait vous sera instructif.

LE CHEVAL DE PARIS

Le naturaliste Buffon, aidé par trois collaborateurs, dit M. Flourens, a fait ce quatrain sur le cheval :

> La plus belle conquête
> Que l'homme ait jamais faite
> Est celle du cheval,
> Ce superbe animal.

M. de Buffon écrivait ces vers en 1763, à une époque où Paris ne connaissait ni les petites voitures, ni les fiacres de place, ni les cabriolets-milords, ni les omnibus.

Les médecins faisaient encore, comme Guénaud, leurs visites à cheval.

On rencontrait parfois une chaise à porteurs devant le pavillon de Hanovre et trois carrosses dans le Marais.

Deux chevaux de poste entretenaient les relations de Saint-Germain et de Paris. On déjeunait à Chatou ; on couchait à Asnières, et on ménageait les deux chevaux de l'auberge du Grand-Cerf.

Un voleur de grand chemin attendait souvent quinze jours une chaise de poste dans la forêt de Bondy ; c'était la chaise d'un gouverneur qui allait s'installer dans une province lointaine, en recommandant son âme à Dieu, après avoir signé son testament.

Le cheval de Buffon et de Job était donc alors dans toute sa dignité native ; il piaffait noblement sous le perron de Versailles ou emportait son maître vers les bataillons ennemis. Age d'or du cheval.

Un siècle s'est écoulé depuis le quatrain olympique de Buffon. On peut dire aujourd'hui :

> La plus utile conquête
> Que le Parisien ait faite,
> Est celle du cheval,
> Malheureux animal !

Un proverbe dit que *Paris est le paradis des femmes et l'enfer des chevaux*. Ce proverbe n'est absolument vrai que du côté de l'enfer ; il est contestable du côté du paradis. Demandez à ces dames.

On couronne, sur le champ de courses, quelques coursiers aristocratiques ayant des noms étranges, coursiers de haute écurie, qui font quatre kilomètres en cinq minutes et qui tomberaient morts sur leurs quatre fers s'il leur fallait traîner douze heures un omnibus de la Madeleine à la Bastille ; ces coursiers ne servent qu'à donner des rentes à M. de Lagrange, et ils arrachent des gémissements à M. de Grammont, l'inventeur du Code pénal en faveur des animaux.

Rien ne doit être triste, pour le législateur zoophile, comme le spectacle d'une station et d'un *avançage* de carrefour. C'est l'antithèse hippique de la Marche, de la Croix-de-Berny et d'Epsom.

Sur le turf, se pavanent les bucéphales gentilshommes ; ils ont des robes luisantes, des poses fières, des yeux de diamants noirs, des tournures de jeunes premiers. Les grandes dames disent : « Quelles belles bêtes ! » Les maquignons les estiment quinze mille francs ; les amateurs les caressent de la main, et ces animaux-là n'ont pas l'air de se douter de leur bonheur ! Ah ! si leurs frères de la station recevaient de pareils hommages, ils dresseraient fièrement l'oreille pour la première fois !

Regardez-les ces pauvres martyrs de la course à un franc cinquante, tels que Paris les a faits.

Ils ont tous *l'œil morne et la tête baissée*, comme s'ils allaient conduire des Hippolytes à des monstres marins.

Un avantage de voitures à Paris.

C'est une série de poses lamentables sur toute la ligne de la station. Ils ont tous l'abattement de la fatigue, à six heures du matin, en sortant de l'étable, et ils ont des cargaisons de provinciaux à transporter jusqu'à minuit. Succomberont-ils à la peine ? Ils ne succomberont pas. L'antiquité mythologique aurait inventé un dieu pour ces chevaux : les sectateurs des théories pythagoriciennes auraient affirmé qu'en punition de leurs crimes les âmes des tyrans de Sicile avaient passé dans les corps de ces quadrupèdes martyrisés.

Ab uno disce omnes. Le cheval de fiacre est déjà vieux lorsqu'il commence sa carrière entre deux lanternes numérotées. Il lui reste une légère couche d'épiderme sur les os ; on aperçoit le squelette à travers ce frêle tissu. Les poils ont été fauchés par le temps et le fouet ; on découvre, çà et là, un bloc de mousse voilant une cicatrice, un furoncle, une rugosité hideuse. Les genoux, cent fois couronnés, ont perdu leurs protubérances charnues ; la croupe a mis les angles à la place des contours ; la queue n'a gardé que l'arête ; les quatre pieds ont perdu l'aplomb symétrique ; ils restent dans la pose désordonnée où les a placés le temps de repos ; le col décrit la ligne horizontale et n'a plus assez de vigueur pour soulever une tête appesantie par une somnolence perpétuelle. C'est le fantôme d'un cheval somnambule dans sa plus parfaite dégradation.

Il vient de remorquer, à jeun, un provincial depuis le Panthéon jusqu'à l'Arc de triomphe de l'Étoile. La grandeur du monument frappe le voyageur, qui se dit à lui-même : « Il me faut bien trois heures pour examiner dans tous ses détails ce bataillon carré de la victoire pétrifiée. » Après cette réflexion, il paye la course et s'achemine, d'un pas solennel, vers le monument.

Le cocher regarde son *pourboire* de dix centimes et gémit.

Il prend alors une poignée d'avoine avariée, la plonge au fond d'un sac et la suspend au museau de l'ex-cheval.

La pauvre bête frissonne de joie ; elle va déjeuner enfin ! Mais comme l'avoine est dans les bas-fonds du sac, elle le secoue pour faire remonter la pitance à sa mâchoire édentée. À peine se livre-t-elle à cet exercice, qu'un autre provincial, descendu de l'Arc de triomphe, arrive devant le cocher gémissant, ouvre la portière d'autorité, de l'air d'un homme qui connait son droit, monte et s'asseoit.

Le cocher arrache au cheval son avoine, encore intacte, et dit :

« Où faut-il conduire monsieur ?

— Au Jardin des Plantes, répond le voyageur.

— C'est bien loin, remarque le cocher en serrant le sac.

— Si c'était tout près, je ne vous prendrais pas, » dit le provincial.

Le cheval de Job dit : *Allons!* le cheval de fiacre dit : *Restons.*

Un coup de fouet, exigé par les règlements, réveille en sursaut l'animal pulmonaire, et le lance malgré lui sur la route éternelle du Jardin des Plantes, avec ordre de faire quatre kilomètres à l'heure, toujours exigés par les règlements.

A quelle excitation a-t-il recours ce malheureux cheval pour traverser tout Paris sans s'écrouler sur lui-même ? C'est ce qu'on ne saura jamais. Ce qu'il y a de certain et d'inexplicable, c'est qu'il arrive au pont d'Austerlitz, où aucun juge du *sport* ne lui donne un prix de dix mille francs.

« Dois-je attendre monsieur ? demande le cocher.

— Non, dit le visiteur de monuments ; je vais voir le cabinet d'histoire naturelle.

— Pas de chance ! » murmure le cocher sur une gamme dolente.

Et il reprend son sac d'avoine pour le suspendre au museau de son cheval expirant.

Un monsieur très pressé sort du jardin et donne un rapide regard à la station. Devant les autres voitures, les chevaux ont des sacs au bec et les secouent. La dernière arrivée ne donne pas à manger : elle sera plus tôt en route. Le monsieur pressé s'élance sur celle-ci, qui arrive de l'Arc de triomphe. On n'attache pas le sac. Un murmure est refoulé dans la poitrine du cocher. Le sergent de ville observe la station d'un œil menaçant.

« Où allons-nous ? demande le cocher.

— Rue des Acacias, numéro 8, répond le monsieur d'un ton fier.

— Où diable est cette rue ? remarque le cocher en cherchant la rue au plafond, qui est le ciel.

— A Montmartre, imbécile, crie le Parisien annexé ; voilà un cocher qui ne connaît pas son Paris ! »

Insulté dans son honneur, le cocher ouvre la bouche, mais il la referme aussitôt. Le sergent de ville s'avance d'un pas grave.

Un ressort intérieur et inconnu de tous les vétérinaires fonctionne tout de suite dans le squelette du cheval, et l'entraîne, par un galop d'automate, vers la montagne de la rue des Acacias. Par intervalles, le voyageur frappe la vitre avec son poing, et crie :

« Un peu plus vite, cocher ; fouettez donc votre rosse. »

Après avoir retraversé Paris, l'ex-cheval escalade les pentes abruptes de Montmartre, et, arrivé au numéro 8, il meurt un instant, pour se donner un peu de repos.

Le sac d'avoine, déroulé une troisième fois, donne au cheval un semblant de résurrection ; il déjeune avec son maître à l'heure où les hommes dînent. Il y a dix minutes de sursis.

Un vaudevilliste qui vient de lire deux actes au théâtre montmartrais suspend le repas avant le dessert.

Quand la nuit tombe, le cheval savoure quelques heures de profond sommeil aux stations du boulevard. Le cocher s'endort et fait un rêve de cheval, un rêve très agité. Dès que le dernier *merci, mon Dieu !* a éclaté dans le théâtre, et que la mère éternelle d'Anicet Bourgeois a retrouvé son enfant de carton sous un déluge de larmes, un spectateur attendri par le drame secoue violemment le cocher endormi, et lui crie :

« Eh ! donc, vous dormez ! rue Vaugirard, 86, et vite ! vite ! »

Le cocher passe alors à l'état de somnambule et dirige au hasard son cheval, qui ne s'est pas réveillé. A chaque instant, le passager corrige les erreurs de direction par le carré des stores. C'est le conduit qui règle la marche du conducteur. On se heurte aux bornes, aux angles des rues, aux tournants des trottoirs, aux timons des voitures, aux poitrails des chevaux, qui dorment tous aussi. Le sommeil est général dans la race hippique des fiacres et des cochers. Par quel secret ces hommes et ces bêtes endormis arrivent-ils à leur destination presque toujours sans encombre ? C'est le secret de la Providence, cette bonne et économique gardienne de la ville de Paris.

Un cocher raconte l'histoire lamentable d'un cheval de ses amis qui a voulu naturaliser le suicide dans le peuple des chevaux de

Les chevaux souffrent tout sans murmurer.

fiacre. Cette pauvre bête, plus intelligente qu'une autre, et ayant la conscience de l'affreux métier de chien qu'elle faisait, résolut d'en finir avec la vie. Elle heurtait sa tête à tous les angles des rues, à tous les kiosques, à tous les timons aristocratiques, n'ayant pas d'autre moyen de se brûler la cervelle ; et aucune tentative ne réussissait. C'était une tête de bronze qui démolissait un mur et restait intacte. Il fallut changer d'expédient. La diète forcée lui parut un meilleur procédé de suicide, et toute nourriture d'étable et de station fut refusée obstinément ; la pensée de l'animal fut soupçonnée par le cocher, qui fit son rapport au maître, un bonhomme d'industriel, inventeur des citadines, et doué d'un cœur sensible, quoique habitué à parler à des chevaux. Il se nommait Nantua, et son nom est encore vénéré sur toutes les lignes des stations.

Nantua voulut donc observer lui-même ce cas de suicide chevalin, et il offrit un soir au Caton quadrupède un picotin de la plus belle avoine, un pain de luxe et une gerbe de foin exquis : un repas de Balthazar équestre. Le cheval stoïcien lança un regard oblique à son maître, un regard plein d'expression, et qu'un acteur chercherait en vain devant son miroir pour finir un quatrième acte désolé.

Ce regard donné, le cheval laissa tomber sa tête entre ses deux jambes antérieures, et sembla dire : « Homme stupide, tu ne connais pas les bêtes ; quand elles ont pris une résolution, elles ne changent pas d'idée comme toi. »

A son tour, Nantua crut avoir une bonne idée :

« Bulo, dit-il au cocher, Bulo (c'était le nom du cheval) m'intéresse comme une créature humaine. Je ne veux pas qu'il meure, ne l'attelez plus à la citadine ; laissez-le dans l'écurie, et quand il verra qu'il n'est plus condamné au travail forcé, il mangera. »

Le cocher fit un sourire de faune railleur et secoua la tête.

« Vous ne m'approuvez pas ? dit Nantua.

— Non, bourgeois, reprit le cocher ; et excusez si je suis franc. Si vous voulez vous ruiner et nous mettre tous à pied, vous n'avez qu'à faire de Bulo un rentier du Marais. Tous vos chevaux, qui ne sont pas bêtes, comprendront la malice et refuseront l'avoine pour vivre de leurs rentes sans travailler. »

Ce raisonnement parut judicieux à M. Nantua.

Ce chevaleresque industriel réfléchit et trouva un biais pour concilier son intérêt et l'avenir du pauvre Bulo.

On conduisit au milieu de la nuit le quadrupède agonisant à une ferme qui s'élevait au milieu d'un pré tout semé d'herbes grasses, et on le mit au vert.

A l'aube naissante, Bulo ne vit autour de lui que le calme et le désert ; il entendait dans un lointain vague le bruit des roues et les hennissements des chevaux travailleurs, et il goûta un premier sentiment de joie égoïste. Le soleil se leva, et aucun palefrenier, aucun cocher n'apparurent aux environs. M. Nantua seul se montrait assis et fumant sa pipe devant la porte de la ferme. La table d'un gras festin verdoyait autour de Bulo, et il se décida bientôt à *tondre de ce pré la largeur de sa langue*, comme l'âne de la fable. Ce premier morceau fit l'effet de l'absinthe ; il réveilla un appétit engourdi par une longue abstinence, et l'herbe fut fauchée par la dent sur une assez vaste échelle. M. Nantua riait sous cape, mais il se gardait bien d'éclater bruyamment, de peur de blesser l'amour-propre du cheval en lui livrant le secret du stratagème sauveur.

L'agonisant reprit ses forces en quelques jours, mais le cheval, comme l'homme, étant né pour le travail, Bulo éprouva la nostalgie du bonheur oisif. Un matin, il vint se placer entre les deux limons d'une charrette qui semblait attendre un cheval, pour transporter lentement au marché des corbeilles de fruits et de légumes. En langage d'animal cela signifiait : « J'accepte un travail raisonnable ; je me révolte seulement contre une torture hippocide. Allons tous les matins à la promenade du marché, soit ; mais plus de courses brûlantes avec des provinciaux dans cet univers de Paris. »

La muette proposition du cheval fut acceptée par M. Nantua, et jamais existence de cheval n'a été plus heureuse que celle de Bulo.

Il y a des rêveurs, et je suis du nombre, qui regrettent le Paris pittoresque d'avant 1852, le Paris des petites ruelles, des carrefours sombres, des masures historiques; insensés que nous sommes! Si ce Paris existait aujourd'hui, si la main de M. Haussmann ne l'eût pas démoli en masse, il n'y aurait plus de place pour les chevaux dans les rues et sur les boulevards. Béni soit le marteau qui nous a donné ces espaces, mais ne nous en a pas assez donné encore : car les cochers se plaignent, et les chevaux reçoivent encore des entailles, même au boulevard Sébastopol.

En peu de temps Paris verra croître encore sa population actuelle ; il sera Londres. Où trouverez-vous des chevaux automates pour transporter d'un pôle à l'autre les provinciaux de l'univers ? Et si vous trouvez un nombre suffisant de ces quadrupèdes martyrs, où ferez-vous de nouveaux élargissements pour faciliter leurs manœuvres urbaines ?

Quoi qu'il en soit, quand ne livrera-t-on plus à la consommation annuelle cent mille pauvres bêtes qu'on immole sans pitié, parce qu'elles ne se plaignent pas. Chose singulière ? tout animal a une gamme plaintive pour exprimer la douleur; le cheval seul souffre en stoïcien ; il est privé de cette gamme dolente, et l'homme abuse de ce mutisme. Attelez quarante chiens à quarante voitures, donnez-leur les ennuis de la station, les tortures des courses haletantes, les aiguillons de la faim et de la soif, et vous verrez comment ces amis de l'homme supporteront ce martyre des rues! Ce serait un concert de hurlements à soulever les populations. Les chevaux souffrent tout sans murmurer, comme le personnage d'un vaudeville célèbre ; donc il faut leur faire tout souffrir! C'est la logique de la bonne ville de Paris. Qui donc inventera la voiture automatique pour mettre fin à ces atroces cruautés ?

LE RENARD EN MARAUDE

Un jour, j'assistais, malgré mon horreur pour la chasse, à une chasse au renard, sur les terres du baronnet James L***, de l'autre côté de la Mersey, rive gauche, dans le Lancastre. C'était ennuyeux à faire mourir tout le monde, excepté les renards ; mais les femmes de la société du baronnet suivaient la chasse en calèche, et de très loin, et je m'étais réfugié chez elles pour prendre une leçon d'anglais, et ne pas perdre mon temps avec les renards.

On chassait depuis deux heures, et les renards ne se montraient pas ; nous les chassions trop bien. La calèche s'arrêta sur une berge fleurie du beau fleuve, et je proposai aux dames de ne plus songer aux renards et de contempler le magnifique panorama qui se déroulait devant nos yeux. Nulle part, dans le monde, le commerce et l'industrie ne se montrent au voyageur avec tant de magnificence ; nous admirions l'immense ville de Liverpool, qui s'élève en amphithéâtre sur la rive droite de la Mersey, avec ses six mille navires à l'ancre, ses quarante docks aux écluses cyclopéennes, sa douane superbe, en marbre brun du Lancastre, et ce mouvement continuel de vaisseaux qui remontent et descendent le grand fleuve, et entretiennent commerce avec les extrémités de l'univers.

Ce spectacle valait bien un renard.

Le baronnet et sa suite chassaient toujours à travers les taillis, et les échos s'obstinaient à garder le silence, faute de coups de fusil.

Je hasardai alors une plaisanterie anglaise, qui ne pouvait être comprise que dans le Lancashire.

« Mesdames, dis-je, je crois que nos honorables baronnets chassent aux loups. »

Les dames profitèrent de ce mot pour montrer, dans un éclat de rire, les plus merveilleuses dents qui aient humilié les perles.

« Il n'y a pas de loups en Angleterre, me dit lady Katrina W***, mais les renards abondent, et leur nombre est un fléau. Il sera difficile aux chasseurs de nous en délivrer, comme on a fait des loups.

— Milady, lui dis-je, puisque nous causons renards, permettez-moi de vous demander si les renards méritent leur réputation de finesse.

— Qui leur a fait cette réputation? demanda lady Katrina.

— Les fabulistes.

— C'est encore une de leurs fables, reprit la jeune Anglaise en riant; le renard est stupide comme une *goose*. Comment voulez-vous qu'il soit fin, avec cette énorme et bruyante queue qu'il traîne après lui, et qui le dénonce à cent yards à la ronde?

— Milady, repris-je, je les croyais moi-même, jusqu'à ce jour, les plus rusés des animaux, après les serpents...

— Ah! les serpents sont rusés aussi! interrompit l'Anglaise; qui vous a dit cela? un fabuliste encore?

— Non, milady, c'est la Bible... et même une Bible méthodiste. Voulez-vous que je vous cite le texte latin?

— Citez.

— *Callidissimus omnium animantium*, etc.

— Au reste, interrompit lady Katrina, tous les animaux sont fins à égal degré puisqu'ils se méfient de l'homme.

— Et *ils ont bien raison*, ajoute notre Jean-Jacques Rousseau.

— Ah! votre Rousseau a ajouté cela!

— Oui, milady, après votre phrase.

— Cela me rend fière... D'ailleurs, MM. les fabulistes sont obligés de donner à chaque animal une spécialité de caractère, pour les faire figurer dans leurs drames ; l'un est rusé, l'autre est poltron ; celui-ci est courageux, l'autre est bon enfant. La finesse a été dévolue exclusivement aux renards. »

L'arrivée du baronnet suspendit la conversation.

« Mauvaise chasse ! dit-il ; ces *rascals* de renards sont plus fins que nous.

Le renard ivre de joie...

— Vous parlez comme un fabuliste, » dit lady Katrina.

Et elle remonta en calèche pour ne pas subir le regard de vainqueur que je lui lançai.

Toute la société rentra au château.

Les chasseurs étaient consternés. « Les renards ont suivi les loups dans leur émigration au continent, » disaient-ils ; et on proposa d'adresser une pétition à la Chambre des communes pour repeupler de renards le comté de Lancastre.

Il est vrai de dire que l'hiver, qui est l'été de l'Angleterre, serait intolérable s'il n'y avait pas de renards pour dissiper les ennuis des baronnets.

A deux heures après minuit, toute la société du château dormait de ce profond sommeil que donne la chasse aux renards, lorsqu'un coup de feu retentit dans le silence du clair de lune, *per amica silentia lunæ*, et nous réveilla tous en sursaut.

Voici ce qui venait de se passer dans la faisanderie du baronnet.

Un renard très fin avait franchi ou troué les haies vives du parc, pour venir chasser sur les terres de l'homme. Il choisissait une pleine lune afin de mieux voir les pièges, les embûches de toute sorte, comme doit faire un bon stratégiste en pays ennemi. Tous les animaux n'ont pas des yeux de chat et des lanternes sous la paupière, comme les hiboux.

Il marcha prudemment sur le sable fin des allées du parc, et, alléché par l'odeur, il arriva devant le mur de la faisanderie. Les provisions abondaient de l'autre côté ; l'air était rempli d'exhalaisons friandes. « Quel festin ! » disait en lui-même le rusé maraudeur.

Il se servit de sa queue, comme un écureuil de la sienne, pour se hisser, à la faveur des branches voisines, jusqu'au sommet du mur, et de là, semblable à Annibal contemplant du haut des Alpes les riches plaines lombardes, il admira les richesses excitantes d'une basse-cour d'Anglais : une Californie d'oiseaux.

« Il faut les ménager, ces rencontres sont rares,

dit le renard, comme le loup de La Fontaine ; voyons, ajouta-t-il, je ne puis pas tout emporter, faisons un choix. Donnons-nous la part du lion. »

Il vit des pintades sur leur perchoir ; des oies endormies sur une mare ; des poules protégées par des coqs ; des canards amoncelés en famille : tous ces mets étaient exquis et lui faisaient venir le sang à la bouche ; mais il craignait de réveiller toute la bande, s'il s'attaquait étourdiment au premier *club* venu, et il connaissait, par expérience, le fracas que font, dans la nuit, quinze coqs lancastriens réveillés en sursaut.

Trop de richesses à prendre rend la convoitise perplexe ; notre renard, sur le mur perché, se livrait à de sages réflexions.

Le renard poussa un cri et fit une culbute.

Tout à coup, un rayon de lune, clair comme un rayon de soleil, lui montra un paon superbe, endormi du sommeil de l'innocence, dans un massif de lauriers-roses. L'oiseau de Junon, malgré ses cent yeux, n'est pas très clairvoyant, lorsqu'il est réveillé, et, malgré sa beauté radieuse, il est stupide comme une *goose*. Son orgueil lui avait même conseillé de chercher une alcôve aristocratique, bien à l'écart des vulgaires oiseaux, prolétaires de la basse-cour.

L'orgueil conseille toujours mal les hommes et les animaux.

Le renard retint son souffle, replia sa queue en panache sur sa tête, et, toujours évitant les feuilles sèches que l'automne prodiguait à la terre, il marcha comme un funambule sur une lisière de gazons veloutés, et, d'un coup de dent brusquement appliqué au cou, il saigna le paon, comme le plus habile des cuisiniers lancastriens.

L'oiseau venait de passer de la vie à la mort sans pousser le moindre cri. Il continuait son sommeil.

Le renard, ivre de joie, traîna le paon sur le gazon, avec une lenteur méticuleuse, sans se laisser emporter par une impatience bien naturelle, et qui fut fatale à Orphée. Parvenu au pied du mur de clôture, il posa le paon en pal, comme un oiseau héraldique, en élevant la tête de l'oiseau jusqu'à la plus grande hauteur possible, et en l'assujettissant dans un réseau de plantes pariétaires. Cela fait, il monta sur le mur, allongea son museau pointu jusqu'à la tête du paon, et, soulevant l'oiseau, il le lança sur le terrain public.

Un de ces jardiniers qui, dans le Lancastre, ont reçu le nom de *moon friend, ami de la lune*, avait vu descendre le renard, et, toujours muni de son fusil de précaution, il l'attendait à la sortie. Le voyant reparaître, il lui décocha une balle en plein poitrail. Le renard poussa un cri et fit une culbute qui exprimaient par la gamme et la contorsion tout le désespoir que peut ressentir un Tantale affamé auquel on arrache sa proie avec une balle de plomb qui lui donne la mort.

Le baronnet s'était levé le premier, comme un seigneur châtelain surpris par une attaque nocturne, et il arrivait dans le parc avec deux pistolets d'arçon.

Une fenêtre s'ouvrit, et une voix mélodieuse dit, dans un éclat de rire :

« C'est le renard qui chasse au baronnet.

— Nous mangerons sa chasse à dîner, dit le baronnet, mais dans trois jours. Il faut qu'un paon soit faisandé.

— Décidément, dis-je à la fenêtre qui avait fait entendre la voix, en cachant le corps, décidément, les renards ne sont pas fins.

— Dites cela aux fabulistes de France, » répondit la fenêtre.

FIN

TABLE DES MATIÈRES

                                                                                   Pages.

PROLOGUE 1
    Pourquoi une histoire naturelle complète est impossible. — Buffon et M. Flourens. — Prédilection de l'auteur pour l'éléphant. — Le lion coiffé à la Louis XIV. — Le tigre sur une pendule. — Virgile et les abeilles. — La chasse de M. Bègue. — Le lion de Guzman. Le chien et le tour. — Moralité. — Une fable indienne. — La comédie des animaux.

LE SAVANT ET LE CROCODILE 21
    On fait connaissance avec notre héros. — Désespoir d'un garde national réformé. — Un bain dans le Nil. — Fâcheuse rencontre. — Où il est bon d'être maigre. — Sur un palmier. — Blocus. — Un lit un peu dur. — Le déjeuner maigre. — La soif. — Violente sortie contre Robinson. — La pompe aspirante. — Assaut du palmier. — Une maison bien distribuée. — Costume qui ne vient pas de la Belle-Jardinière. — Deux bottes dans des positions différentes. — Secours inattendu. — Le palmier à plumet. — Feu! Feu! Délivrance. — De quelques savants véridiques.

LES ABEILLES 55
    Problème effrayant. — L'abeille et Virgile. — Origine de la monarchie dans une ruche. — Le travail organisé. — La guerre. — Un Éden sans pommes. — Victoires et conquêtes. Supériorité de l'abeille-amazone sur l'homme-soldat. — Le génie de l'invention. — L'expérience de la ruche de verre. — Le marquis di Negro. — Anarchie. — Gouvernement provisoire. — Suffrage universel. — Élection. — Le drame du colimaçon et des abeilles. — Conseil de guerre. — Charge. — Bataille. — Péripéties. — Dénouement. — Récompense.

LE COQ ET LA POULE 77
    L'école de Salomon. — Le cèdre et l'hysope. — Le lion et le coq. — Supériorité de celui-ci. — Le cuisinier et le renard. — Les poules de Fontanieu. — Histoire du coq. — Une expérience : *Deux coqs vivaient en paix*. — Boileau et La Fontaine. — La poule, modèle des mères. — L'épervier. — Les œufs de cane. — Le coq et la poule, premiers agents de la civilisation. — Le coq gaulois. — Le bonheur à la basse-cour. — Moralité.

UN CHAT, DEUX CHIENS, UNE PERRUCHE ET UN NUAGE D'HIRONDELLES 113
    I. — Mœurs des perroquets et des perruches. — Pourquoi ils vivent avec les hommes. — Histoire authentique. — Saint-Leu-Taverny. — Paysages. — A quoi me sert ma perruche. — Comment les cages s'ouvrent. — Une députation d'enfants. — Une expédition où je ne reste pas au-dessous du sultan Amurat IV. — Trop tard! — Discussion parlementaire... et anecdotique. — Le chat du musée de Marseille. — Sa mort et sa résurrection. — Ses impressions de voyage. — L'horloge du musée. — Annibal, Fernand Cortez et Robinson distancés par un quadrupède.
    II. — Castor et Pollux. — Le tombeau de Milon. — Les chiens lazzaroni. — Le crime et le châtiment. — La langue des bêtes. — Revenons à ma perruche.
    III. — Aventures et pérégrinations. — La cloche de Saint-Leu. — Grande nouvelle. — Je prends la pose de Napoléon à Austerlitz. — Une pie. — Duel sur un

cerisier. — Les hirondelles. — Insurrection formidable. — Le siège du clocher. — La voix de l'horloge. — Insomnie de ma perruche. — Immense bataille. — Retour à la cage.

Le Rat 155
L'article Rat. — Une république avec Conseil des Dix. — La maison va s'écrouler. — Sagesse et courage. — Une coalition. — Terrible mêlée. — La tour des rats. — Siège d'une cuisine. — Orgie. — Les tomates mystérieuses. — La souricière. — Prudence maternelle. — Montfaucon et la Chambre des députés. — L'homme se venge. — Pas d'augmentation de loyer. — Une oasis place Saint-Georges. — Heureuse famille. — Un cri imprudent. — Catastrophe.

Le dernier Tigre 175
I. — Le tigre et la locomotive. — Expropriation pour cause d'utilité publique. — Portrait physique et moral. — Scènes de famille. — Nez à trompe avec un éléphant. — Un repas d'opéra comique. — Jack et Katrina. — M. Hodges, candidat à la députation du West-Kent. — Combien coûte la conscience d'un gardien au Zoological-Garden. — Lutte homérique. — La vertu est toujours récompensée.
II. — Chasse au tigre. — A travers le soupirail d'une cave. — Un Vésuve artificiel.

Histoires d'Éléphants 207
Le peuple-roi manque d'éléphants. — Mon ami Jémidar. — Comment il est dangereux de porter un fricandeau à un tigre, quand on doit faire visite à un éléphant. — Lord William Bentinck et M. de Jouy. — Histoire d'Harrisson. — Un engagement malheureux. L'éléphantopole du désert. — De méchants voisins. — Deux coups de feu. — Roi des éléphants. — Visite de trois lions. — De branche en branche.

Éléphants et Monstres 239
I. — L'idylle.
II. — Le drame.
III. — A travers les bois.

Les Infortunes des Éléphants 297
Les sept sages de la Grèce. — Un révérend rencontre deux éléphants. — Ce qu'aurait fait M. de Buffon. — Ce que fit le révérend. — Poissons et saltimbanques. — Le nègre et les singes. — Le royaume des mandrills. — Misanthropie.

Le Cimetière des Éléphants 311
Au centre de l'Afrique. — L'incendie dans le désert. — Déménagement. — Le cimetière des éléphants.

Le Lion et l'Aigle 317
Le Lion. — Un dîner au Palais-Royal. — Toast à Gérard. — Guerre des volcans et des monstres. — La loi du progrès. — Parallèle entre le lion et l'éléphant. — Comme deux chiens de faïence. — La légende du Cirque. — Un village de lions. — Distractions en famille. — Les lions au Jardin des Plantes. — Le lion et la contre-basse. — Jack et le garçon de café. — Comment un éléphant cueillit un crocodile et de ce qui s'ensuivit. — L'Aigle. — La dynastie de l'aigle. — *Le corbeau voulant imiter l'aigle.* — Pourquoi l'aigle déteste le serpent. — La chasse à l'aigle. — Conclusion en forme de vœu.

Les Chiens de Constantinople 349
Le Cheval de Paris 363
Le Renard en maraude 375

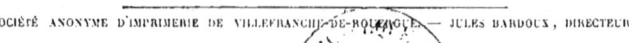

SOCIÉTÉ ANONYME D'IMPRIMERIE DE VILLEFRANCHE-DE-ROUERGUE. — JULES BARDOUX, DIRECTEUR.

www.ingramcontent.com/pod-product-compliance
Lightning Source LLC
Chambersburg PA
CBHW071902230426
43671CB00010B/1437